Sadko G. Solinski
Das Gymnasium des Freizeitpferdes

Sadko G. Solinski

Das Gymnasium des Freizeitpferdes

Der Weg zu pferdegemäßem Reiten

Mit 75 Einzelzeichnungen von
Josephine Jacksch

1991
Olms Presse
Hildesheim · Zürich · New York

Das Werk ist urheberrechtlich geschützt. Jede Verwertung außerhalb der engen Grenzen
des Urheberrechtsgesetzes ist ohne Zustimmung des Verlages unzulässig und strafbar.
Das gilt insbesondere für Vervielfältigungen, Übersetzungen,
Mikroverfilmungen und die Einspeicherung und Verarbeitung in elektronischen Systemen.

© Copyright by Georg Olms AG, Hildesheim 1991
Alle Rechte vorbehalten
Umschlagentwurf: Prof. Paul König, Hildesheim,
unter Verwendung eines Motivs von Josephine Jacksch, Hütten
Druckvorlage: S. G. Solinski mit einem WP-1 von Brother
Herstellung: Friedr. Schmücker, Löningen
Gedruckt auf säurefreiem Papier
ISBN 3-487-08315-9

Zum Andenken an meine verehrten Lehrer
Rittmeister a. D. Carl von Zschock und Adjudant Morel
in der Schweiz
Jan Bounias, Fernand Ferraud und Pascal Marry
in Frankreich
Mestre Nuño Oliveira
in Portugal

… und an die Pferde, von denen ich am meisten gelernt habe
Le Dur, Hartager, Caminaire, Fumaioun, Garrigaud, Ibis,
Fosca, Gaillardoun, Flambèou

INHALTSVERZEICHNIS

Vorwort.. 3
Zeichnung 1: Der traditionelle Freizeitreiter......... 8
Einführung
KREATIVER UMGANG MIT PFERDEN............................... 9
Zeichnung 2: Die Pferdeherde.......................... 14
1. Kapitel
DIE PFERDEHALTUNG... 15
Zeichnung 3: Anlagen einer Pferdehaltergemeinschaft... 24
2. Kapitel
VON HERDEN LERNEN, WIE PFERDE LEBEN....................... 25
Zeichnung 4: Der Herdenchef gymnastiziert ein Jungtier 34
Zeichnung 5: Das Ziel aller Pferdegymnastik........... 38
3. Kapitel
DAS PFERD AN DER HAND..................................... 39
Zeichnung 6: Das Antreten (a) und das Anhalten (h)
              aus der Führposition 1................... 42
Zeichnung 7: Die Führpositionen 2 und 3............... 44
Zeichnung 8: Die Führpositionen 3a und 3b............. 48
Zeichnung 9: Die Führpositionen 3 und 4............... 52
Zeichnung 10: Die Führpositionen 3a und 3b auf dem Longierzirkel................................ 54
4. Kapitel
DAS PFERD AN DER LONGE.................................... 55
Zeichnung 11: "Hinter-das-Pferd-Treten"............... 58
Zeichnung 12: Der Handwechsel......................... 62
Zeichnung 13: Die "Schnecke" oder "Spirale"........... 64
Zeichnung 14: Hufschlagfiguren des Pferdes an der Longe 66
Zeichnung 15: Die Morphologie des ruhenden Pferdes.... 70
5. Kapitel
VON PFERDEN LERNEN, WOZU PFERDE FÄHIG SIND................ 71
Zeichnung 16: Die Morphologie des Pferdes in Bewegung.. 74
6. Kapitel
DAS PFERD UNTER DEM SATTEL................................ 83
Zeichnung 17: Die Haltung des Reiterbeckens im Sattel.. 88
Zeichnung 18: Die Reitsitze auf dem Waagebalken....... 90
Zeichnung 19: Welcher Reitsitz soll der unsere werden?. 93
Zeichnung 20: Welchen Reitsitz "wünscht sich" das Pferd 94
7. Kapitel
DER REITLEHRER SEI UNSER EIGENES PFERD.................... 99
Zeichnung 21: Das Anhalten ohne Zügelhilfe............ 100
Zeichnung 22: Biegeübungen in den Bahnecken........... 102
Zeichnung 23: Die "Hilfen" des Freizeitreiters........ 109

Zeichnung 24: Die Bahnfiguren des Reitpferdes.......... 115
8. Kapitel
DIE AUSBILDUNG DES FREIZEITPFERDES..................... 117
Zeichnung 25: Richtige & falsche Biegungen an der Longe 123
Zeichnung 26: Richtige und falsche Biegesitze.......... 126
Zeichnung 27: Richtiger und falsche Reitsitze.......... 126
Zeichnung 28: Das Pferd in der Levade oder Pesade...... 132
9. Kapitel
DAS WANDERREITEN....................................... 133
Zeichnung 29: Der Wanderreiter und sein Pferd.......... 138
Zeichnung 30: Die Ausrüstung für einen Wanderritt...... 141
10. Kapitel
DIE ALCHIMIE DES REITENS............................... 145
Zeichnung 31: Signet der traditionellen Freizeitreiter. 151
Nachwort
REITKULTUR UND REITKUNST............................... 157
Zeichnung 32: Der "Stammbaum" des kultivierten Reitens. 162
Zeichnung 33: Freizeitpferde in der Piaffe und Passage. 166
ANHANG oder ZUSAMMENFASSUNGEN.......................... 167
Anhang I
DIE WICHTIGSTEN PUNKTE FÜR DIE BEURTEILUNG VON FREI-
ZEITPFERDEN.. 169
Zeichnung 34: Die "Freizeitpferde-Points" 34 A 169
              bis 34 K 172
Anhang II
PFERDEHALTUNG.. 173
Anhang III
SPAZIERENFÜHREN UND LONGIEREN.......................... 175
Zeichnung 35: Die "Gebrauchsführposition" 3 auf dem
              Longierzirkel........................... 176
Zeichnung 36: Die Gertenhilfen......................... 181
Anhang IV
HILFEN DES FREIZEITREITERS............................. 183
Zeichnung 37: Der "treibende" und der "nachgebende"
              Reitsitz................................ 186
Zeichnung 38: Die Zügelführung bei vier Zügeln in einer
              (der linken) Hand....................... 188
Anhang V
VORBEUGENDE UND THERAPEUTISCHE MASSNAHMEN BEI PFERDEN.. 193

VORWORT

In "Reiter Reiten Reiterei" (Hildesheim 1983) habe ich die Fragen zu beantworten versucht, wie, wo, wann und weshalb sich aus den Anfängen des menschlichen Umganges mit Wildpferden nicht eine, sondern zwei diametral entgegengesetzte Betrachtungs- und Nutzungsweisen sowohl der Pferde als auch des Reitens entwickelt haben; nämlich die "zum Wohl des Pferdes" und die im Dienst kriegerischer Auseinandersetzungen, von Jagd- und Raubzügen, des Reisens zu Pferd und des Herdenhütens.

Nicht wenige Leser haben so in "Reiter Reiten Reiterei" ihre oft schon jahrelang gehegte Annahme bestätigt gefunden, daß es außerhalb des deutschen Sprachraumes tatsächlich nahezu seit jeher Pferdeerziehungs- und -ausbildungsmethoden gibt, welche ihren stämmigen, kurzen und kleinen, sogenannten "Freizeitpferden" weit besser bekommen und somit "gemäßer" sind, als die in Deutschland üblichen, die von Militärbereitern speziell und ausschließlich für große und lange Kavallerie- und Sportpferde entwickelt wurden.

Sie, verehrte Leser von "RRR" - wie Sie "Reiter Reiten Reiterei" inzwischen nennen - Sie haben in den weit über hundert Briefen, die ich seit 1983 von Ihnen erhielt, und in Dutzenden persönlicher Gespräche hier in Malibaud angeregt, ich möchte die in "RRR" begonnene Unterscheidung zwischen dem Umgang mit "noch einigermaßen naturbelassenen Freizeitpferden" und jenem mit Sportpferden weiterführen und Ihnen eine Sammlung der wichtigsten eben noch oder wieder aktuellen Erziehungs-, Pferdeausbildungs-, Reit- und Gymnastizierungsmethoden speziell für Kompaktpferde und Araber zur Verfügung stellen.

Liegt mit dem "Gymnasium des Freizeitpferdes" diese Sammlung heute vor, so ist dies großenteils Ihr eigenes Verdienst. Ihnen danke ich deshalb für alle Ihre Beiträge, Informationen, Ratschläge und bibliographischen Hinweise ebenso herzlich wie für ihre so konstruktive Kritik zu "RRR".

Die für mich bisher gewichtigste Zustimmung sowohl zu "RRR" als auch zu dem "Gymnasium des Freizeitpferdes" und zu meiner praktischen Arbeit mit den Pferden hier in Malibaud erhielt ich Weihnachten 1987 durch Professor Dr. Holger Preuschoft und sein Forschungsteam des Instituts für funktionelle Morphologie der Ruhruniversität Bochum in der Form einer wissenschaftlichen Arbeit unter dem Titel "Studien zu den Bewegungen von Sportpferden" ("Wissenschaftliche

Publikation Nr.9" FN - Verlag der DRV, Warendorf 1987). Ihr zufolge gibt es, nun endlich wissenschaftlich erwiesen und belegt, nicht nur die eingangs erwähnten zwei diametral entgegengesetzten "Betrachtungs- und Nutzungsweisen sowohl der Pferde als auch des Reitens", sondern zudem zwei grundsätzlich verschiedene Arten Pferde mit entsprechend andersartigen Morphologien (Körperbau), Bewegungsweisen und -fähigkeiten und Bewegungshaltungen: die hochdomestizierten großen und langen Sport- und Wagenpferde und die "relativ naturbelassenen" normal kleinen und kurzen Kompakt- oder Freizeitpferde im Prototyp des Reitpferdes. Von selbst versteht sich, daß diese beiden so grundsätzlich verschiedenen Pferdearten auch grundsätzlich verschieden gehalten, erzogen, gymnastiziert, geritten und ausgebildet werden wollen. Wie unterschiedlich speziell mit Kompaktpferden und Arabern hier in Südwesteuropa sowohl in der Vergangenheit als auch heute eben noch umgegangen wurde und wird, ist das Thema des "Gymnasiums des Freizeitpferdes".

Wie nicht anders zu erwarten war, hat "Reiter Reiten Reiterei" nicht nur Zustimmung gefunden, sondern auch Staub aufgewirbelt und das in allen Lagern. Die Dressurreiter fühlten sich durch den Nachweis getroffen, daß alle pferdegemäße Pferdegymnastik von traditionellen Freizeitreitern erfunden und entwickelt wurde; die Sonntagsreiter durch den, daß ihr Umgang mit ihren Pferden weder biopositiv noch pferdegemäß genannt werden kann, und die echten Freizeitreiter dadurch, daß ich auch gewisse Westernreiter zu ihrer Gruppe zählte. Das Ärgernis ist eindeutig der Begriff "Freizeitreiter".

Tatsächlich soll die deutsche Wortprägung "Freizeitreiten" eine Nachkriegsübersetzung des amerikanischen Begriffes "pleasure-riding" sein, welcher in den Vereinigten Staaten eine Praxis bezeichnet, die man mit europäischen Maßstäben gemessen nicht anders als mit "Gammeln zu Pferd" umschreiben kann. Aber genau hiergegen verwahrten sich alle traditionsbewußten europäischen Freizeitreiter seit dem 15. Jahrhundert rigoros. In Frankreich nannten sie sich, zur Unterscheidung von den Cavaliers, "Hommes de cheval" oder "Ecuyers"(= Ritter).

Ich für mein Teil werde deshalb in der Folge mit dem Ausdruck "Freizeitreiter" weiterhin stets den "Homme de cheval" und mit "Freizeitreiten" das traditionsbewusste, pferdegemäß gymnastizierende Reiten ansprechen, das bitte nicht mit Dressur, noch Pferdeabrichtung verwechselt werden darf.

und Ganganforderungen auch in internationalen Vergleichen. Nur heißt dies leider nicht, daß auch alle im deutschen Sprachgebiet geborenen Kleinpferde geritten werden können, als handele es sich dabei um Großpferde aus der Hochleistungszucht.

Die Gegenprobe aber stimmt wiederum, wie Meister Oliveira sowohl auf englischen Vollblütern und einem ewig langen Holsteiner als auch auf mehreren Arabern und Don-Pferden bewiesen hat: pferdegemäß kreativ läßt sich offensichtlich jedes Pferd auf dieser Welt gerne reiten, wenn unsere Kompaktpferde dank ihres Körperbaus von vorne nach hinten abwärts, anstatt umgekehrt wie die Großpferde, auch eine besondere Begabung dafür zeigen.

Nach Professor Preuschoft lassen sich an modernen Spring- und Dressurpferden nämlich meßbar relevant keine Hankenbeugungen, noch Gleichgewichtshaltungen "auf der Hinterhand" mehr nachweisen. Unsere Kompaktpferde hingegen leben und bewegen sich in der Regel geradezu, als planten sie, ausschließlich ihre Selbsthaltung auf den Hanken und letzterer Beugung so vollkommen durchzugymnastizieren, daß hierauf die Übernahme des Gruppen- oder Herdenchefamtes nur noch eine Frage von Tagen bleibt.

Nicht an den Pferderassen, sondern an dem Ziel, welches ein Reiter mit der Gymnastik der Gleichgewichtshaltungen seines Pferdes zu erreichen versucht, scheiden sich heute die Geister und die reiterlichen Welten: hier die traditionellen Freizeitreiter mit ihren locker auf der Hinterhand versammelten Kompaktpferden und Arabern und dort die Dressurreiter, eifrig bemüht, ihren auf der Mittel-, Vorder- oder Reiterhand hängenden Kolossen Hufschlagfiguren nahezubringen, für welche diese weder über die entsprechende Selbsthaltung, noch über Losgelassenheit verfügen.

Eignen sich somit schlechthin alle Pferde der Welt dafür, sich auch unter dem Sattel locker und losgelassen, das heißt unverkrampft zu bewegen, so zeigen die kompakten "typischen" Freizeitpferde - mit Ausnahme der Gangartenpferde - und die kurzen Araber zudem eine besondere Veranlagung, gekonnt pferdegemäß erzogen und ausgebildet zu werden und dann ausgesprochen freudig und brilliant zu gehen.

Deswegen seien hier die "typischen Freizeitpferderassen" nochmals kurz aufgeführt:

Alter Real	Araber & Partbred-Araber (kurze, mit noch heilem Rücken)
Andalusier	
Angloaraber (kleine, kurze)	Berber
Appaloosa (nicht überbaut!)	Bosniaken

Camargue-Pferde
Cartujanos
Connemaras
Criollos
Dartmoor
Dülmener
Freiberger
Haflinger
Highlander
Isländer
Koniks (kurze, kompakte)

Lipizzaner (kleine, kurze)
Lusitanos
Mérens
Morgan (möglichst blutreine)
New Forest
Norweger (kurze)
Panjes
Pasos (ohne Pass, noch Tölt)
Quarter-Horses (nicht überbaut)
Englisches Vollblut (klein
 und nicht überbaut)
Welsh-Cobs

Zeichnung 1: Der traditionelle Freizeitreiter

Einführung

KREATIVER UMGANG MIT PFERDEN

Katzen, die vom Scheunendach rutschen, fallen sowohl dem Sprichwort als auch der Erfahrung zufolge, stets auf alle Viere. Auf die gleiche Art und Weise halten gewisse Reflexe auch alle "Lauftiere", zu welchen die Pferde gehören an, bei gleichförmigen Bewegungsabläufen über weite Strecken - beispielsweise bei Weidewechseln auf der Steppe - eine jeweils kräftesparende, bequeme Körperhaltung zu suchen, sich darin einzurichten und diese möglichst lange unverändert beizubehalten.

Beobachtungen und Messungen zeigten jedoch, daß die jeweilige anscheinend "ideale Körperhaltung" des Pferdes auf der Steppe in jeder Gangart, jedem Tempo, jedem von der Geraden abweichenden Bogen, ja selbst bei unterschiedlichen Neigungswinkeln und Bodenverhältnißen des Geläufs stets eine andere ist.

Sie erlaubt den Pferden in jedem einzelnen Augenblick, ihre Bewegungen und die darin zu investierende Kraft präzis und fortwährend den wechselnden Umweltbedingungen anzupassen. In der Reitersprache nennt man sie: "das Gleichgewicht" und meint damit in Wirklichkeit die Gleichgewichtshaltung, in der Pferde, in Freiheit, an der Longe wie unter dem Sattel, beim Schritt etwa zwei Drittel ihres Gewichts mit den Vorderbeinen stützen, beim Trab alle vier Hufe ungefähr gleich belasten und beim Galopp zwei Drittel ihres Gewichts mit der von der Natur entsprechend kräftig ausgerüsteten Hinterhand tragen und ausfedern.

Die reflexartige Suche der idealen Körperhaltung in jeder Bewegung dürfte somit in sämtlichen Lauftieren genetisch verankert, also erblich sein. Das Finden des jeweils geeignetsten Gleichgewichts oder der jeder einzelnen Bewegung Verschleißfreiheit versprechenden "idealen Körperhaltung" muß indessen jedes einzelne Tier, möglichst in jungen Jahren, zuerst einmal von Grund auf lernen.

Wie Beobachtungen noch frei- oder wildlebender Equiden- (Zebra- und Wildpferde-) Herden zu beweisen scheinen, kann ausschließlich ein ganzer Herdenverband oder eine hierarchisch genau definierte Tiergruppe, die sowohl über Gruppenführer als auch über einen Gruppenchef verfügt, Jungtieren spielerisch gymnastisch den Weg zu den jeweils einzigen, langfristig unschädlichen Gleichgewichtshaltungen in jeder Bewegung zeigen. Sämtliche Fohlenspiele, Jungpferdaufereien und -rennen auf der Weide erweisen sich damit genau so als Überlebenstraining wie die oft unmotiviert geglaubten "Herumtreibereien" einzelner, aus der Herde ausgesonderter, Pferde durch den Herdenchef.

Das unmittelbare Ziel jeglichen Überlebenstrainings in den Equidenherden scheint somit die Gymnastik der Gleichgewichtswechsel zu sein und die Ausbildung der Reflexe, die jedem einzelnen Pferd in jedem Augenblick gestatten, jeder neuen Umweltbedingung pferdegemäß optimal zu entsprechen. "Optimal" heißt in diesem Zusammenhang vor allem: schadlos, biopositiv, also lebenskonform, dem Überleben aktiv dienend.

Tatsächlich hat sich im Verlauf des nun schon jahrtausendealten Umgangs des Menschen mit dem Pferd immer wieder gezeigt, daß nichts Pferdesehnen und Pferdegelenke schneller verschleißt und definitiver ruiniert, als menschliche Ansinnen, die dem Pferd verbieten, sein für die Erfüllung der gestellten Aufgabe optimales Gleichgewicht selber zu suchen und zu finden.

Wieviele alte Reiterregeln behaupten zudem nicht dasselbe: je vollkommener, das heißt, je feiner und präziser in sich ausbalanciert das Gleichgewicht sich erweist, in dem sich das Pferd unter dem Sattel bewegt, desto größer ist seine Ausdauer und "Wendigkeit" und desto angenehmer ist es zu reiten.

Diese Feststellung ist keineswegs aus der Luft gegriffen, wie manche Sportreiter heute meinen, sondern selbstverständlich: über längere Zeit beibehaltene Gleichgewichtshaltungen gewährleisten höhere Gleichmäßigkeit des Tempos in gleichförmigeren, mit den Kräften haushaltenden, geregelt wiederholten gleichen Bewegungsabläufen. Amerikanische Bewegungsforscher nennen solche Bewegungsfolgen – damit eindeutig auch auf die Gleichgewichtshaltung des Tieres anspielend – "steady state locomotion". Professor Preuschoft schreibt in der Einführung zu den Studien über die Biomechanik des Pferdes:

"Für das Überleben in der Vorzeit war die wahrscheinlich wichtigste Leistung von Lauftieren (...) das Wandern mit geringem Energieaufwand über lange Zeit und große Strecken. Es erfolgt mit gleichmäßiger Geschwindigkeit und gleichförmigen, zyklisch wiederholten Bewegungen (...). Dadurch wird es unnötig, die gesamte Körpermasse immer wieder zu beschleunigen oder zu verzögern, was viel

Kraftaufwand erfordern würde. Außerdem kann der Körper in Schwingungen versetzt und diese Schwingungen können für die Fortbewegung ausgenützt werden. Tatsächlich hat jeder Reiter, aber auch jeder Sportler schon einmal die Erfahrung gemacht, daß 'es sich leichter läuft', wenn man 'seinen Rhythmus gefunden' hat. Für das Ausnützen solcher Eigenschwingungen spricht auch der Umstand, daß Pferde den zeitlichen Verlauf ihrer Bewegungen außerordentlich konstant halten".

Fassen wir kurz zusammen! Ursprünglich, naturgemäß ist das Pferd - auch der modernen Wissenschaft zufolge - alles andere als ein hypernervöser "Flitzer". Seine Grundneigungen tendieren im Gegenteil zu Bewegungshaltungen und -abläufen, die vor allem durch ihre Regelmäßigkeit, "Getragenheit", also Gemächlichkeit, Ruhe und Ausdauer gekennzeichnet sind und die damit stets einen Ausdruck oder eine natürliche Konsequenz des optimalen Gleichgewichts darstellen, des Garanten biopositiver Schonung des Bewegungsapparates... "ursprünglich, naturgemäß"...

In den letzten drei- oder viertausend Jahren hat der Mensch das Pferd als Pferdehalter, Pferdezüchter und Pferdeverbraucher so grundlegend und nachhaltig seiner ursprünglichen Natur, seinen natürlichen Lebensgewohnheiten und sogar seiner Umwelt entfremdet (vergl.: "RRR"), daß sich heute die Frage stellt, inwieweit wir selbst bei unseren modernen Freizeitpferden noch mit natürlichen Reaktionen rechnen und umgehen können.

Bisher schlüssig beantwortet haben diese Frage ausschließlich einige große Reitmeister der Vergangenheit, die mit dem gleichen Pferdetyp wie wir umgegangen sind, und die moderne Wissenschaft im Bezug auf das Sportpferd, das heißt auf einen Pferdetyp, der mit dem unseren kaum mehr etwas gemein hat und dessen Bewegungsabläufe uns daher "als eine Wissenschaft für sich" erscheinen müssen.

Tatsächlich müssen demzufolge auch die Haltung und Wartung und die Reit- und Ausbildungsmethoden unserer kompakten Freizeitpferde und Araber wesentlich andere sein, als die im Umgang mit Renn-, Spring-, Jagd- und Sportdressurpferden üblichen, nämlich die, welche die Alten Berber und Iberer auf ihren kurzen, quadratischen Gebrauchspferden entdeckt und welche die alten und jüngeren Reitmeister seit dem 15. Jahrhundert ausschließlich für Freizeitpferde entwickelt und kodifiziert haben.(Vergl.: Nachwort und "RRR")

Allein auf sie verlassen kann ich mich als Freizeitreiter

und Freizeitpferdeausbilder indessen auch wieder nicht. Denn selbst unsere heutigen Freizeitpferde zeigen sich inzwischen auf das Sportpferdemodell hin züchterisch beeinflußt, wenn teils nicht sogar bereits verzüchtet.

Pferderassen, die gewisse Alte Meister nur mit Hemmungen überhaupt den Equiden zuzurechnen wagten, sind heute große Mode; andere, von deren Gleichgewicht unter dem Sattel sie noch vor hundert Jahren schwärmten, sind seither ausgestorben (wie z.B. der Schweizer Karthäuser). Und lebendige Tradition sind die Methoden und vor allem der Pferdeblick und Reitertakt der Alten Meister heute nur eben noch bei den Berufsreitern in Südwesteuropa (vergl.:"RRR"). Es ist somit allerhöchste Zeit, unsere Pferdekenntnisse und unsere freizeitreiterliche Erfahrungen sowohl mit jenen der großen Alten Meister als auch mit solchen noch lebender Reiter zu vergleichen, die weiter in und mit der Tradition des pferdegemäßen Umganges mit Freizeitpferden leben, und das dann nicht nur beim Wein am Diskussionstisch, sondern vor allem in den Sätteln ihrer Pferde und in ihren "Picadeiros" (Reitbahnen).

Genau das, nicht mehr und nicht weniger, habe ich dreißig Jahre lang versucht. Die vorliegende Sammlung pferdegemäßer Pferdeerziehungs- und -ausbildungsmethoden ist somit die Frucht dieser – längst nicht abgeschlossenen – Bemühungen. Einige große Reiter der Camargue haben dazu mindestens ebenso viel beigesteuert wie gewisse Alte Reitmeister, noch aktive Stierkampfreiter Spaniens und Portugals und mein verehrter Lehrer, Meister Nuno Oliveira.

Es ist allerhöchste Zeit, das optimale – heute wie gesagt nur noch Kompaktpferden eigene – Gleichgewicht auf der Weide wie unter dem Sattel allein zugunsten der normalen pferdegemäßen Entwicklung der Jungpferde und der ebenso normalen pferdegemäßen Gymnastizierung und Ausbildung der Vier- bis Achtjährigen zu lockeren Reitpferden nochmals ernsthaft anzustreben, um aus dem Freizeitpferdematerial, das die Züchter von Gleichgewichtspferden heute noch anzubieten haben, vielleicht zum letzten Mal PFERDE zu machen; lebendige, gesunde, unverkrampfte Pferde, anstatt verkrüppelten Motorräderersatz.

Die alten und die noch lebenden Großen unter den Reitmeistern wie unter den Herdenbesitzern und Kampfstierhirten Südwesteuropas haben uns den Weg zum Pferd in vollkommener, lockerer Selbsthaltung gewiesen und uns die Kriterien der Gleichgewichtsbeurteilung in jedem Augenblick an die Hand gegeben. Wer Augen hat zu sehen... wird lernen können, egal wie, wo und wann er Pferde zu Gesicht bekommt, auf Anhieb die Lage ihres Schwerpunktes auszumachen, unwillkürlich ihrem Alter und ihrem Ausbildungsstand Rechnung zu tragen, ihre Lockerheit oder Verkrampftheit festzustellen und aus allen diesen Eindrücken die Selbsthaltung, das Gleichgewicht, schlüssig zu beurteilen.

Die Fähigkeit zu SEHEN ist jedenfalls eine Grundvoraussetzung, die conditio sine qua non schlechthin, allen pferdegemäßen und pferdegemäß aufbauenden, also "kreativen" Umganges mit dem Pferd. Wer sie weder besitzt, noch zu lernen bereit ist, wird nie über jenes teils intuitive, teils rationelle Verständnis dessen verfügen, was pferdegemäße Bewegungen - vom Pferd aus betrachtet und ausgekostet - bezwecken; wie sie mit der jeweils natürlichsten Gleichgewichtshaltung und mit der Hankenbeugung zusammenhängen und - was das Wichtigste ist - was man dem Pferd in dieser Haltung an Bewegungen zumuten kann, ohne es - weder seine Gelenke, noch seine Sehnen und Muskeln, die Atmung und den Blutkreis-lauf - zu überfordern, geschweige denn zu verschleißen.

Die Alten Meister, die ihre Reitlehren auch veröffentlicht haben, illustrierten diese stets mit zahlreichen Stichen, auf denen nur mehr oder weniger vollkommene Pferdebewegungen in entsprechend perfekten Gleichgewichtshaltungen dargestellt sind und das nicht etwa, wie in modernen Zeitschriften, zur Kurzweil oberflächlicher Abonnenten, sondern vor allem zum Sehenlernen als Studienobjekte für echt beflissene Reitschüler.

In unserer Zeit versuchen Fotografen und Filmteams in Zeitschriften und im Fernsehen die Lehrbilder der Alten Meister zu ersetzen. Aufgenommen werden diese aber nur höchst selten von Pferdesachverständigen. Deswegen gibt es auf diesen Bildern in der Regel auch nichts von Bedeutung zu sehen, noch zu studieren. Ja, durch kühne, unsachgemäße Behauptungen in den Bildunterschriften scheint der geneigte Betrachter oft geradezu vorsätzlich in die Irre geführt zu werden, wohl nach dem Motto; wenn auf dem Bild schon nichts Besonderes zu erkennen ist, muß ihm wenigstens die Legende Bedeutung verleihen, sonst könnte man beides auch weglassen.

. Leider lernt der Reitschüler so nicht nur alles andere als Sehen; ihm wird zudem Falsches und/oder für Pferde Schädliches als richtig eingeprägt wie beispielsweise, daß ein peinlich weggedrückter Pferderücken ebenso zu jeder Piaffe oder Passage gehört wie der Leichte Sitz zu allem

Freizeitreiten. Kurz, viele Fotos und Filmaufnahmen bestätigen heute bloß, wie man es im Umgang mit Pferden zu machen gezwungen ist, wenn man ein X für ein U hält, nur weil man nie SEHEN gelernt und damit auch keinen Blick dafür hat, was Pferden langfristig bekommt oder schadet.

Der Weg zu pferdegemäßem, kreativem Reiten ausschließlich im jeweils natürlichen "idealen" Gleichgewicht ist heute somit nur noch dank eines lebendigen Pferdes, von den wenigen noch lebenden großen Reitern und mit Hilfe der Anweisungen und Stiche der Alten Reitmeister zu finden.

Und glaubt man ihn endlich entdeckt und eingeschlagen zu haben, so wird er nie sogleich zu spektakulären Vorführungen, sondern erst einmal zur Selbstbescheidung und zur Achtung des Pferdes als einem absolut gleichberechtigten Partner führen "in ständigem Bemühen um gegenseitiges Sich-Verstehen und um Vollkommenheit" (Nuno Oliveira).

Der pferdegemäße kreative Umgang mit Freizeitpferden erscheint somit als sei er völlig unzeitgemäß. Er entspricht und folgt keiner Mode, bricht keine Rekorde, propagiert keine aufregenden Neuheiten, bedient sich keiner seltenen, noch exotischen Pferderasse, verlangt hingegen den vollen Einsatz des ganzen Menschen; seines Gefühls für Mitlebewesen wie seines Denkens und Verstehenwollens, seiner Sensibilität, die sich nicht in Sentimentalität erschöpfen darf, wie seines Offenseins für neue, bisher vielleicht noch nie selber gemachte und daher unheimlich anmutende Erfahrungen. Von seinen Pferden muß er sich täglich neu in Frage stellen lassen und dies nicht nur als Pferdehalter, -ausbilder und Reiter, sondern auch - vielleicht sogar vor allem - als Mensch, Mitmensch, Mittier, bis ins Mark seiner Persönlichkeit.

Zeichnung 2: Die Herde einer Pferdehaltergemeinschaft; der Herdenführer "zieht" vorneweg; der Herdenchef "schiebt" von hinten nach vorne.

1. Kapitel

DIE PFERDEHALTUNG

Wer "Reiter Reiten Reiterei" nicht nur aufmerksam gelesen, sondern eingehend studiert hat, weiß bereits, daß er sich mit der Erfüllung seines Wunsches, ein oder mehrere Pferde zu besitzen, in einen Teufelskreis begibt.

Die deutschsprachigen Gebiete Mitteleuropas waren nie ausgesprochene Pferdezuchtgebiete und verfügen daher weder über eine eigenständige Tradition pferdegemäßen Umganges mit Pferden, noch über eine eigenständige Pferde- und Reitkultur wie beispielsweise Polen und Ungarn, Frankreich, Spanien und Portugal.

Zudem verbieten Besiedelungsdichte und die neuzeitliche Neigung, selbst die letzten Quadratmeter natürlichen Bodens zu überbauen oder mit Asphalt und Beton zu versiegeln, dem Mitteleuropäer geradezu, an tiergemäßen, biopositiven Umgang mit Tieren auch nur zu denken.

Aber vielleicht ist gerade deshalb der Wunsch, ein eigenes Pferd zu reiten, in unserer Zeit so groß, ja so übermächtig geworden, daß man ihn sich einfach erfüllen muß, und sei es auf Kosten des Wohlbefindens, der Gesundheit und der Langlebigkeit des Tieres. Bezahlt man für die Einstellung des Pferdes im Reitstall nicht Geld genug, um erwarten zu dürfen, es gehe ihm dort entsprechend gut?

Wie sich das einstige Steppen- und Herdentier in Einzelhaft objektiv fühlt, versucht man gar nicht erst zu ergründen, denn dem Menschen - heißt es in einer Leserzuschrift zu "RRR" von einer Reitstallbesitzerin - bleiben die Gefühle und das Befinden eines Pferdes sowieso verschlossen; wer etwas anderes behaupte, schwelge nur in Sentimentalitäten und Anthropomorphismen.

Entschuldigt wird der allen Tieren gegenüber katastrophale Mangel an Verantwortungsbewußtsein seitens der Tierbesitzer mit jenen berüchtigten "Sachzwängen", die seit jeher für menschliche Inkonsequenz, Rücksichtslosigkeit und Überheblichkeit geradezustehen haben.

Aber "mildernde Umstände" gibt es im Umgang mit Tieren nie, weil vom Menschen ihren ursprünglichen Lebensbedingungen so grundlegend entfremdete und ihm dadurch heillos ausgelieferte Lebewesen wie das Pferd voraussetzen können sollten, daß er, der sie als Produkt seines züchterischen Ehrgeizes überhaupt erst auf die Welt gesetzt hat, genau weiß, wie Pferde gehalten, gewartet, erzogen, geritten, gymnastiziert und ausgebildet werden sollten...

Zudem entsprechen, wie angedeutet, heute leider nur noch in Ost- und Südwesteuropa die Landschaften mit ihren grenzenlosen Ödlandräumen, die Menschen und ihre Kultur diesen "naturbedingten Voraussetzungen" Pferde zu halten, und das selbst hier nur "eben gerade noch"...

Wollen wir uns somit den Wunsch, eigene Pferde zu halten, dennoch nicht versagen, so bleibt uns gar nichts anderes übrig, als - erstens - von Grund auf neu zu lernen, wie wir der Natur der Tiere Genüge tun können und das - zweitens - nur von Sachverständigen.

In "RRR" habe ich die Ergebnisse meiner diesbezüglichen Recherchen chronologisch von allen Anfängen an dargestellt. In der vorliegenden Arbeit muß ich mich allein auf die eben noch aktuelle traditionelle Praxis, das heißt auf das heute eben noch Machbare beschränken und deswegen voraussetzen, daß "RRR" von geneigten Lesern zu leichterem Verständnis des hier Beschriebenen immer wieder konsultiert und herangezogen wird - besonders auch, was die Fachausdrücke anbelangt, die im Register erklärt und von den Reitmeistern kommentiert stehen.

Aus "RRR" geht bereits hervor, daß sich der Teufelskreis, in den man sich in Mitteleuropa mit dem Erwerb eines eigenen Pferdes begibt, Tieren nur zumutbar gestalten läßt, wenn man bereit ist, sie - schon lange bevor man sie anschafft - zum Gegenstand eines eingehenden Studiums zu machen. Denn nur so wird man schließlich verstehen, warum man immer mehr Abstriche an der eigenen Bequemlichkeit in Kauf zu nehmen gezwungen ist.

<u>Pferde sind Fluchttiere</u>, die ihre Fliehfähigkeit pausenlos in Kondition halten, also trainieren, und gymnastisch ausbilden müssen, wenn sie ihrer Umwelt gegenüber wach, aufmerksam, reaktionsschnell und nervlich gewachsen bleiben sollen.

<u>Pferde sind Herdentiere!</u> Ihre Charakterzüge wurzeln tiefer in der kollektiven Herdenpsyche als in der individuellen Psyche ihrer Eltern oder ihrer selbst.

In der Herde bedeutet jedes geteilte Abenteuer auch die Teilung der Gefahr, in die man sich dabei begibt. Um dieser zu begegnen oder auszuweichen, sind die ranghöchsten Tiere der Hierarchie erfahren genug, ihre eigene Vorsicht oder Furcht nicht gleich der gesamten Herde als Panik mitzuteilen. Viele Jungpferde lernen so echte Panik in der Herde gar nicht kennen, noch sich damit auseinanderzusetzen, und sind ihr später in Einzelhaft oder in kleinstem Kreis umso unmittelbarer und ungeteilter ausgesetzt.

<u>Pferde sind Weidetiere</u>, die sich beim Grasen vor allem stets die Futter- oder Heilpflanzen aussuchen, die sie im Augenblick objektiv am dringendsten zum Erhalt ihrer Gesundheit brauchen. Diese Ernährungsweise hält sie zudem fortwährend in Bewegung, was indirekt auch ihre Verdauung und ihren Blutkreislauf ständig der aufgenommenen Futtermenge und deren Eiweiß-, Vitamin- und Mineralstoffgehalt entsprechend anregt, beschleunigt oder beruhigt. Bewegungsmangel oder falsches, zu eiweißreiches oder zu fettes Futter können zu Verstopfungen, Koliken, Hufrehe, Kreuz(ver)schlag, Dampf und allerlei Allergien führen, das heißt zu Krankheiten, die Pferden, welche ganzjährigen Ödlandweidegang genießen, in der Regel unbekannt sind.

<u>Pferde sind Steppentiere</u>, die täglich enorme Räume beweiden, ohne jemals fett zu werden. Eiweiß und Fett sind auf der Steppe und auf ihr vergleichbaren Ödlandweiden, außer kurz im Frühling, so rar, daß die Equiden geradezu "strategisch" vorzugehen haben, um wenigstens kleine Rationen davon zu finden. Auf diese Weise entgehen sie der Langeweile, die Pferde stets nur stumpfer, traniger, schwerfälliger, der Umwelt gegenüber uninteressiert und wohl auch dümmer macht und zudem Allergien und krankhafte Ersatztätigkeiten hervorrufen kann.

<u>Pferde sind "Trinker der Lüfte"</u> und brauchen zu ihrem Unterhalt außer viel Freiheit, Bewegung, Sonne und trockener Wärme, reine Luft, reines Wasser, schwefel-, blei-, quecksilber- und cadmiumfreie Weiden und, für den schlimmsten Fall im Winter, etwas naturbelassenes Heu und ungespritztes Stroh.

Heute sind Pferde leider nur noch zu kleinerem Teil <u>"relativ naturbelassene Tiere"</u> (vergl.: "RRR") und eignen sich deswegen auch nur noch teilweise zu pferdegemäßer Herdenhaltung auf großen, abgelegenen Weiden und für das Abenteuer mit dem Menschen; nämlich, pferdegemäß kreativ erzogen, gymnastiziert, ausgebildet und entsprechend geritten zu werden.

Wie bereits angedeutet, sind "relativ naturbelassene Pferde" seit mindestens dem 15. Jahrhundert ausschließlich in den Lenden kurze, quadratische oder beinahe quadratische, kompakte Equiden, die im Bau und Aussehen Züge des Wildpferdes, dem Prototyp des traditionellen Reitpferdes, bis in unsere Zeit herüber gerettet haben. In der Regel sind sie zwischen 140 und 155 Zentimeter groß, wiegen zwischen 300 und 450 Kilogramm und entstammen - möglichst rasserein -

einer alten, bodenständigen, aber züchterisch kaum oder nur wenig manipulierten Rasse.

Solche und ihnen ähnliche Pferde gibt es heute nicht mehr nur in Irland, England, Polen, Ungarn, Frankreich, auf der iberischen Halbinsel und in Nordafrika, sondern auch als autochthone (alteingesessene) Rassen in der Schweiz (Freiberger), in Österreich (Haflinger) und in Westdeutschland (württembergisches und bayerisches Warmblut), wo zudem die meisten anderen westeuropäischen Klein- (sprich Normal-)pferderassen mehr oder weniger rein, wenn leider auch in die Länge, gezüchtet werden.

Neben diesen eigentlichen sogenannten "Robust- oder Kompaktpferde"-Rassen breitet sich nun schon seit rund hundertfünfzig Jahren der "Araber" in ganz Europa aus. Heute gibt es ihn zwischen Jerez und Helsinki praktisch überall in den verschiedensten morphologischen Bauweisen, Blutlinien, Herkünften und Rassereinheitsgraden; glücklicherweise auch als ein kompaktes, ideales Freizeitpferd mit und ohne Papiere und ohne pathologisch verbogene Schweifwurzel.

Oft wird die Antwort auf die Frage diskutiert, ob Araber, Anglo-Araber, englisches Vollblut und hoch im Blut stehende Kreuzungsprodukte aus diesen Rassen noch als Robustpferde bezeichnet und entsprechend robust gehalten werden können.

Denkt man hierbei vor allem an das englische Vollblut und seine Kreuzungsprodukte, an die hochblütigen Sportpferde, so ist die Frage leider zu verneinen. Bei Arabern und Anglo-Arabern und deren Blutmischungen, die ebenfalls durchdomestizierten Pferdeschlägen entstammen, hängt die Antwort davon ab, woher sie kommen, ob sie in einer robust gehaltenen Herde geboren und aufgezogen wurden und, selbstverständlich, wie sie konstituiert sind.

Interessant zu beobachten ist bei Arabern und Anglo-Arabern, wie äußerlich Robustpferden am nächsten stehende, also kleine, kompakte Tiere, den ganzjährigen Weidegang noch viel dringender zu brauchen scheinen als die schwerfälligeren Robustpferde.

Hervorgegangen ist die pferdegemäße Ödlandweidehaltung aus der Beobachtung kleinerer oder größerer Wildpferdeherden draußen auf der offenen Steppe in Nordafrika, in der Mongolei und auf der iberischen Halbinsel. In Spanien, Portugal und Südfrankreich ist sie heute nach wie vor die am weitesten verbreitete Pferdezucht- und -haltungsweise, selbst wenn hier die Ödlandweiden nun durch Zäune unterteilt wurden und der Robusthaltung von Kampfstier- und Pferdeherden zusammen dienen.(Vergl.: Solinski "Reiter der

Camargue" Parey Verlag, Berlin 1972)

Die natürlichen Voraussetzungen für jede Freizeit- oder Robustpferdehaltung sind somit:

1.) <u>Pferdegemäße Grundlebensbedingungen</u>; also riesige Ödlandweideflächen mit mindestens einem leicht zugänglichen, reines Wasser führenden Bach; Baum- und Buschbestände, die im Sommer Schatten und Fliegenschutz und im Winter Windschutz bieten; ein überdachter Futterplatz oder Offenstall auf drainiertem Sandboden, der auch den Auslauf der Pferde, einen Longierzirkel und einen Reitplatz oder Korral in Regenperioden begehbar halten muß.

2.) <u>Pferdegesellschaft</u>: Schafe, Ziegen, ja selbst Esel und Ponies ersetzen leider nie die pferdespezifische Spiel-, Renn- und Gymnastizierlust, mit welcher einzelne Pferde immer wieder die gesamte Herde anstecken und welche diese als Anreiz zu Überlebens- und Konditionsübungen unbedingt regelmäßig braucht.

3.) <u>Ein guter Herdenchef</u>, Hengst oder Wallach, der sich bei sämtlichen Herdenmitgliedern bestimmt und nachsichtig, verantwortungsbewußt aber sanft durchzusetzen versteht und

4.) <u>ein wacher Herdenführer</u> (Hengst, Wallach oder Stute), der Pfadfinderqualitäten, Vorsicht und Besonnenheit, Mut und Autorität besitzt, und sich dennoch jederzeit dem Herdenchef unterzuordnen weiß.

5.) <u>Mindestens eine menschliche Bezugsperson</u>, die sämtliche Tiere der Herde pferdegemäß richtig dominiert und die erfahrungsgemäß entsprechend schnell als "der bessere Herdenchef" voll in die Herde integriert wird. Ideal ist ein älterer, erfahrener und ruhiger Pferdemensch, der ebenso viel von Pferdepsychologie, Pferdeverhalten, Hippologie inklusive Pferdemedizin, Pferdeernährung, Parasitologie und Beschlagskunde versteht wie von dem kreativen Umgang mit Pferden und von der Pferdeerziehung. Nur reiten braucht er nicht unbedingt zu können.

6.) ...aber nicht zuletzt: <u>Zeit seitens der Pferdebesitzer und Reiter</u>; unendlich viel Zeit, Geduld, Zuwendung, Bescheidenheit, Lernbegierigkeit, gesunder Menschenverstand und viel Gefühl für Pferde, Pferdeverhalten und Pferdebewegungen, Pferdekenntnisse und praktische Erfahrungen mit den unterschiedlichsten Reitweisen und Pferderassen... Schließlich noch als höchstes Gut: <u>Hingabe</u>, jenes "Aufgehen im hohen Werk der Wandlung", wie man es in der Renaissance nannte. Denn wenn unser Umgang mit Pferden weder uns selber grundlegend verändert, noch unsere Tiere vereinzelt, das heißt wörtlich verstanden, zu einzelnen, hervorragenden PFERDEN macht – wozu sollen oder wollen wir dann überhaupt mit ihnen umgehen? (Vergl.: 10. Kapitel "Die Alchimie des Reitens")

Nun stellt sich die Frage, die dem Leser wohl schon seit langem auf der Zunge brennt: welcher Einzelgänger oder Sonderling – und Einzelgänger und Sonderlinge sind erfahrungsgemäß alle, die sich dem pferdegemäßen kreativen Umgang mit ihren Tieren ernsthaft widmen – welcher Einzelgänger verfügt in Mitteleuropa heute noch über jene zehn bis fünfzig Hektar doppelt eingezäunter Ödlandweiden und über sechs bis zwanzig Pferde, um deren Ansprüchen an ihre Haltung auch grundsätzlich gerecht zu werden?

Und wenn er die Pferde und Weiden besitzt, woher nimmt dieser Sonderling die Zeit, all das zu beobachten, zu sehen, zu erleben und zu lernen, was richtig gehaltene Herdenpferde uns ununterbrochen zu erfahren anbieten?

Ich weiß wohl, daß es in Mitteleuropa tatsächlich Pferdeherdenbesitzer mit genügend eigenem Land gibt; viele jedoch sind es nicht und können uns daher nur theoretisch als Vorbild dienen.

Aus den Leserzuschriften zu "RRR" und von meinen Reitgästen weiß ich aber auch, wieviele Freizeitreiter heute, nachdem sie sich jahrelang auf ihren Tieren nur ausgetobt haben, nach für sich und ihre Pferde sinnvolleren Aufgaben, nach einer sinnvolleren Beziehung und damit auch nach ganz anderen Umgangsformen suchen.

Nicht wenige unter ihnen haben inzwischen das uralte Modell der südwesteuropäischen und ungarischen Pferdehaltung und des kreativen Gymnastizierens von Freizeitpferden entdeckt und sich, trotz oft bescheidenster Mittel und manchmal sehr langer Anfahrts- und Rückfahrtswege zu sogenannten <u>"Pferdehaltergemeinschaften"</u> zusammengeschlossen, gemeinsam abgelegene Weiden gepachtet, diese gemeinsam eingezäunt, gemeinsam den Futterplatz überdacht und beaufsichtigen und betreuen ihre Pferde nun im Turnus, was angeblich zu einem Zeitgewinn, anstatt, der längeren Anfahrt wegen, zu Zeitverlusten führen soll.

Das Einzige, was ich hier selber immer wieder beurteilen kann, sind die erstaunlichen reiterlichen und "pferdegefühlsmäßigen" Fortschritte dieser Freizeitreiter, die ihre Pferde nicht nur zusammen halten und warten, erziehen und ausbilden, sondern auch gemeinsam Jungpferde anreiten, gemeinsam auf Aus- und Wanderritte gehen und sich dabei reiterlich gegenseitig immer weiter motivieren.

Tatsächlich scheinen somit endlich auch in Mitteleuropa

das Freizeitreiten und der pferdegemäße Umgang mit dem Pferd in der Haltergemeinschaft wieder zu jenem "Studium" im Renaissancesinn des Wortes zu führen, zu dem sie bereits im 16. und 17. Jahrhundert mehr als nur Vorwände geliefert haben. (Vergl.:"RRR")

Es würde zu weit führen, hier, wie in "RRR" bereits geschehen, nochmals aufzuzählen, was die Lehrpläne der Reitakademien dem Freizeitreiter während der Renaissance alles zu erlernen anboten. Erwähnt sei deshalb nur, daß das Pferd und das Reiten damals die Achse eines "Gesamtstudiums" darstellten, bei dem es vor allem um das Leben in und mit der Natur ging; das heißt eines Studiums, das alles einschloß, anstatt ausgrenzte, das alles umfaßte, statt trennte und spezialisierte, und das sowohl das Wissen und die Erkenntnis als auch die Erfahrungsfähigkeit der adeligen Freizeitreiter schulte, förderte, wachsen und reifen ließ.

Das Ziel dieses Studiums war dabei nicht einmal nur ein wissenschaftlich untermauerter pferdegemäßer Umgang mit dem Pferd und die kreative Reitkunst, sondern ausdrücklich vorgeschrieben Reitkultur, das heißt eine Lebensform oder -weise in und mit der natürlichen Umwelt, die gleichermaßen auf alle Lebewesen Rücksicht zu nehmen versprach. Später zählte man sie vor allem in Deutschland zum "Humanismus".

Wir, die wir uns vorerst nur ein eigenes Pferd zu halten wünschen, befinden uns damit, wie eingangs erwähnt, in dem berüchtigten Teufelskreis aller Anfänger, die noch nicht abzuschätzen vermögen, was alles auf sie zukommt. Sind wir nämlich weder gewillt, auf unseren Wunsch, noch auf echten pferdegemäßen Umgang mit unserem zukünftigen Tier zu verzichten, so bleibt uns gar nichts anderes übrig, als auf dem Land zu leben und, je ernster es uns mit unserem Vorhaben ist, desto weiter von der nächsten Stadt, dem nächsten Kino und der nächten Autobahn entfernt, möglichst weit hinten im Tal, wo das Wasser der Bäche noch genießbar und das Baumsterben noch nicht begonnen hat, zu wohnen oder mindestens über eine Absteige zu verfügen. Bei letzterer darf es sich durchaus nur um ein Zelt oder um einen Wohnanhänger handeln. Aber selbst damit entläßt uns der Teufel noch keineswegs aus dem berüchtigten Kreis.

Denn soweit abgelegen von der Welt eine ganze Pferdehaltergemeinschaft zusammen zu bringen, wird sich mindestens als schwierig, vielleicht sogar als nahezu unmöglich erweisen... oder aber zu einem großen Glücksfall entwickeln.

Erfahrungsgemäß hat, wer seine bisher in Stadtnähe gehaltenen Pferde soweit von zuhause weg zu geben bereit ist, zweifellos schon viel über ihre natürlichen Bedürfnisse, über das Wechselspiel zwischen Pferden und ihrer Umwelt, über die Vorteile für die Pferde, in einer großen Herde gehalten zu werden, und über den pferdegemäß kreativen Umgang mit ihnen nachgedacht. Er ist daher zu ihrem Wohl bereit, noch viel mehr in Kauf zu nehmen, als nur lange Auto-, Motor- oder Fahrradfahrten.

In der Regel sind es vor allen diese besonnenen, durch und durch konsequenten Pferdebesitzer, die sich schnell zu den unbedingt notwendigen "Stützen" oder "Seelen der Haltergemeinschaft" entwickeln, verfügen sie doch meistens über langjährige Erfahrungen im Umgang mit Pferden, fallen kaum noch auf bloße Strohfeuer der Pferdebegeisterung herein und haben zudem einen Sinn sowohl für die Gemeinschaft der Pferdehalter als auch für das Studium dessen, was uns die Pferde jahraus, jahrein zu lernen aufgeben.

Sie wissen überdies, welches Holz für Zaunpfähle in Frage kommt, wie diese angekohlt, imprägniert und vor Fäulnis geschützt werden, wie die Zäune mit Elektrodraht verdoppelt und gesichert werden und wie dem Wild und Wildwechseln bei dem Einzäunen gerecht zu werden ist.

Später sehen sie der Herde auf den ersten Blick an, wie sie sich fühlt, was bei ihrer Haltung vorbeugend zu tun, zu ändern oder zu unterlassen ist und wie Folgen früherer Haltungsfehler wiedergutzumachen oder zu behandeln sind. Zwar sollten auch sie weder den Hufschmied, noch den Tierarzt zu ersetzen suchen; aber wenigstens wissen sie in Notfällen, was sie zu tun und zu lassen haben, bis der Veterinär eintrifft... und bewahren dabei auch die notwendige Ruhe.

Unser eigener Umgang mit dem Pferd muß jedenfalls wesentlich früher und ganz anders beginnen, als Laien in der Regel annehmen - nämlich Jahre bevor wir das erste eigene Pferd erwerben - mit dem Versuch, in unserem weiteren Umkreis irgendwo in eine sympathische Pferdehaltergemeinschaft aufgenommen zu werden und daraufhin in dieser regelmäßig aktiv mitzuarbeiten und mitzulernen, gleichgültig ob wir dadurch auch zum Reiten kommen oder nicht.

Läßt sich auch mit dem besten Willen und größter Ausdauer keine bestehende Haltergemeinschaft finden und kann man endgültig nicht in eine Gegend umziehen, in der es bereits solche gibt, so wird man wohl oder übel zuerst einmal eine "Gemeinschaft gleichgesinnter Noch-nicht-Pferdebesitzer" gründen müssen.

Gemeinsam wird hierauf beispielsweise dank neuester EWG-Bestimmungen stillgelegte Nutzböden und/oder geeignetes Ödland langfristig zu pachten und/oder zu kaufen gesucht, wobei bereits dieses Unterfangen erstmals die Spreu vom Weizen der zukünftigen Pferdehalter trennen dürfte... was bedeutet, daß der Kreis der Pferdefreunde von Anfang an eher zu groß als zu klein gehalten werden sollte.

Ist das Hintertal gepachtet - eine mir bekannte Gemeinschaft hat vor Jahren einen ganzen, abgelegenen Vierzig-Hektar-Hof in Erbpacht übernommen und den dort noch wohnenden alten Bauer als "Seele der Gemeinschaft" gegen ein bescheidenes Zusatzhonorar zum Aufseher über die Pferdeherde bestellt - so sind die Äcker und Weiden eventuell neu einzudüngen -: Kalkböden mit Urgesteinmehl; Siliciumböden mit Algenkalk - zu pflügen und neu einzusäen, einzuzäunen und in Frühlings-, Sommer-, Herbst- und Winterweiden so zu unterteilen, daß alle an das Wasser, an den Trockenauslauf mit dem Offenstall und den Arbeitsbahnen und möglichst auch an die nächste Umgebung des Hofes grenzen, indem sie den Pferden dennoch viel Bewegungsraum und Weite bieten.

Durchfließt ein Bach unser Talende, so sind seine Ufer ebenfalls mit Zäunen zu schützen. Zugang zu ihm halten wir unseren Pferden jeweils nur am unteren Ende der Weiden offen, da sie nicht nur gerne reines Wasser trinken, sondern sich auch oft darin wälzen und ins Wasser zu misten pflegen.

Der ganzjährig zugängliche Offenstall mitten auf der Weide ist gewiß eine Lösung, die man diskutieren kann. Für Robustpferde kommt er jedoch nur in Frage, wenn er den Bewegungsraum und die Rennwege der Tiere nicht nennenswert beschränkt, nicht unnötig viel Weideplatz einnimmt und nicht nur einigen ranghöheren Tieren, sondern der ganzen Herde Unterschlupf gewährt. Eine an das Bauernhaus angelehnte Remise, ein ehemaliger Kuhstall (der vielleicht tiefer auszuheben ist) oder eine offene Scheune leistet meistens bessere Dienste, als der teuerste Offenstall in moderner Massivholzbauweise. Eine oder zwei große Boxen sind zur Isolierung kranker Tiere und zur Unterstellung von Gastpferden sowieso in Wohnhausnähe vorzusehen, ebenso das Heu- und Strohlager und die Sattelkammer mit der Stallapotheke und der (mäusesicheren) Kraftfutterkiste oder -tonne voll Gerste.

Für Sonder- und Notfälle müssen die Weiden das ganze Jahr über, somit auch im Winter bei Schnee und Eis, mit einem

Lastwagen gefahrlos zu erreichen und auch wieder zu verlassen sein.

Je zahlreicher sich ernsthaft Interessierte an einer Pferdehaltergemeinschaft beteiligen, desto besser wir diese "funktionieren". Das bedeutet, je mehr Pferde langfristig zusammenfinden, desto besser geht es der Herde und indirekt jedem einzelnen Herdenmitglied, aber desto größere Weide-, Renn-, Spiel- und Bewegungsräume braucht sie auch von Anfang an, da sich ihre endliche Kopfzahlstärke auf natürliche Art und Weise von selber einpendeln muß.

Zeichnung 3: Blick vom Hof einer Pferdehaltergemeinschaft

2. Kapitel

VON HERDEN LERNEN, WIE PFERDE LEBEN

Alle ernstzunehmende Tierpsychologie setzt bei uns Menschen einen uns besonders schwerfallenden "Sprung über den eigenen Schatten" voraus, da alles beobachtungswürdige Tierverhalten stets spontanes Verhalten ist und damit von uns auch nur spontan miterlebt oder erfahren werden kann.

Wildequiden gegenüber gibt es bisher lediglich zwei Verhaltensforschungsmethoden, deren eine in ihrem wissenschaftlichen Wert zudem angezweifelt wird.

Tatsächlich erweisen wir uns bei der Pferdebeobachtung entweder als in die zu beobachtende Tierfamilie voll integriert und versuchen sie so aus den familieninternen Zusammenhängen, also von innen heraus zu verstehen, oder wir haben weit außerhalb der Wahrnehmung der Tiergruppe gut getarnt im Schatten zu liegen und kilometerweise Filme zu belichten, die später mittels Zirkel, Raster, Maßstab und Computerhilfe ausgewertet werden. Nur Letzteres gilt heute als "wissenschaftlich" und zeitigt prompt entsprechend dürftige Ergebnisse.

Uns Herdenhalter und Freizeitreiter, kurz, uns Pferdemenschen, können solche "wissenschaftliche Ergebnisse" nie befriedigen, obwohl sich unsere eigenen praktischen Erfahrungen mit den Pferden durch sie immer wieder untermauern, ergänzen und bestätigen lassen müssen, bevor wir Schlüsse daraus ziehen und diese in praktische Maßnahmen umsetzen.

Glücklicherweise gibt es heute mehr und mehr Freizeitpferdehalter und -reiter, die den Weg zu dem pferdegemäßen Umgang und damit gleichzeitig zu der Erfahrungssuche mit Pferden einschlagen. Stoßen sie auf diesem hohen Saumpfad auf Widersprüche, so ziehen sie in der Regel, statt der Interpretationen berufsmäßiger Verhaltensforscher, lieber die Erklärungen der Alten Reitmeister und noch aktiver Berufsreiter zu Rate, obgleich letztere oft große Schwierigkeiten haben, ihre Erfahrungen zu beschreiben.

Die Gründe hierfür sind leicht einzusehen. Einerseits wurzelt jede echte Erfahrung in psychischen Ebenen, auf denen man zwar Pferde verstehen und das Verstandene in Bildern darstellen kann, nicht aber in Worten, Sätzen und logischen Erklärungen. Andererseits war es gerade das Besondere an den berittenen Hirten (Gardians, Campinos und Vaqueros), die ich kennen gelernt habe, daß sie noch mit ihren Herden zusammenlebten, sowohl in die Pferdeherden als auch in die Kampfstierherden integriert waren, hier sogar feste Plätze in den Herdenrangordnungen einnahmen und praktisch - gleichgültig worum es eben ging - nur noch "im Einvernehmen mit den Herden", das heißt in und mit dem Vertrauen der Tiere zum Wohl der Herde handelten. Erklären konnten sie indessen weder ihr Vorgehen, noch die Tatsache, daß ihr ganzes Leben allein auf die Notwendigkeiten ihrer Herden ausgerichtet war.

Sie lebten, gingen, ritten ausschließlich "auf der Seite der Pferde", behaupteten ihre Arbeitgeber. Und offensichtlich weilten sie bei der Arbeit häufiger und länger auf einer anderen psychischen Ebene, als auf der ihres Ich-Bewußtseins. Allein für sie hatten die Pferde und Stiere Augen und Ohren, für sie und für ihre knappen Winke und Gesten, Pfiffe, Bell- und Knurrlaute und für die Gleichgewichtshaltungen der Pferde, die sie ritten.

Soweit, wie gewisse Gardians ihre Erfahrungssuche in der Camargue vor dreißig Jahren trieben, brauchen wir Freizeitpferdehalter glücklicherweise nicht zu gehen. Und dennoch drängt sich auch uns eine wichtige Erkenntnis auf: weder die neuesten Ergebnisse der Pferdeverhaltensforschung, noch das Wissen, welche Erfahrungen die letzten Kampfstierhirten inmitten ihrer Herden machen, reichen aus, um uns mit Freizeitpferden auf Anhieb pferdegemäß umgehen zu lassen.

Können uns die neuesten wissenschaftlichen Berichte hin und wieder zur Kontrolle unserer eigenen Erfahrungen dienen, so müssen uns alle fremden Erfahrungen - selbst wenn sie noch so genau und umfassend beschrieben sind - solange verschlossen bleiben, wie wir sie nicht selber nachvollzogen haben.

Allein dieses "Nachvollziehen" können und müssen wir als Freizeitpferdehalter Schritt für Schritt lernen und dabei gewinnen auch unsere Vorbilder, die Gardians und Campinos, ihre Bedeutung zurück. Sie begannen stets mit dem Sehenlernen (vergl.: Einführung), wobei mit dem "Sehen" nicht nur geduldiges Beobachten, für alles offenes und dennoch konzentriertes "Verfolgen-was-läuft" gemeint war, sondern auch das Hinhörenkönnen, was beispielsweise die Modulationen des Wieherns, Schreiens, Quietschens, Grollens, Schnaubens, Schnarchens, Prustens, Schnaufens, Gähnens usw. jedes einzelnen Pferdes zu bedeuten haben, die Pfeif-, Rumpel-, Koller- und metallischen Geräusche im Tierleib ebenso wie die höchst unterschiedlichen Klänge, welche gut- und schlechtsitzende, feste und lockere Hufeisen auf verschiedenen Unterlagen verursachen.

Sehen ist also auch Hören, zum Beispiel auf einem Aus- oder Wanderritt, ob sich ein Granitsplitter oder ein Kalkstein, ein Stückchen Holz oder ein Föhrenzapfen in den Huf getreten hat und ob das Pferd darunter leidet oder nicht.

Zu dem "Sehen" gehört überdies noch jenes, alles andere als einfach zu erklärende Gefühl für das jederzeitige körperliche wie psychische Befinden sowohl jedes Einzeltieres als auch der Herde als Einheit.

Es bezieht sicherlich stets eine Reihe bewußt oder halbbewußt gesammelter rationeller Erkenntnisse mit ein. Vor allem aber scheint es von der Intuition und von unserer Erfahrungsebene gespeist, das heißt von unserer gefühlsmäßigen Anteilnahme sowohl an der kollektiven Herdenpsyche als auch an der jedes Pferdeindividuums. Die Alten Reitmeister reduzierten seine Bedeutung mit dem Begriff "Reitertakt". Da es jedoch unvergleichlich viel mehr einschließt, als nur "den Draht" zum Pferd unter dem Sattel, nenne ich es für mein Teil "Direktteilnahme am Herden- und/oder Pferdeleben" und hoffe so zu verhindern, daß junge Mädchen ihre sentimentale Schmuseneigung mit diesem wahrhaft kreativen Sinn und dem sogenannten "Blick" und/oder "Händchen für Pferde" verwechseln, welcher selbst Gardians und Vaqueros nur nach und nach, im Laufe vieler Jahre oder Jahrzehnte zuwächst.

Nun stellt sich wohl die Frage, wie man dieses "Sehen", das auch Hinhören und intuitives Ausloten der Pferdebewegungen ist, lernen kann?

Bereits erwähnt sind die Alten Reitmeister und ihre hippologischen und reiterlichen Texte, denen sie in der Regel Lehrbilder beibinden ließen; so Antoine de Pluvinel, Francois Robichon de la Guérinière und Manoel Carlos d'Andrade (deren Werke in der Reihe DOCUMENTA HIPPOLOGICA angeboten werden). Ebenso erwähnt ist auch die Bedeutung des Beobachtens möglichst naturbelassener Pferdeherden und ihres Verhaltens sowie des alltäglichen Zusammenlebens mit Pferden als Sehschule.

Ich selber lernte das Sehen erst während meiner Gardianlehre in der Camargue, jedoch nicht von meinen Lehrmeistern, noch aus Büchern oder von der Pferdeherde, die jeweils den Herbst und Winter über rund um meine Hütte herum weidete; meine ersten echten Seherfahrungen machte ich bei der Arbeit mit den Kampfstieren meines Patrons.

Mindestens ein halbes Dutzend Male hatte ich bereits versucht, zur Übung einen Stier auszusondern, der sich von dem Chefgardian ohne den geringsten Widerstand aus der Herde treiben ließ; ohne jeglichen Erfolg. Selbst er, der Baile-Gardian, verlor sichtlich langsam die Geduld.

Unvermittelt kam er an mich herangeritten, schlug mir mit der Rechten auf die Schulter und knurrte betont deutlich: "Versuch's nochmals! Setz' dein Pferd nur eben auf Courtet an (so hieß der Stier) und laß' es dann endlich einmal in Ruhe"!

Ich drehte Le Dur (so hieß mein Pferd) in die Richtung, in der Courtet einen Steinwurf weit vor uns mitten im Herdenverband ruhig weidete und verschränkte dann ostentativ die Arme vor der Brust, lehnte mich am hohen Hinterzwiesel des Gardiansattels an und wartete darauf, daß Le Dur ohne mein Zutun einfach stehen bleiben würde.

Spürbar erleichtert, schlug mein Pferd stattdessen in gleichmütigem Schritt ein paar Bögen und Haken mitten in die Herde hinein und trieb unversehens einen kapitalen Bullen aus dem Verband, der sich, oh Wunder!, schließlich sogar als Lou Courtet erwies.

Ehrgeiz befiel mich: machte Le Dur seine Arbeit ohne mein Zutun weit besser, als wenn ich eingriff, so mußte ich wenigstens dahinter kommen, wie er den Stier aus dem Herdenverband lösen konnte, ohne daß weder er selbst, noch der Stier, noch die anderen Rinder sich deswegen im Geringsten aufregten.

In Wirklichkeit brauchte ich Jahre, bis ich zu sehen und zu verstehen lernte, daß jedes gut ausgebildete Pferd, das einen Kampfstier aus der Herde aussondern soll, dabei ganz einfach nur die Stelle, den Platz oder Ort schräg hinter dem Stier einzunehmen strebt, den auch jeder, in der Herdenhierarchie höher stehende Bulle einnimmt, wenn er einen anderen Stier aus dem Gruppenverband zu entfernen versucht.

Es geht um die Stelle, um den Platz und hier offensichtlich zum einen um den Angriffswinkel, in dem ein Stier oder Pferd ein rangniederes Tier vor sich her treibt und zum zweiten um den Abstand, den er oder es dabei zu dem zu treibenden Tier einhält, verkleinert (= Beschleunigung) oder vergrößert (= Verlangsamung).

Je höher das treibende oder gymnastizierende Tier in der Rangordnung und/oder im Ansehen der Herde steht, desto größer kann der Abstand bleiben. Stehen beide Tiere auf dem gleichen Niveau, so kommt es regelmäßig zu hautnahem Gerangel. Steht das angreifende Pferd in der

Herdenhierarchie tiefer als das getriebene, so lehnt sich letzteres sogleich auf und schlägt den Angreifer in die Flucht.

In jedem Tierverband, in dem sich eine natürliche Rangordnung sowohl in dem Herdenverband als auch innerhalb der einzelnen Untergruppen eingespielt hat, scheinen die Ranghöheren stets die Rangniedereren von dem besseren Futterplatz, von der Tränke, von der höchsten Geländestelle, im Sommer aus dem tiefsten Schatten, im Winter aus dem zugfreiesten Winkel vertreiben zu wollen.

Den rangniedersten Herdengliedern scheint es somit stets am schlechtesten zu gehen, und werden sie zudem nicht immer wieder auch von streitsüchtigen Stuten belästigt? Aber das sieht nur für Laien so aus.

Zwar bedingt alles "Dominiertwerden" in der Herde tatsächlich, daß man den "höheren Tieren" ständig aus dem Weg zu gehen hat, gleichzeitig aber auch, daß man dafür außerhalb ihres Nahbereichs in Ruhe gelassen wird, ja, nicht einmal die Verantwortung für das eigene Wohlergehen sowie für das der noch rangniedereren anderen Gruppenmitglieder zu übernehmen braucht, denn diese tragen die Gruppenführer und Gruppenchefs. Als rangniederes männliches Jungpferd - die weiblichen erben den Rangstellenwert ihrer Mütter - braucht man sich in der Herde um nichts anderes zu kümmern als darum, dank der Spiele, Rennen und Raufereien mit den Altersgenossen und der Gymnastik, die der Gruppenführer oder Gruppenchef einem nahelegt, möglichst schnell in der Hierarchie höher zu klettern und damit schon bald an den Privilegien der Ranghöchsten teilzuhaben.

Umgekehrt stellt auch das "Dominieren" in der Herde kein reines Vergnügen dar. Jeder einmal erreichte höhere Stellenwert der Rangordnung will pausenlos verteidigt und/oder bestätigt werden. Da zudem ranghohe Herdentiere ihre natürliche Verantwortung für das Wohlergehen und für den Schutz der ganzen Herde wesentlich ernster nehmen, als die "Hohen Tiere" der menschlichen Gesellschaft, sichern sie selbst während des friedlichsten Weidens unablässig in die Ferne, lassen sich von jeder Kleinigkeit aus der Ruhe bringen, fahren hier zwischen zwei Junghengste, bei deren Rauferei Blut zu fließen droht, verfolgen dort ein Jungtier, dem der Winter sichtlich zuviel Kondition genommen hat, sichern dabei weiter in die Weite, denn alles kann sich unvermittelt als eine akut bedrohende Gefahr erweisen, nichts darf übersehen, verbummelt oder verschlafen werden.

Abgesehen davon, will die Herde auch als Einheit oder

Verband fortwährend in Kondition gehalten werden, was die Herden- und Gruppenchefs dadurch erreichen, daß sie die körperlich jeweils schwächsten Pferde einzeln, in Form eines regelrechten "Intervall-Trainings", kurzzeitig gymnastizieren: Stuten - wenn überhaupt - mit dem Ziel, ihre geradlinige Schnelligkeit zu fördern; männliche Jungtiere vor allem hinsichtlich größerer Biegsamkeit, besserer Gewichtsübernahme mit der Hinterhand und offensiver, wendiger Kampfhaltungen an Ort und Stelle.

Mit weit untergeschobenen Hinterhufen, tief gebeugter Kruppe, kurz aufgewölbtem Rücken und hoher Aufrichtung der Schultern fühlt sich offensichtlich jedes Pferd jeglicher Gefahr leichter gewachsen und imponiert damit sogar ranghohen Stieren in ihm bisher unbekannten Herden.

Jedenfalls lassen diese sich von ihm wie selbstverständlich aus ihrem Herdenverband lösen, ohne sich aufsässig zu zeigen, noch sich aufzuregen oder anzugreifen. Letztlich weichen sie wohl nur seinem so eindrücklichen "Gleichgewicht auf der Hinterhand" - wenn der Gardian in ihrem Sattel sie dabei nicht stört, noch behindert und sie die perfekte Tragehaltung selber suchen und finden läßt.

Tatsächlich scheint es den Herden- und Gruppenchefs auch reiner Pferdeherden, die nie mit Kampfstieren zusammen weiden, bei dem Gymnastizieren der Junghengste allein oder vordringlich um die Vervollkommnung derer Gleichgewichtshaltungen auf der Hinterhand und um die mit diesen verbundene Ausdauer zu gehen. Jedenfalls exerzierten sie den männlichen Jungpferden noch zu meiner Zeit so perfekte Bewegungsabläufe in so schönen Versammlungsgraden an, daß erfahrene Gardians und Vaqueros im Vorbeireiten deren Stellenwerte in der Herdenhierarchie auf Anhieb richtig bestimmen konnten.

Für die alten Gardians meiner Camargue-Zeit war so jede Pferde- (und Stier-) herde wie ein offenes Buch, in dem schlechthin alles stand, was ein Berufsreiter zu können, zu wissen und zu erfahren hatte, nicht zuletzt auch die subtilsten Reit-, Pferdeausbildungs- und gymnastizierungsanweisungen, die man als Zureiter brauchte. "Schau' doch ganz einfach hin", hieß es, "die zeigen Dir doch in jedem Augenblick, was sie von Dir erwarten und wie sie gehen wollen und können, wenn Du sie nur gewähren läßt! Escoutes toun chivau! Lausch' doch in Dein Pferd"!

Auf den letzten Seiten habe ich zwei Umstände zwar mehrmals kurz erwähnt, aber jeweils nur gestreift; nämlich, daß Pferde- und Rinderherden nur höchst selten im Herdenverband, dafür umso häufiger in Untergruppen und -grüppchen verteilt weiden und, daß die Herden- und Gruppenchefs Stuten anders gymnastizieren als Hengste oder Wallache; und zwar in ein lineares, schnelleres "Gleichgewicht auf den Schultern oder höchstens auf der Mittelhand", welches ungefähr jenem der "steady state locomotion" entspricht.

Gruppenbildungen und das für Junghengste so typische Sich-in-Gruppen-von-der-Herde-Absetzen scheint den Stuten kaum zu liegen, verweilen sie doch mit ihren Fohlen in verhältnismäßig dichten Trupps meistens in der nächsten Umgebung des Herdenchefs und dessen "Hofs" aus Junghengsten, die keiner Untergruppe angehören.

In den traditionellen Pferdezuchtgebieten Südwesteuropas werden Stuten weder angeritten, noch eingefahren. Sie bleiben, vom Menschen unberührt, ausschließlich der Zucht vorbehalten und bewahren sich so ihre Mutterinstinkte in einem kaum glaublichen Ausmaß.

So regeln sie beispielsweise die Geburtenraten der Herden nicht nach der eben vorhandenen Futtermenge, sondern nach dem Nährstoffgehalt ihres ganzjährigen Weideraumes, setzen selber ihre Fohlen ab, was den Kühen der Kampfstierherden weit schwerer fällt, kümmern sich um verwaiste Fohlen, als wären es eigene, und sorgen sehr gekonnt dafür, daß ihren Söhnen, den Junghengsten, der Kamm nicht allzu früh zu schwellen beginnt.

Die ersten "erzieherischen Maßnahmen", denen sich Jungpferde so zu unterwerfen haben, sind die der Mütter, die dabei ihrerseits genau zwischen Fohlen- und Jungpferdespielen und flegelhafter Aufsässigkeit zu unterscheiden und letztere unmißverständlich zu ahnden wissen. So geduldig und langmütig sie Fohlenraufereien zusehen können, so blitzartig und hart greifen sie bei Rangordnungsverstößen und Rebellion gegen den Herdenkonsens ein.

In der Regel gehen und weiden Stuten ihren Fohlen voraus und "ziehen" diese somit hinter sich her. Nur auf längeren Märschen, beispielsweise bei Weidewechseln, werden die Fohlen zwischen den Stuten eingeschlossen und als Gruppe von mehreren Müttern betreut und verteidigt.

Daß Fohlen hierbei Stuten überholen, anrempeln oder aus der Gruppe ausbrechen, kommt niemals vor. Vorwitz, Neugier und Abenteuerlust dürfen sie nur in Momenten beweisen, in denen die Herde locker verteilt in sicherer (= leicht zu überblickender, offener) Umgebung weidet oder ruht. Bei dem geringsten Zwischenfall oder Erschrecken hetzen sie in den Schutz der Mütter zurück.

Erst wenn die Fohlen endgültig abgesetzt sind, lockert

sich die Mutterbindung rasch zugunsten des Zusammenhalts entweder einer Pferdefamilie oder einer ganzen Fohlen- und Jungpferdegruppe, die wiederum von einer fohlenlosen Stute und/oder von einem Gruppenchef oder -führer im Zaum gehalten wird.

Durch die nun häufiger zu beobachtenden Jungpferdespiele und -raufhändel, die durchaus bereits Züge von Rangkämpfen tragen, suchen und finden die Jungpferde allmählich ihren Platz und Rang in ihrer Gruppe und auch in der Herde. Jungstuten nehmen an den Rangkämpfen und -spielen nur selten teil, da sie ihren Standort in der Herdenhierarchie, wie gesagt, von ihren Müttern erben. Vermutlich aus demselben Grund werden sie später von den Gruppenchefs auch nie gymnastiziert.

Jährlinge und Zweijährige ziehen auf langen Märschen meistens hinter dem Fohlentrupp und den ihn flankierenden Mutterstuten her, können aber ihrerseits durchaus einmal versuchen, an diesen vorbeizudrängeln. In ihrer Gruppe gehen gleichrangige Rivalen oft auf gleicher Höhe nebeneinander, wenn auch selten längere Zeit friedlich.

Die individuelle Pferdepsyche bezieht wohl ihre Energie, die sich in sogenanntem "Selbstbewußtsein", Mut und Ausdauer (= auch "Sturheit") äußert, vor allem aus der Rivalität innerhalb der Herdenhierarchie. Deshalb muß auch jede Stallhaltung von Pferden in Einzelhaft diese "depersonalisieren", d.h. langfristig ihrer eigenen Persönlichkeit entfremden.

Typische Folgen der Einzelhaft sind bei Jungpferden flegelhaft überhebliches Benehmen, Aggressivität, Beiß- und Schlaggewohnheiten, auf einen kurzen Nenner gebracht: eine neurotische Inflation ihres Selbstbewußtseins. Andere, vor allem aus naturbelassenen Rassen, "drehen" aus den gleichen Gründen "den Schalter", zeigen sich faul bis apathisch und dämmern oder kränkeln an ihrer Beziehungslosigkeit dahin. Von Menschen sind solche bedauernswerte Tiere kaum mehr pferdegemäß zu dominieren, noch kreativ zu gymnastizieren. Eine leichte Besserung ihres Zustandes kann ausschließlich eine kopfzahlstarke Herde mit einem sanft aber richtig dominierenden Herdenchef und einem ebenso guten Gruppen- oder Herdenführer bringen.

Nicht oder mangelhaft dominierende und antiautoritäre Erziehung verfängt bei Pferden nie! Die Folgen alles menschlichen Kneifens vor der erzieherischen Verantwortung im Umgang mit Pferden erweisen sich denn auch als die gleichen, wie jene der Einzelhaltung und wirken sich in der Regel noch katastrophaler aus, als in der menschlichen Gesellschaft.

Diese Tatsache hat ihren Grund in der eigentlichen Hauptfunktion des Herdenchefs, der meistens nicht nur der derzeitige Beschäler und der Vater der Neugeborenen ist, sondern der vor allem das "Nervenzentrum" jenes kollektiven Daseins darstellt, das die Herde verkörpert.

Er ist stets der Erste und oft genug der Einzige, der Gefahren inner- und außerhalb des Herdenweidebereichs auf Anhieb erkennt, ihre objektive Bedeutung, Ernsthaftigkeit und Dringlichkeit für die gesamte Herde beurteilt und nur im schlimmsten Fall sämtliche Tiere über die Gruppenchefs und -führer bis zum jüngsten Fohlen alarmiert, indem er gleichzeitig sowohl seine "Rückzugsstrategie" als auch die Fluchtrichtung und das Signal zum Aufbruch "telepathisch", d.h. dank der kollektiven Herdenpsyche äußerst detailliert übermittelt.

Sowohl der Impulsionsauslöser als auch der Energieübermittler scheint dabei seine eigene Nervosität, sein Erschrecken zu sein, das in demselben Sekundenbruchteil die kollektive Herdenpsyche miterschrecken läßt, dies jedoch so fein, in Dringlichkeitsgraden abgestuft, von "lebensbedrohend" über "bedrohlich" und "gefährlich" bis "möglicherweise bedenklich", daß beispielsweise Zebras offensichtlich genau zwischen "Löwenalarm" und bloßer "Hyänengefahr" zu unterscheiden wissen, auch wenn sie selber weder einen Löwen, noch eine Hyäne erblickt haben.

Der Informationsfluß vom Herdenchef über den Herdenführer zu den Gruppenführern und Mutterstuten bis zu jedem einzelnen Herdenmitglied scheint nahezu "elektronischer Natur" zu sein, garantiert er doch sowohl die überraschende Komplexität des Signals als auch die erstaunliche Fast-Gleichzeitigkeit der Gefahrwahrnehmung, der Beurteilung der Gefahr, der Abschätzung ihrer Konsequenzen, der Fluchtsignalübermittlung und der Herdenreaktion.

Soviel konnte ich mindestens in halbwilden Camarguepferdeherden immer wieder beobachten und neu überprüfen. Damit hatte ich aber noch lange nicht alles gesehen.

Dieselbe Unmittelbarkeit und Subtilität affektiver Signalübermittlungen eignet nämlich zudem auch allen Gymnastizierungsabsichten des Gruppen- oder Herdenchefs ausschließlich einem einzelnen Herdenmitglied gegenüber und dies dann ebenfalls so präzis, daß sich dadurch kein anderes Tier auch nur entfernt angesprochen fühlt.

Diese Beobachtungen konnte ich dank eines Dokumentarfilms überprüfen, der aus einem Hubschrauber aufgenommen wurde, und

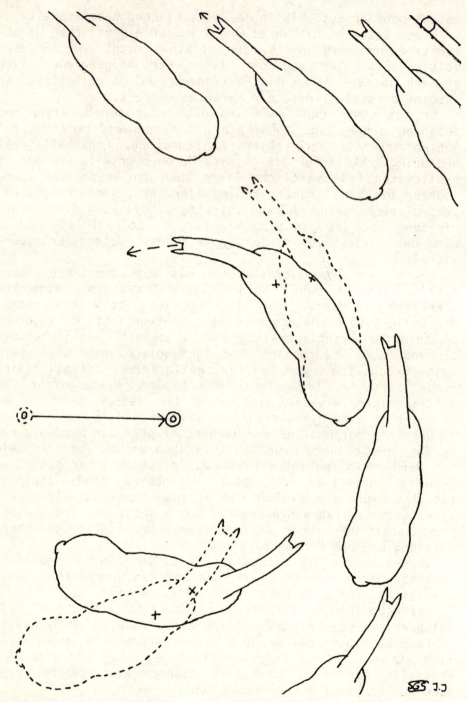

Zeichnung 4: Der Herdenchef gymnastiziert einen Junghengst

den ich mir vor Jahren mehrmals angesehen habe. In diesem Film veränderte ein Herdenchef, der seine Herde ruhig im Schritt auf den Koppelzaun zutrieb, mehrmals verschiedenen Jungpferden gegenüber unvermittelt nur die jeweilige Stellung oder Biegung seiner Hinterhand, um damit das angepeilte Jungtier, nahezu synchron, sich in seiner Vorderhand stärker biegen und aus dem Herdenverband auf einen engen Bogen ausscheren zu lassen. Dabei ergab sich weder bei dem aus der Herde entfernten Junghengst, noch bei den übrigen Herdenmitgliedern auch nur die kleinste Unsicherheit oder Aufregung.

Bemerkenswert erschien mir in dem Film auch, daß der Herdenchef die Herde auschließlich von hinten links vor sich her trieb, indem er selber in sämtlichen Bögen peinlich genau eine konzentrische Bahn einhielt und diese jeweils nur kurz aufgab, um ein Jungpferd, wie mit der Zeichnung 4 dargestellt, auf der linken Hand stärker zu biegen und danach neben sich wieder Anschluß an die Herde finden zu lassen.

Als Begründung für die verschiedenen Aussonderungsmanöver habe ich auch nach noch so sorgfältigen Prüfungen aller in Betracht kommenden umwelt- und herdeninternen Faktoren nichts Einleuchtenderes gefunden als "gymnastizierende Bestrebungen des Herdenchefs".

Diese Hypothese haben seither Dutzende eigener wie fremde Beobachtungen sowohl in meiner eigenen, als auch in anderen Herden immer wieder bestätigt: sanft dominierende Herdenchefs gymnastizieren sämtliche männlichen Herdenangehörigen – selbst den Herdenführer, die Gruppenchefs und die Gruppenführer – im Winter regelmäßig bis zu zweimal täglich, in Zeiten hingegen, in denen diese oft oder viel und vor allem gymnastisch richtig (= kreativ) longiert und/oder geritten werden, wie zur Kontrolle, nur ab und zu.

Tatsächlich hängt das Überleben des ganzen Herdenverbandes in einer gefährlichen Lage – in der Camargue hin und wieder sogar heute noch – maßgeblich von der Reaktionsschnelligkeit, gymnastischen Geschicklichkeit, Wendigkeit und Ausdauer jedes einzelnen männlichen Tieres ab. Es ist somit nur natürlich, daß es einen Herdenkonsens gibt, der diese Komponenten der Überlebensfähigkeit jedes einzelnen Tieres aktiv zu fördern und/oder in Kondition zu halten sucht.

Eine Reihe weiterer, teils auch wissenschaftlich überprüfter Gegebenheiten lassen erkennen, daß es in der Pferde- oder Herdenpsyche genetisch verankerte Neigungen gibt, sich selber zu gymnastizieren (in Einzelhaft z.B.

alles Koppen, Weben, Bolzen), sich gymnastizieren zu lassen (in Herden wie oben beschrieben) und/oder als Herden- oder Gruppenchef andere Herdenangehörigen (vor allem zum Wohl der Herde) selber aktiv zu gymnastizieren.

Wie bereits angedeutet dienen auch alle Fohlenspiele und Jungpferdeaufereien, -rennen und -rangkämpfe eindeutig vor allem der gymnastischen Ertüchtigung; der Biegsamkeit der Wirbelsäule, der Gleichgewichtssuche und sogar ersten Hankenbeugungen selbst bei vom Menschen noch nie berührten Tieren.

In dem oben erwähnten Dokumentarfilm verlegte der jeweils angepeilte Junghengst bei jeder auch nur geringsten Veränderung der Hinterhandstellung des Herdenchefs seinen Schwerpunkt - sogar von oben deutlich sichtbar - weiter zurück, wurde dadurch insgesamt kürzer und brachte sich so auf Anhieb in ein Gleichgewicht, aus welchem ihm die gymnastischen Sprünge, enge Biegungen und Haken sichtlich leichter fielen.

Ebenso wie im Umgang mit Kampfstieren, lernte ich von meinen Pferden auf Wanderritten, wenn wir jeweils fremde Reiter und Pferde kreuzten, daß sie auch ihrerseits Pferde überhaupt nur als PFERDE ernst zu nehmen bereit sind, wenn sich diese in einer vollkommeneren Gleichgewichtshaltung bewegen. Und hier, bei mir auf der Weide, erwachen Rivalitäten heute nur noch, wenn ein kurz zuvor an der Longe oder unter dem Sattel besonders erfolgreich gymnastiziertes Pferd unvermittelt Imponiergehabe an den Tag legt und mit seiner besseren Selbsttragehaltung ostentativ nach einer Neuordnung der Herdenhierarchie verlangt.

Aus allen diesen Beobachtungen - und vielen anderen - die jeder Pferdehalter und jedes Haltergemeinschaftsmitglied in jeder einigermaßen "normal funktionierenden" Robustpferdeherde selber leicht nachvollziehen kann und soll, lassen sich die für uns Pferdeerzieher, Reiter und Pferdeausbilder wichtigsten Rückschlüsse schlechthin ziehen. Einige wenige fasse ich hier kurz zusammen.

1.) Ausschließlich in großen Herden auf entsprechend weitläufigen Weiden aufzuwachsen ist, vor allem für noch relativ naturbelassene, kurze und kompakte <u>Gleichgewichtspferde</u> lebensnotwendig, da sie heute die letzten Pferde überhaupt sind, die von ihrem Herdenchef noch lernen können, durch Schwerpunktverlagerungen in lockerer Selbsthaltung Gleichgewichtsmomente anzustreben, die ihre Bewegungsapparate nicht nur schonen, sondern gymnastisch stählen.

2.) Da <u>Stuten</u> sich natürlicherweise weder nennenswert gymnastizieren lassen, noch mit der Selbsthaltung "auf den Hanken" viel im Sinn haben, eignen sie sich zwar als Fohlenerzieherinnen und manchmal für das Gruppenführeramt; den Gruppen- oder Herdenchef können sie indessen nie pferdegemäß ersetzen. In Südwesteuropa und in den traditionellen Pferdeländern Osteuropas werden sie deshalb kaum jemals geritten, noch an der Longe oder unter dem Sattel gymnastiziert, im äußersten Fall nur eingespannt und bleiben so vor allem ihrer natürlichen Aufgabe, d.h. der Zucht vorbehalten.

3.) Als Herdenhalter ist u.a. das Wichtigste, unseren Herden- und/oder Gruppenchefs abzuschauen, <u>wie</u> sie jedes einzelne Herdenmitglied praktisch, faktisch <u>erziehen und gymnastizieren</u>, <u>wie</u> sie es biegen, <u>was</u> sie unternehmen, um es zum Zurückverlegen seines Schwerpunktes zu bewegen, <u>wie</u> und <u>wo</u> sie seine Hinterhand anpeilen, um weiteres Untertreten, <u>wann</u>, <u>wie</u> und <u>wo</u> sie diese bedrohen, um <u>Hankenbeugungen herauszufordern</u>.

Denn genau so wie die Herden- und Gruppenchefs mit den Jungpferden verfahren, werden wir, sind wir erst einmal voll in die Herde integriert, ebenfalls sowohl an der Longe als auch unter dem Sattel mit ihnen umgehen müssen; präzis genau so, mit der gleichen Unmißverständlichkeit und mit der gleichen Nachsicht gegenüber Fehlern, mit gleichem Nachdruck und nur ebenso kurz, wie es uns die Chefs gezeigt haben.

4.) Zu Letzterem müssen wir bereits umfassend <u>sehen</u>, mindestens die bedeutendsten Vorgänge im Herdenverband <u>vergleichend verfolgen</u> können, und das ist am einfachsten von den Herden- und/oder Gruppenchefs zu lernen, indem man stundenlang pausenlos nur ihren Blicken folgt.

5.) Glauben wir <u>nie</u>, in Bezug auf Sehen, vergleichendem Verfolgen, Pferdeverständnis, Pferdekenntnis wie Reiten hätten wir irgendwann einmal <u>ausgelernt</u>! So wichtig es auch ist, die Bewegungsabläufe und Bewegungshaltungen jedes einzelnen Tieres zu Vergleichen im Gedächtnis und im Gefühl aufzubewahren, soviel kann man zudem an den Ruhestellungen und Ruhehaltungen der Pferde ablesen.

Wo stehen beispielsweise die Hinterhufe, gemessen an der Senkrechten aus dem Ischion (= Sitzbeinhöcker) oder aus dem Schweifansatz? Ruhen sie regelmäßig hinter dieser Vertikalen, so ist das Pferd noch zu jung oder zu unreif, um bereits angeritten zu werden. Vielleicht braucht es einen aktiver gymnastizierenden Gruppenchef, vielleicht größere Weiden und Ausläufe. Möglicherweise wurde es bereits falsch angeritten und zeigt sich nun in seinem Rücken bereits überbeansprucht. Vielleicht bekommt ihm unser eigener Reitsitz nicht. Jedenfalls muß es dringend pferdegemäß kreativ spazierengeführt und longiert werden, bevor man es neu anreitet oder anreiten und ausbilden läßt.

Bei Pferden, die regelmäßig beschlagen gehen, sind Abnutzungsvergleiche zwischen den vorderen und den hinteren Eisen, den linken und den rechten, wichtige Indikatoren für die derzeitige Selbsthaltung der Tiere sowohl in der Herde als auch unter dem Sattel (z.B. auf langen Wanderritten). Zeigen sich die vorderen Eisen dabei stärker abgeschliffen, so ringt das Pferd noch immer um eine erträgliche Selbsthaltung. Sind die hinteren Eisen stärker beansprucht, so hat das Tier erfreulicherweise bereits zu einer biopositiven Tragehaltung gefunden.

Zeichnung 5: Das Ziel aller Pferdegymnastik sowohl in der Herde als auch unter dem Sattel

3. Kapitel

DAS PFERD AN DER HAND

Das sogenannte "Spazierenführen" von Jungpferden "an der Hand" ist eine uralte südwesteuropäische, vielleicht sogar nordafrikanische Methode des menschlich-tierischen, gegenseitigen Sich-kennen-und-schätzen-Lernens. Südfranzösische und iberische Herdenbesitzer wandten sie bis vor kurzem immer dann an, wenn sie einen besonders vielversprechenden oder wertvollen Junghengst aus ihrer Wildpferdeherde nicht einbrechen lassen, sondern pferdegemäß kreativ selber anreiten und ausbilden wollten.

Ich lernte sie in der Camargue vor dreißig Jahren kennen und schätzen, obwohl sich mein Patron, Fernand Ferraud, damals schämte, seine Spitzenhengste stets "auf die weiche Art und Weise" auszubilden und mir deswegen auch nur selten mit Korrekturen und Ratschlägen half.

Meistens begannen der pferdegemäße kreative und der grobe bis brutale "Ernst des Lebens" für die halbwilden Junghengste gleich: wir sattelten unsere erfahrensten und wendigsten Stierpferde und trennten draußen auf der Salzsteppe vorsichtig im Schritt die Pferde von der Kampfstierherde. Zu viert bis zu sechst trieben wir daraufhin die Hengste, Stuten und Jungpferde wie beiläufig betont gemächlich der fernen Stieraussonderungskoppel und dem Korral entgegen, sorgsam darauf bedacht, die Herde auf keinen Fall zu alarmieren, aufzuregen, Verdacht schöpfen oder sogar im Galopp ausbrechen zu lassen. Endlich schlossen wir sie auf der Aussonderungskoppel ein, wo wir frühmorgens einige Ballen Luzerneheu in Haufen aufgeschüttet hatten.

Am Nachmittag trennten wir, wiederum beritten, die Junghengste von den Stuten, Fohlen und Reitpferden und trieben sie in den Korral. Während das Gros der Herde auf die Steppe entlassen wurde, fingen wir mit unseren Lassos die Vier- und Fünfjährigen, die zugeritten werden sollten, aus dem Junghengstetrupp, banden sie mit den Lassos an den Korralbalken an und entliessen die übrigen Tiere ebenfalls auf ihre angestammte Weide.

Die zukünftigen Reitpferde, die sich in der Regel wie die Teufel gegen das Angebundenstehen auflehnten und kurz und klein droschen, was in ihre Reichweite gelangte, wurden nun oft zuerst einmal im Ladegang isoliert und eingeengt, möglicherweise mit dem Herdenbrand versehen, weit seltener (stolz-) kastriert, wenn nötig verarztet und meistens geimpft. Hierauf wurden sie, einer nach dem anderen, auf eine spezielle Reitpferdekoppel neben dem Gehöft entlassen, wo bereits einige ältere, mit dem Menschen vertraute Hengste aus den höchsten Rängen der Herdenhierarchie auf sie warteten.

Die Reitpferdekoppel bestand aus zwei, mit einem breiten Tor trennbaren Abteilungen, deren größere zehn bis zwanzig Hektar umfaßte und als Weide diente, und einer kleineren, ein bis drei Hektar umfassenden, die an die Mauer der Scheune oder Tenne grenzte und zu welcher die Anbinderinge in der Mauer, eine stabile Außenboxe und die Tränkebecken gehörten.

In der Regel weidete der eben erst ausgesonderte Junghengstetrupp die ersten zwei Wochen unbehelligt mit den ranghohen Reithengsten zusammen und hatte sich zuerst einmal in deren Gruppenhierarchie einzufügen, was selten ohne handfeste Rangkämpfe gelang.

Daraufhin hatten wir Gardians uns in jeder freien Minute um die Junghengste zu kümmern, jedoch ohne sie jemals zu bedrängen, ihnen nachzulaufen, sie berühren oder festhalten zu wollen. Morgens und abends wurde auf der kleinen Koppel etwas Luzerneheu in zehn bis fünfzehn Haufen verteilt. In den ersten Tagen mieden die Jungtiere das Heu oder kamen erst auf die Futterkoppel, wenn wir diese verlassen hatten. Nach und nach harrten sie an ihren Heuhaufen aus, selbst wenn wir nochmals Luzerne oder Stroh in ihrer Nähe verteilten.

Nur eine Woche später lockten wir die mit uns vertrauten Hengste täglich mehrmals mit dem Haferbeutel aus der Herde, banden ihnen "Sedens" (Pferdehaarseile) um, führten sie zur Tränke, dann zu den Mauerringen, machten sie hier fest, bürsteten sie ausgiebig, sattelten und zäumten sie und ritten sie kurz inmitten des wilden Pferdetrupps, jedoch stets so, daß wir diesen weder bei dem Weiden störten, noch einzelne Tiere belästigten oder verfolgten.

Schüttelten wir in den folgenden Tagen jeweils Heuhaufen auf, so versuchten wir immer häufiger, aber betont zufällig, an einzelne Junghengste heranzukommen, um mit Gesang und Zischlauten, ruhigen Worten und langsamen Gebärden ihre Neugier und ihre Aufmerksamkeit auf den Haferbeutel zu lenken. Oft erwischten sie schon zwei Tage später ihr erstes Maul voll gequetschter Gerste und ließen sich erst nur kurz, dann länger und länger berühren.

In der dritten oder vierten Woche konnten wir sie manchmal bereits recht grob anrempeln, aus dem Weg scheuchen oder kurz ein Seil über ihre Hälse werfen, wobei sie meistens –

wohl der schlimmen Erfahrung mit dem Lasso im Korral wegen - an Ort und Stelle erstarrten.

Hin und wieder konnte es jetzt auch zu richtigen Imponierangriffen kommen, mit denen uns die Junghengste unsere Plätze in der Gruppenhierarchie streitig zu machen versuchten. Jedenfalls hatten wir nun vor ihnen auf der Hut zu sein und blitzartig zu reagieren, wenn wir angegriffen wurden.

In der fünften oder sechsten Woche konnten wir die Junghengste täglich mehrmals mit dem Haferbeutel anlocken, ihnen das Pferdehaarseil umlegen, sie erst mit einem älteren Pferd zusammen, dann allein zur Tränke führen, daneben anbinden, striegeln und bürsten und ihnen schließlich sogar den Kappzaum umschnallen, ohne daß sie deswegen viel Aufhebens machten.

Nun begann die eigentliche "Schule beidseitigen Umganges"; <u>das Spazierenführen der Junghengste an der Hand.</u> Anfänglich geschah dies auf der ihnen bekannten Hausweide in Gegenwart der übrigen Tiere, dann außerhalb dieser Koppeln, schließlich auf fremden Böden, fremden Pisten, beim nächsten Weiler oder im Dorf, manchmal auf Pfaden durch Sümpfe, oft über Dämme hinweg, steil hinauf und steil hinunter, viel befahrenen Landstraßen entlang, in Brackwaßertümpeln und aufgegebenen Reisfeldern, erst eine viertel bis eine halbe Stunde, Wochen später stunden- bis halbe Tage lang; das Jungpferd bald rechts, bald links halb hinter oder neben uns, dann neben oder halb vor uns...

Das Spazierenführen beginnt demzufolge mit jenen flüchtigen Berührungen, die den Mutterstuten abgeschaut sind und die wohl deshalb auch dem scheusten oder aufsässigsten Jungpferd mit der Zeit sowohl unsere Herdenzugehörigkeit als auch unsere objektive Harmlosigkeit signalisieren.

Da wir bei dem ersten Spazierenführen überdies vor dem Jungpferd gehen und dieses wie einst seine Mutter psychisch hinter uns her"ziehen", kann es notwendig werden, daß wir das Tier hin und wieder deutlich anrempeln, um unsere Rolle in der Herde von ihm nicht mit der einer alten Stute verwechselt zu sehen.

Für alle Fälle geschieht dies stets noch auf unserer Weide, indem wir lebhaft vor dem Junghengst ausschreiten und ihn mit Worten, Schnalzen oder Pfiffen immer wieder ermuntern, uns ebenso unbekümmert zu folgen, dabei unseren Gehrhythmus zu übernehmen, uns aber seinerseits weder anzustoßen, noch an uns vorbei zu drängeln.

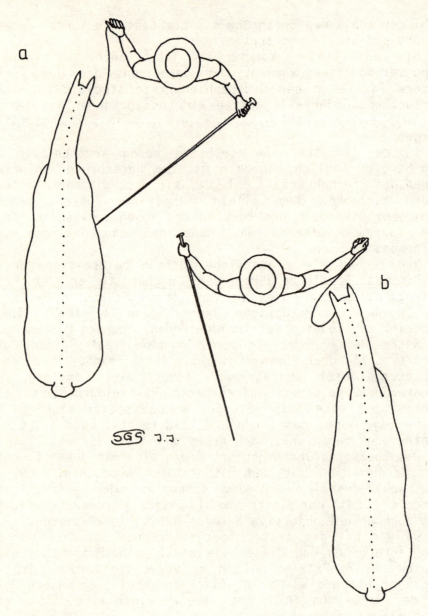

Zeichnung 6: Das Antreten (a) und das Anhalten (b) aus der Führposition 1; um antreten zu lassen touchiert die Gerte das Pferd an der Stelle, an der später die Reiterwade liegen wird. Um anhalten zu lassen verlangsamt der Longenführer seinen Gehrhythmus, breitet die Arme aus, bleibt selber stehen, kommandiert "Haaalt!", worauf das Pferd sogleich stehen zu bleiben hat.

Zu sämtlichen Spaziergängen wie später zum Longieren trägt das Jungpferd einen doppelt gesicherten leichten ledernen Kappzaum, durch dessen mittleren Ring das Führseil so lange hindurch gezogen wird, daß man sein Ende um den Hals des Pferdes schlingen und verknoten kann. Auf der Höhe des mittleren Kappzaumringes wird das Seil dann noch einmal verknotet. Sein Ende hält der Pferdeführer während dieser ersten Führphase in der dem Tier jeweils zugewandten Hand; die andere trägt eine lange Rute oder Dressurgerte. Zum Antreten tippt man den Junghengst damit in der Gurtenlage an, d.h. an der Stelle, an der später die innere Reiterwade einwirken wird.

Um anzuhalten breitet man in dieser ersten Phase des Spazierenführens (vergl.: Zeichnung 6) ruhig aber bestimmt beide Arme aus, gibt ein beruhigendes Vorbereitungskommando wie zum Beispiel "Zum Anhalten...", bleibt selber stehen und befiehlt:"Haaaalt!". Weder das Pferd, noch sein Atem darf uns dabei berühren. Rempelt es uns - aus welchen Gründen es auch sei - dennoch an, so boxen wir mit dem Ellbogen augenblicklich so zurück, daß das Tier den Eindruck gewinnt, es hätte sich an uns versehentlich selber schmerzhaft gestoßen.

Selbst bei diesen Anfängen des Spazierenführens haben wir regelmäßig die Pferdeseiten so zu wechseln, daß wir etwa zwei Drittel des Weges und der Zeit auf der Seite mitgehen, auf der sich das Pferd weniger leicht biegen läßt. In den meisten Fällen ist dies die rechte Pferdeseite. Wir führen deshalb unser Tier beispielsweise fünf Minuten auf der linken Seite, dann zehn Minuten lang auf der rechten, bevor wir wieder für fünf Minuten auf die linke Seite wechseln. Während sämtlicher Spaziergänge ist immer mit dem Pferd zu reden. Wir können auch singen oder uns ein Liedchen dazu pfeifen und mit der Gerte den Takt dirigieren. Je deutlicher dem Jungtier unsere Gegenwart und Rolle bewußt und präsent ist, desto effektiver wird es sich pferdegemäß dominiert und in Sicherheit gewiegt fühlen, und desto schneller können wir die Führpositionen anstreben, die es wesentlich präziser, unmißverständlicher und für uns einfacher "aussteuern" oder lenken lassen.

Selbstverständlich haben dabei das Führseil und später die Longe ausnahmslos immer leicht durchzuhängen - besonders in Notsituationen - wenn auch nie so tief oder weit, daß sich das Pferd darin verheddern könnte.

Bei dem allmählichen Wechsel unserer Führpositionen von vorne nach hinten und von nahe am Pferd zu mehr Distanz, mü-

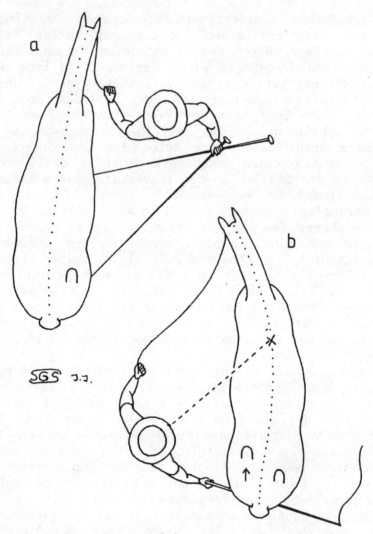

Zeichnung 7: Das Antreten (a) aus der Führposition 2 und das Anhalten (b) aus der Führposition 3; um antreten zu lassen, touchiert hier die Gerte anfänglich in der späteren Schenkellage, dann nur noch über dem Fesselkopf des Innenhinterfußes. Um aus den Führpositionen 2, 3 und 4 anhalten zu lassen, verlangsamt der Longenführer seinen Gehrhythmus, indem er anfänglich nur den Innenhinterfuß, später beide Hinterhufe bei jedem Abhufen touchiert. Daraufhin gibt er das Vorbereitungskommando "zum Anhalten...!", bleibt selber stehen, indem er die Longenhand öffnet und sein "Haaalt!" befiehlt. Die Gerte touchiert dabei die Hinterfesselköpfe. Das Pferd bleibt augenblicklich stehen.

ssen wir dem Umstand Rechnung tragen, daß wir damit unsere Mutterstutenrolle endgültig mit jener eines nur wenig ranghöheren, gleichalterigen Herdenkollegen vertauschen und daß sich unser Jungpferd deswegen durchaus auch einmal flegelhaft oder rebellisch zeigen kann.

Biegen wir es nun erstmals umso unmißverständlicher allein dadurch, daß wir seinen jeweiligen inneren Hinterhuf im Augenblick des Abhufens am Fesselgelenk oder darüber mit der Gerte antippen oder "touchieren", so wird es schnell einsehen, daß wir keine Rangrivalen aus der Herde, sondern Gruppenchefs sind und sich wieder unterordnen.

Das "Bearbeiten" des inneren Hinterhufs mit der Gerte - wie die Alten Reitmeister sagten - muß jedenfalls in nur wenigen Tagen deutlich weiteres Untergreifen oder Untertreten, dadurch eine gleichmäßigere einseitige Biegung der ganzen Wirbelsäule, später deutlichere Gewichtsübernahmen des inneren Hinterfußes und schließlich erste einseitige Hankenbeugungen zeitigen. Zu einem Maß der Fortschritte unseres Zöglings wird nach und nach die Vollkommenheit seines Anhaltens (vergl.: Zeichnung 7).

Dieses neue, etwas andere Anhalten erweist sich vor allem dadurch modifiziert, daß es aus den "Führpositionen hinter dem Pferd" verlangt und vervollkommnet wird, somit aus jenen, in welchen wir die Longe bereits in die dem Pferd abgewandte und die Gerte in die dem Tier zugewandte Hand übernommen haben.

Nun verlangsamen wir unsere eigenen Bewegungen, indem wir jeden Schritt des inneren wie des äußeren Hinterhufs durch leichtes Antippen mit der Gerte von hinten länger und geräumiger gestalten und schließlich das Vorbereitungskommando "Zum Anhalten...!" geben.

Sowie das Pferd, unseren Gertenhilfen nachgebend, beide Hinterhufe tiefer unter seinen Körper schiebt, also weiter untertritt, bleiben wir selber stehen und befehlen das "Haaaalt!", indem wir nochmals beide Hinterbeine gleichzeitig touchieren und mit der Longenhand sehr deutlich von hinten nach vorne und von oben nach unten nachgeben.

Das Jungpferd wird sich derweil in der Kruppe leicht nachwippend ausbalancieren, um daraufhin reglos stehen zu bleiben, selbst wenn wir nun, die Longe in großen Schlingen aufnehmend herantreten und es für das Anhalten ausgiebig kraulend loben. Schließlich wechseln wir die Pferdeseite und führen es, das Anhalten immer wieder übend, weiter spazieren.

Bereits von der Führposition 2 aus (vergl.: Zeichnung 7) wird das Anhalten, bei dem die Longenhand unbedingt immer nur nachgibt und kein einziges Mal annimmt, zu der vorerst wichtigsten gymnastischen Übung schlechthin; macht sie unser Jungpferd doch sehr konkret auf seine eigenen Schwerpunkts- und Gewichtsverlagerungen nach hinten-unten aufmerksam, ohne daß, wie früher in der Steppe, eine akute Gefahr den äußeren Anlaß für die Versammlung gibt.

Vom Pferd aus betrachtet, ist alles Spazierengeführtwerden zuerst einmal eine Wiederholung oder ein Examen seiner Erziehung. Dabei muß sich jede einzelne Erziehungslektion unbedingt als endgültig gelernt erweisen, bevor man zur nächsten übergeht.

Die <u>Führposition 1</u> suggeriert nochmals Heile Welt, also die Mutter-Sohn-Beziehung, die das Fohlen früher vor allem zu disziplinieren trachtete, ihm aber auch Geborgenheit gewährte. Es hatte stets in der Nähe der Mutter zu bleiben und auf der Flucht geradlinig hinter ihr zu galoppieren, ohne sie jemals anzurempeln. Die natürliche Kürze seiner Fohlenmorphologie garantierte ihm von Anfang an eine Schwerpunktlage soweit hinten, daß es selbst nur wenige Tage alt und völlig untrainiert, über eine erstaunliche Ausdauer, verblüffende Wendigkeit und eine Selbsttragehaltung verfügte, die seine Mutter lediglich geradliniger, spurtreuer und mehr Raum greifend zu konditionieren hatte.

Damals ging es wie heute in der Führposition 1 vor allem um Disziplin, Geradlinigkeit, Raumgriff und Selbstsicherheit im Schutz des Pferdeführers. Letzterer hat diese Eigenschaften denn auch, genau wie die Mutterstute zu fördern und weiter auszubilden, beispielsweise durch eigenes, betont munteres Vorweggehen, dessen Rhythmus und Tempovariationen das Jungpferd stets augenblicklich nachzuvollziehen hat. Die Disziplin wird durch häufiges, spurtreues Anhalten, immer längeres, regloses Stehenbleiben und betont reges Wiederantreten geschult.

Die Selbstsicherheit und den Mut in Gegenwart des Führers übt man am einfachsten durch häufiges Variieren des Geläufs also Wechsel zwischen Auf- und Abstieg verschiedenster Steilheitsgrade über Feld- und Waldwege, Holperpfade und Asphaltstraßen, Brücken und Stege, durch Pfützen und Furten, Hohlwege und enge Felspassagen, wobei auch mitten auf steilen Abhängen immer wieder möglichst korrekt angehalten wird.

Während dieser ersten Erziehungs- und Trainingsphase, der wir ruhig auch bereits zwei- und dreijährige Jungpferde unterziehen können, machen wir diese zudem mit sämtlichen Manipulationen vertraut, die später der Tierarzt und der Schmied und wir selber an ihm vornehmen werden.

Wir üben somit "trocken" das Hufeaufnehmen, Hufeauskratzen, Hufebehämmern und -beraspeln ebenso wie Lokaldesinfizierungen mit Alkohol und Äther, Einreibungen und Massagen, allein Angebundenstehen ebenso wie Alleinübernachtungen in einer dunklen Box und selbstverständlich auch, oft verladen und gefahren zu werden.

Erst hierauf können wir uns nach und nach in die Führposition 2 begeben, die das Jungpferd, wie angedeutet, an die Fohlenspiele und Kopf-an-Kopf-Rennen mit Gleichalterigen und an die Erziehungs- und Gymnastizierungsbemühungen fremder Mütter und des Gruppenführers in der Steppe erinnern wird.

Damals lernte das Fohlen, seine angeborene Ausdauer und Wendigkeit mit Schnelligkeit zu paaren und letztere spielerisch in Rennen einzusetzen, die bereits Rangkämpfen gleichkamen. Dabei siegte einmal dieser, einmal jener Junghengst und der Autoritätsgewinn, den jedes Rennen für den Sieger ergab, wurde stets von allen anderen Jungtieren sogleich wieder in Frage gestellt.

Für uns Pferdeführer bedeutet dies, daß selbst die Erfolge, die wir bei dem Anhalten dank des Untertreibens der Hinterhufe mit der Gerte erleben, kaum je dauerhaft nachwirken, solange wir uns in dieser zweiten Führposition befinden. Deshalb haben wir sie lediglich als eine Übergangsposition zu betrachten und hier das Unerläßliche so schnell wie möglich zu erreichen.

Unerläßlich ist, das Jungtier an unsere "Bearbeitung" seiner beiden Hinterbeine zu gewöhnen. Das heißt sowohl an die Regelmäßigkeit der lockeren Longenanlehnung, unserer körperlichen Zuwendung, bei der unser Nabel stets auf den Schwerpunkt des Pferdes gerichtet bleibt, und unseres Mitgehrhythmus' als auch an die Präzision des Antippens der Hinterfüße über dem Fesselgelenk im Augenblick des Abhufens und an dessen Dosierung.

Ging es demnach in der Führposition 1 vor allem um Disziplin, Geradlinigkeit und Selbstsicherheit, so hat unser Jungpferd nun und solange wie wir uns in der Führposition 2 befinden in erster Linie unser pferdegemäßes Dominieren anzuerkennen, indem es beispielsweise den Raumgriff der Hinterhand anstandslos erweitert, ohne sich der Gerte

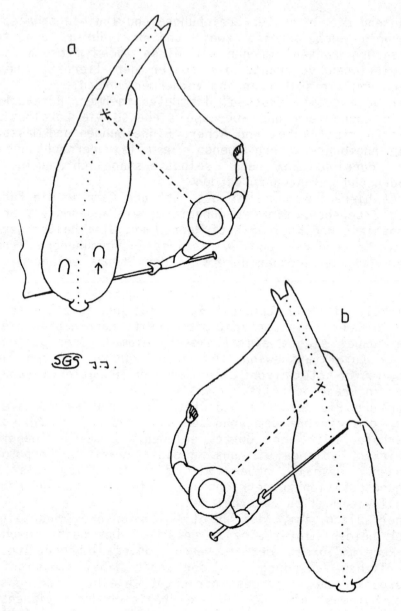

Zeichnung 8: Das Untertreiben (a); zum Antreten, Beschleunigen, Verlangsamen und Anhalten - und das Verwahren (b); zur Beschränkung und/oder Verhinderung möglicher Ausfallbewegungen des Außenhinterfußes und/oder der gesamten Hinterhand des Pferdes aus der Führposition 3

zu entziehen. Aus der Mittelhand muß es sich regelmäßig bis in den Nacken auf die Seite biegen, deren Hinterfuß wir eben touchieren und sich psychisch munterer und mutiger denn je zeigen, obwohl es nun seine Nase vor der unseren trägt und daraus ableiten könnte, daß wir es nicht mehr so wirksam beschützen wie aus der Führposition 1.

Ist die Führposition 2 von einem Jungpferd, das sich von uns nicht oder kaum dominiert fühlt und/oder das nicht in einer großen Herde aufgezogen wurde, falsch auszulegen, so erweist sich die <u>Führposition 3</u> als umso unmißverständlicher (vergl.: Zeichnung 8).

Tatsächlich entspricht diese dem anscheinend sogar genetisch verankerten "Von-hinten-nach-vorne'geschoben'-werden-Wollen" des Herdentieres vollkommen.

Dennoch stellt sie uns vor ein Problem, dem wir stets Rechnung zu tragen haben: welches Körperteil, welche Bewegung, welche Geste oder Gebärde des Herdenchefs könnte es sein, die ein einzelnes Herdenmitglied nahezu synchron mit dem Chef eine nur von diesem beabsichtigte Haltungs- und/oder Bewegungskorrektur an sich vornehmen läßt?

Ist es nur eine psychische Betroffenheit, daß unvermittelt die ungeteilte ganze Aufmerksamkeit des Chefs als Herdennervenzentrum auf seine Unbekümmertheit wirkt? Sind es kaum zu erkennende Drohgebärden wie das Ohrenanlegen, Augenrollen oder Hochziehen der Lefzen im Wolfsrudel? Oder ist es des Chefs abrupte Schwerpunktsverlagerung nach hinten-unten oder das sich wie zu einem Angriff Beugen seiner gesamten Hinterhand, was von dem Jungpferd als akute Gefahr aufgefaßt und erst in eigene Hankenbeugung (= "Jeder-Gefahr-gewachsen-sein-Haltung") und dann in Flucht umgesetzt wird?

Wie dem in der Theorie auch sei; die praktische Erfahrung beweist immer wieder, daß ausnahmslos jedes männliche Jungpferd jeden pferdegemäß dominierenden Pferdeführer in dieser Führposition 3 regelmäßig mit seinem Gruppen- oder Herdenchef verwechselt und ebenso prompt wie letzterem gegenüber auf dessen gymnastizierende Ansinnen eingeht.

Aus diesem Grund haben wir es in der Führposition 3 nun nochmals genauer, noch pferdegemäßer und noch spontaner eindeutig versammelt so vor uns herzutreiben, auszusteuern und immer wieder anzuhalten, daß es sowohl die Bewegungen und Gesten unserer Hüften und Beine und des Gertenarmes als auch unseren Mitgehrhythmus, unseren Abstand von seiner Kruppe und unseren "Angriffswinkel" (= die Gerade aus unserem Nabel) fortwährend im Auge behalten und deren Bedeutung richtig interpretieren kann.

Beherrschen wir schließlich auch dieses spontane, zwanglos lockere Aussteuern unseres Pferdes allein dadurch, daß wir an genau der richtigen Stelle, im richtigen Abstand – nun etwa eine Gertenlänge von der Kruppe entfernt – und im richtigen Angriffs- oder Zuwendungswinkel rhythmisch exakt mit dem Tier mitgehen, so wird sich jeder Rhythmusbruch, jede kleinste Veränderung des Angriffswinkels und jeder geringste Wechsel der Führposition als eine wirkungsvolle Gymnastizierungshilfe erweisen, obgleich wir nun die Hinterfüße unseres Pferdes mit der Gerte kaum jemals mehr erreichen.

Ebenso prompt und unmißverständlich wirkt bei phlegmatischen oder unkonzentrierten Jungpferden auch jenes unvermittelte Sich-im-eigenen-Körper-Aufrichten, mit dem wir sie anhalten und plötzliches Sich-im-eigenen-Körper-neu-Ausbalancieren (= nachgebendes Entspannen) wie bei der Grundstellungssuche im Aikido, Tai Chi, Judo oder Kendo.

Weicht unser Jungpferd diesem Energieschub mit der Hinterhand zur Seite (von uns weg) aus, so tippen wir mit der Gertenspitze den Außenoberschenkel von hinten leicht an oder werfen die an der Gertenspitze befestigte Lederschnur über die Sattellage hinweg an die Stelle des Pferdeleibs, an der später unsere äußere Reiterwade liegen wird.

Selbstverständlich darf sich die Longe auch in solchen Situationen niemals straffen, noch das Pferd "in die Leere schicken", indem sie bis auf den Boden durchhängt. Dasselbe gilt für die Kurven und teils engeren Bögen und für die Schlangenlinien, auf die wir unser Jungtier in dieser Führposition regelmäßig steuern.

Aus der unmißverständlich mächtigen Führposition 3 gelangen wir durch immer präzisere, feinere und diskretere Hilfengebung allmählich in die <u>Führposition 4</u> (vergl.: Zeichnung 9/52), die wiederum eine Übergangsposition darstellt: jene zum Longieren des Pferdes in einer Bahn.

Aus der Führposition 4 biegen und versammeln wir unser Jungtier im Gelände durch vermehrtes Untertreiben stärker vor allem in seiner Hinterhand (ohne jegliche Longenhilfe!!) und beugen seine Hanken (= heute: die gesamte Hinterhand von dem letzten Lendenwirbel bis zu den Hufen) vorerst nur einseitig dann beidseitig ausschließlich sehr kurz, bei gut vorbereitetem, abruptem Anhalten aus munterem Schritt und auf engen Bögen.

Hierzu schieben wir entweder den Innenhinterfuß mit der Gerte extrem weit unter den Pferdekörper oder wir hindern den Außenhinterfuß präzis im Augenblick des Abhufens durch leichtes Touchieren mit der Gerte über dem Fesselkopf, nach außen auszufallen. In beiden Fällen muß es jedoch vor allem unsere Hüftstellung oder der Angriffswinkel gegenüber dem Tier sein, der es sowohl auf den Bogen steuert als auch gebogen hält und darüber wacht, daß die Impulsion (= Gehfreude, Vorwärtsenergie) eher wächst als weniger wird.

Wie in allen anderen Führpositionen haben wir uns auch in der Position 4 vornehmlich zu bescheiden. Nie dürfen wir unseren typisch menschlichen Einfällen nachgeben, ohne sie zuvor auf ihre Pferdeangemessenheit, Verständlichkeit und auf den objektiven Gewinn für das Pferd abgeklopft zu haben.

In der Regel profitieren Pferde von menschlichen Maßnahmen nur, wenn sie diese bereits aus ihrer Herde oder durch den Umgang ihres Herdenchefs mit ihnen kennen und gewöhnt sind.

Beachten wir diese Regel und seien wir uns bewußt, daß die Sprache der Pferde aus psychisch übermittelten Schrecksignalen besteht (deswegen Vorsicht mit Urängsten im Sattel!) und daß sie im übrigen eine Körper-, Gebärden-, Bewegungs- und Gleichgewichtssprache ist. Als Pferdeführer wird man in der Führposition 4 feststellen, daß das Jungpferd inzwischen einen besseren, vorsichtigeren und umgänglicheren neuen Herdenchef in uns sieht und daß wir – oh Wunder! – seine potentiellen Fähigkeiten und Leistungen wie seine gegenwärtige Entwicklung nur noch wie durch Pferdeaugen zu "sehen", wie über ein Pferdegehirn zu bedenken und wie über einen echten Pferdeinstinkt auszuloten und auszukosten vermögen: wir haben uns "auf die Seite der Pferde geschlagen"!

Zusammengefaßt bedeutet dies:
- In der Führposition 1 diszipliniert, erzieht und beruhigt der Pferdeführer das Jungpferd genau auf die gleiche Weise, wie es früher die Mutterstute und der Gruppenführer taten. Das Ziel des Spazierenführens in Position 1 ist demnach erreicht, sobald sich das Jungpferd anstandslos aus der Herde wegführen läßt und geradlinig ruhig und dennoch selbstsicher hinter dem Longenführer hergeht, dessen Gehrhythmus und Tempovariationen jeweils prompt übernimmt, jederzeit ruhig stehenbleibt, ohne den Führer zu berühren, zu überholen und ohne je mit der Hinterhand aus der Spur zu treten oder vor schreckerregenden Objekten auszubrechen.

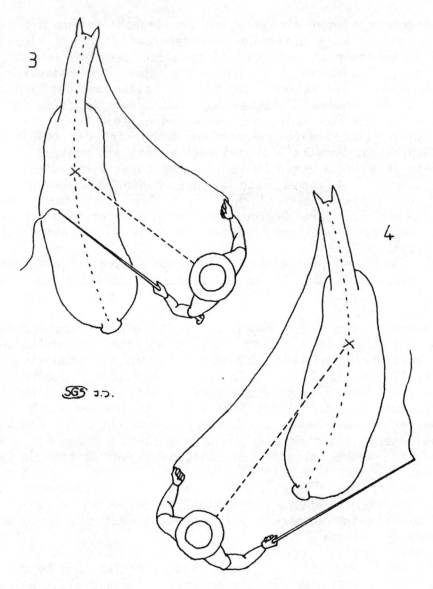

Zeichnung 9: Aus den Führpositionen 3 und 4 wird das Pferd mittels einer gedachten Geraden aus dem Nabel als einer Winkelhalbierenden zwischen der stets leicht durchhängenden Longe und der Longierpeitsche "ausgesteuert", "getrieben", gebogen, beschleunigt, verlangsamt und angehalten. Die Gerade aus dem Nabel "zielt" dabei stets (wie jene des gymnastizierenden Herdenchefs) auf den Schwerpunkt (in der Zeichnung "x") des Pferdes.

- In der Führposition 2 ersetzt der Pferdeführer die Herdengefährten des Jungpferdes. Aber anstatt auf Schnelligkeit schult er auf Ausdauer, das Untertreten mit den Hinterhufen und leichte gleichmäßige Biegungen des gesamten Pferdekörpers, ohne das Führseil oder die Longe auch nur entfernt zu straffen: das Tor zur Flucht muß offen bleiben, selbst wenn dem Jungtier nun abgewöhnt wird, es zu benutzen.
- In der Führposition 3 spielt der Pferdeführer die Rolle des umgänglicheren Herdenchefs, indem er das Jungpferd von hinten nach vorne wechselseitig gymnastiziert. Seine Gegenwart und seine Körperbewegungen müssen jene des Herdenchefs aufwiegen, wobei die Gerte in seiner Hand das Tier zu geräumigerem Treten anhält, die Gertenschnur Ausfallbewegungen unterbindet oder begrenzt, sein Auftreten dem Pferd die Körperhaltung nahelegt und sein Mitgehen ihm den Rhythmus der Tritte vorschreibt.
- In der Führposition 4 verkörpert der Pferdeführer dann den umgänglicheren Herdenchef vor allem dadurch, daß er inzwischen sämtliche Sprach- und Verständigungsprobleme dem Jungtier gegenüber bereinigt hat. Das Pferd erhält seine Anweisungen zur Arbeit (= Biege- und Haltungsübungen, Antritts- und Anhaltegymnastik mit Hankenbeugungen ohne jegliche Longenanlehnung, erste leichte Zweipistenarbeit im Schritt an der Hand) nun ausschließlich durch die Haltungsveränderungen, Schwerpunktsverlagerungen und Gehrhythmuswechsel des Longenführers. Die Gerte wirkt nur noch aus der Ferne als eine Art drohender Verlängerung der Extremitäten des Chefs in der Arbeitsrichtung.
- Jedenfalls leitet das Spazierenführen ausschließlich auf diese natürliche und allen Herdenpferden leicht verständliche Art nahtlos zum Longieren über, das seinerseits die pferdegemäße Vorbereitung jedes Jungpferdes auf das Angerittenwerden darstellt.(Vergl.: Zeichnung 10/54)

* * * *

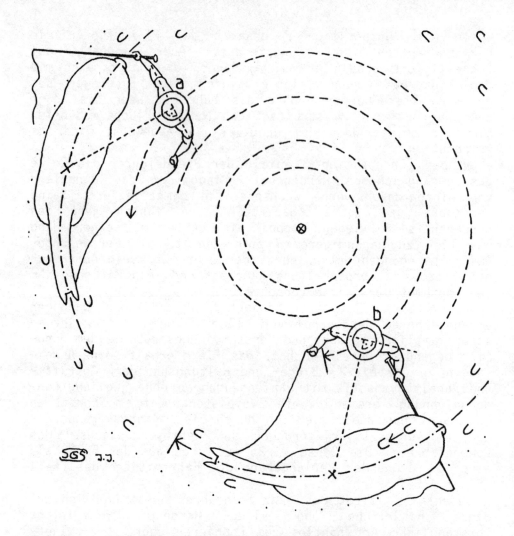

Zeichnung 10: Die Führpositionen 3a und 3b auf dem Longierzirkel: Das Verwahren (a) und das Anhalten (b) bei dem Spazierenführen auf einem Longierzirkel sind Übungen, die dem Jungpferd den Übergang von dem Spazierengeführtwerden zu dem Longiertwerden erleichtern. Der Longenführer entfernt sich hierbei in den Spazierführpositionen 3 und 4 allmählich von dem Pferd, um schließlich auf dem innersten, kleinsten Mitgehkreis um den gemeinsamen Mittelpunkt herum den Gangrhythmus des Pferdes erst zu übernehmen und dann zu beeinflussen.

4. Kapitel

DAS PFERD AN DER LONGE

Wie bereits zu Beginn des zweiten Kapitels kurz erwähnt, setzt aller pferdegemäße kreative Umgang mit Pferden tiefgreifende Veränderungen und Umstellungen sowohl des Menschen als auch der Tiere voraus. Der Mensch muß von seinem aus Selbstüberheblichkeit errichteten Piedestal steigen, mit beiden Füßen auf die Erde zurückfinden, hier über seinen Schatten springen lernen, "sich auf die Seite der Pferde schlagen" und sich von diesen fortwährend neu in Frage stellen lassen.

Das Fohlen wird sich indessen vorsichtig allmählich von den Bezugspferden der mütterlichen Gruppe abnabeln, um dank der Gymnastizierung durch den Gruppen- oder Herdenchef und durch den Menschen, der es kreativ spazierenführt und später longiert, anreitet und ausbildet, zu einem selbstbewußten, wendigen "Reitpferd auf den Hanken" heranzuwachsen, zu einem Pferd, das eines Tages sogar Herdenchef werden kann.

Diesen Prozeß haben wir Pferdehalter so umsichtig und bedacht, so durch und durch pferdegemäß zu überwachen und zu fördern, daß das Jungtier dabei schneller reift als wenn es der Herde überlassen bliebe und dabei doch nie der Verantwortlichkeit seines Herdenchefs ganz entzogen wird.

Das Spazierenführen der Jungpferde zuerst innerhalb der Herde, dann in Herdennähe und schließlich außerhalb und fern der Stammweiden im Gelände ist die subtilste Einführung eines Tieres in den Umgang mit ihm und für uns der einfachste und kürzeste Weg zur Integration oder Aufnahme in den Herdenverband.

Selbst bei älteren, in ihrer Ausbildung stagnierenden, verrittenen und/oder schwierig zu behandelnden Reitpferden wirkt das Spazierenführen in der im letzten Kapitel beschriebenen Art und Weise wahre Wunder... wenn der Pferdeführer wirklich bereit ist, sich und seine bisher mit Pferden gemachten Erfahrungen grundsätzlich in Frage zu stellen und zu dem Tier eine grundlegend andere Beziehung zu suchen.

Bevor wir zu dem Longieren übergehen, müssen wir einen geeigneten Platz finden; das heißt eine ebene Kreisbahn von, je nach der durchschnittlichen Größe oder Länge unserer Pferde, vierzehn bis zwanzig Meter Durchmesser, die wir auf mindestens zwei sich berührenden Seiten möglichst stabil begrenzen (z.B. mittels eines Holzzaunes von auf dem Boden liegenden Eisenbahnschwellen oder mittels eines dicken, straff gespannten Seils). Ideal ist ein großer, langrechteckiger Reitplatz, an dessen einem Ende der Longierplatz mittels eines festen Zauns so abgetrennt ist, daß auch er über vier benutzbare Ecken verfügt.

Der Bodenbelag sollte sich auch während langer Regenperioden als durchlässig und rutschsicher erweisen und selbst bei Minustemperaturen weder Knollen noch Stollen bilden. Allen diesen Bedingungen genügt in der Regel nur ein Longierplatz, der auf dem Mutterboden aufgeschüttet, anstatt eingegraben, entsprechend drainiert und mit einem Gemisch aus grobem Flußsand und feinem Rollkieß oder -split dreißig bis vierzig Zentimeter hoch über einem Wackersteinbett abgedeckt wurde.

Zu dem _Longieren_ schnallen wir unserem Pferd erneut den ihm von dem Spazierenführen her vertrauten leichten ledernen Kappzaum etwa an der Stelle um, an der bei Arabern der Nasenbeinknick liegt und hängen die Longe (= heute meistens ein mittelschweres Nylonband von acht Meter Länge mit einem Karabinerhaken) in dessen mittleren Ring ein. Zudem tauschen wir die bisher bei dem Spazierenführen benutzte Gerte gegen eine sogenannte "Fahr-" oder "Longierpeitsche" aus, mit deren Schnurende wir die Hinterhufe unseres Pferdes auch aus der Longierzirkelmitte erreichen können.

Zwischen der wie bei dem Spazierenführen leicht durchhängenden Longe und dem wie aus der Führposition 4 auf den Aussenoberschenkel des Pferdes zielenden Peitschenstiel führen wir unser Jungpferd nun erstmals auf den Longierplatz und dort auf dem Longenzirkel spazieren, indem wir weiterhin aus der Führposition 4 sämtliche Bögen, Wendungen und Figuren mit ihm üben, die wir bisher nur im Gelände durchgeführt haben. (Vergl.: Zeichnung 10 Seite 54)

Während der kurzen Pausen zwischen den einzelnen Übungen hat unser Pferd jeweils ruhig auf dem Zirkel weiterzugehen und dabei den Hufschlag der Kreisbahn genau einzuhalten, selbst wenn wir mit der Zeit den Abstand zu ihm vergrößern, um schließlich, in der achten, neunten oder zehnten Longenlektion, unsere Longenhand über dem Kreismittelpunkt, den wir zuvor mit einem Stein markiert haben, endgültig zu fixieren.

Von Bedeutung ist hierbei, daß wir uns einerseits unserer verschiedenen Führpositionen bewußt und sicher bleiben, obwohl der Abstand zu dem Pferd nun wesentlich größer ist, und daß wir andererseits mit ebenso gleichmäßigen, rhythmisch kadenzierten Bewegungen wie früher auf nun ausschließlich kleinsten kreisrunden und gegebenenfalls spiralförmigen Bahnen, also mit ungewohnt kurzen Schritten und manchmal sogar an Ort und Stelle, mitgehen, ohne jemals zu laufen oder gar zu rennen.

Jede hastige Bewegung erschreckt das Fluchttier Pferd, verunsichert es und bewirkt, daß es seine eben mühevoll aufgebaute Tragehaltung auf der Mittel- oder Hinterhand mit der Fluchthaltung auf den Schultern vertauscht und linear von seiner ursprünglichen Bahn abzuweichen versucht. Optisch übertrieben deutliche, rhythmisch regelmäßige gemächliche Schritte, Schulter- und Hüftbewegungen und Peitschengesten konzentrieren das Pferd hingegen auf den Longenführer, biegen, schieben und versammeln es und helfen ihm so, seine den einzelnen Aufgaben adäquate Selbsthaltung zu finden.

Am deutlichsten geschieht dies wiederum beim Anhalten, das wir genau so wie beim Spazierenführen, wenn nun auch aus größerer Entfernung, immer wieder nach jeder Biegeübung verlangen und zuerst aus dem Schritt, später aus dem Trab, die Hinterhufe präzis unter den Körper geschoben, mit leicht gebeugten Hanken ausführen lassen.

Auch beim Longieren steuert somit unsere Becken- oder Hüfthaltung die Becken- oder Kruppenhaltung und die ganze Wirbelsäule des Pferdes auf die gleiche Weise aus wie die Winkelhalbierende zwischen der Longe und der Peitsche, die der Geraden aus unserem Nabel entsprechen muß, unser Mitgehrhythmus und die Bögen, die wir selber auf Kruppenhöhe "hinter dem Pferd" beschreiten... und dies wenigstens so lange wie uns das Tier im Auge behält. Treten wir hingegen in seinen "toten Blickwinkel" wie gewisse gedankenlose Pferdeführer mit der Doppellonge bei dem sogenannten "Fahren vom Boden aus", so verunsichern wir unser Jungtier, zerstören mutwillig, was wir mit dem Spazierenführen aufgebaut haben und fixieren es überdies auf Dressurakte anstatt auf seine natürliche Fortentwicklung.

Was bedeutet nun dieses geheimnisvolle "hinter das Pferd Treten", das sowohl beim Spazierenführen als auch beim Longieren Wunder zu wirken scheint?

"Hinter das Pferd Treten" oder "hinter dem Pferd Gehen" heißt nichts anderes als beim Spazierenführen oder Longieren den Platz einnehmen, den der Herdenchef innehätte, wenn er unser Jungpferd gymnastizierte.

In der Praxis des Longierens vertauschen wir zu diesem

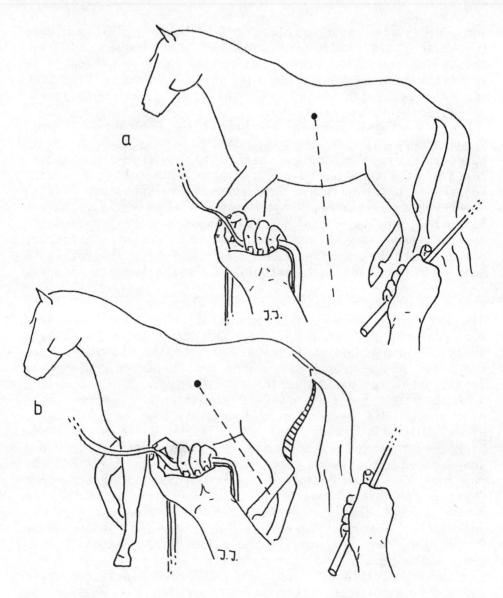

Zeichnung 11: Das sogenannte "Hinter-das-Pferd-Treten" bei dem Spazierenführen und Longieren ist dem Pferd gegenüber nichts anderes als ein Positionswechsel des Longenführers aus der Führposition 3 (a) in die Führposition 4 (b), wobei die Gerade aus dem Nabel auf den Schwerpunkt des Pferdes gerichtet bleibt. - Bei dem Longieren geht man richtig "hinter dem Pferd", wenn man nicht weiter als einen Schritt aus dem Mittelkreis getreten ist und dennoch die Außenhinterbacke des Pferdes unter dessen Schweifrübe hindurch sieht.

Zweck unseren innersten, kleinsten Mitgehkreis um den Zirkelmittelpunkt herum, auf dem wir unser Pferd bisher in Kruppenhöhe begleitet haben, kurzzeitig mit einem nur wenig größeren, um es höchstens eine halbe Runde lang auf Schweifhöhe oder von noch weiter hinten deutlicher zu schieben und zu versammeln und es den Kreisbogen vor sich abkürzen und enger gestalten zu lassen (vergl.: Zeichnung 11 Seite 58). Ein untrügliches Zeichen dafür, daß wir weit genug "hinter dem Pferd gehen", ist die Außenhinterbacke des Tieres, die wir unter dem Schweif hindurch nur zu sehen bekommen, wenn unsere Longierposition der Führposition 4 entspricht, obwohl wir unseren Mitgehkreis nicht nennenswert vergrößert haben.

Selbstverständlich kann man auch "hinter das Pferd treten", indem man seinen ursprünglichen Mitgehkreis beibehält und solange an Ort und Stelle tritt, bis das Pferd an einem "vorbeigezogen ist". Wichtig ist in beiden Fällen, daß der Mitgehkreis des Longenführer stets absolut rund ist und möglichst nahe um den Zirkelmittelpunkt herum führt.

Gelingt uns das "Hinter-das-Pferd-Treten" sowohl bei dem Spazierenführen als auch bei dem Longieren endlich regelmässig mühelos und zeitigt es ebenso regelmäßig die erhofften Wirkungen bei unserem Jungpferd, nämlich stärkere Biegungen, bessere Selbsttragehaltungen, höhere Versammlungsgrade und immer kürzere Reaktionen beim Antreten und Antraben wie bei den Handwechseln und beim Anhalten, so werden wir vielleicht schon während der zehnten, zwölften oder fünfzehnten Longenlektion verwundert feststellen, daß sowohl unser Pferd bereits genau verstanden zu haben scheint, was das Longiertwerden bedeutet, als auch, daß wir selber offenbar mühelos und "von allein" recht gut Longieren gelernt haben.

Wie man indessen zum Wohl des Pferdes unbedingt die Hände von jeglichem Longieren läßt, solange man es nicht pferdegemäß beherrscht, verzichte man prinzipiell, auch wenn man perfekt longieren zu können glaubt, auf jede Verwendungsart jener "Hilfszügel", die bisher noch keinem Pferd jemals biopositiv den kleinsten Vorteil gewährt haben.

Für uns absolut tabu sind somit alle Trickriemen, -drahtseile und -schnüre und -gummizüge, alle einfachen und doppelten Ausbindezügel, Tie-downs, Chambons, Stosszügel, Martingals, Strecker, Aufrichter und selbstverständlich auch alle Schlaufzügel und als solche nahezu unsichtbar kaschierten Nylonfäden.

Ebensowenig wie mit diesem Patentmarterwerkzeug darf ein Jungpferd jemals mit einer, wie auch immer, an seinem Gebiß verschnallten Longe weder spazierengeführt, noch longiert werden.

Zudem ist auch von dem in der Quodlibetreiterei so beliebten Gebrauch der sogenannten "Führkette" dringend abzuraten, die unbegreiflicherweise sogar Jungpferden über die Nase gezogen wird. Denn so wie Hilfszügel noch nicht einmal für Hilfsschüler taugen, machen Führketten selbst "Verbrecher", wenn es solche unter Pferden überhaupt gibt, stets nur noch aufsässiger.

Zurück zu unserer Longenarbeit!

Wie bereits angedeutet, ist die erste und wichtigste Aufgabe, die wir unserem Jungpferd auf dem Longenzirkel zu stellen haben, die gleichmäßige Biegung, die es bei dem Spazierengeführtwerden aus den Führpositionen 3 und 4 kennen gelernt und trainiert hat, nun längere Zeit beizubehalten (vergl.: Zeichnung 10 auf Seite 54).

"Längere Zeit" bedeutet während der ersten Longenlektionen im Schritt: fünf bis höchstens fünfzehn Minuten. Aber auch später, wenn unser Pferd als in allen drei Gangarten durchgymnastiziert gelten kann, sollte keine Longenlektion je länger als dreißig Minuten dauern.

Von Anfang an hat es dabei stets ebenso munter auszugreifen und ebenso regelmäßig aus der Hinterhand bis zwischen die Ohren gebogen zu bleiben wie früher auf den weiten Bögen unserer Schlangenlinien und halben Volten im Gelände.

Das heißt, es darf nun auch auf dem Longenzirkel weder mit der Vorhand ausbrechen und sich dabei auf dem Kappzaum und der Longe abstützen wollen, noch sich gerade richten indem es beispielsweise Tempo zulegt, noch mit dem einen oder anderen oder beiden Hinterhufen ausfallen, indem es sich zu uns umdreht, die Kreisbahn schneidet und/oder sich dem Mittelpunkt nähert.

Haben wir es früher hingegen richtig und ausgiebig genug spazieren geführt und dabei sowohl seine bessere als auch seine schlechtere Seite im Verhältnis eins zu zwei abwechselnd pferdegemäß gymnastiziert, so wird es sein Gewicht an der Longe nun verhältnismäßig früh korrekt mit der Hinterhand tragen und mit seinem Innenhinterfuß jeweils gerade unter seinem Schwerpunkt auffußen.

Inzwischen sollten wir auch gelernt haben, unsere eigene Kreisbahn um den Zirkelmittelpunkt herum absolut rund zu halten, zu stärkerem "Treiben" kurz "hinter das Pferd" zu treten, den Peitschenstiel behutsam nachdrücklich den

Hinterbeinen zu nähern, sogleich den Winkel (zwischen der Peitsche und der Longe) wieder zu öffnen, also nachzugeben, und spontan mühelos auf den innersten Mitgehkreis zurückzufinden. Vielleicht gelingt es uns sogar bereits, unsere jeweilige Longenhand mehr oder weniger permanent über dem Zirkelmittelpunkt zu fixieren und somit nur noch um unsere eigene Hand herumzugehen.

Letzteres bietet jedenfalls die Gewähr, daß wir wirklich kleine und runde Kreise treten, damit unseren Mitgehrhythmus leichter unter Kontrolle halten und auch nicht mehr zu rennen brauchen, wenn wir unser Pferd nun im Trab und viel später im Galopp longieren.

Wie zu der Zeit des Spazierenführens aus den Positionen 2 und 3 wird nun das Anhalten aus dem Schritt und dem Trab zu der wichtigsten Übung schlechthin.

Zu diesem Zweck treten wir unvermittelt für das Pferd erkennbar deutlich "hinter das Pferd", nähern den Peitschenstiel den Hinterbeinen unseres Tieres, geben das Vorbereitungskommando, "Zum Anhalten....", machen noch einen energischen Schritt auf den Pferdeschwerpunkt zu, bleiben abrupt selber stehen, befehlen "Haaalt!" und öffnen die Hand, um von unserem Pferd, wenn nötig, bis zu einem Meter Longe mitnehmen zu lassen.

Auf die gleiche Art und Weise verlangsamen und versammeln wir unser Pferd in allen Gangarten, jedoch ohne selber stehen zu bleiben und das Anhalten zu kommandieren. Und auf die nochmals gleiche Art und Weise schieben wir es aus dem Stehen in den Schritt, Trab oder Galopp, und lassen es aus dem Schritt heraus antraben oder angaloppieren.

Eigenartigerweise, von gymnastizierenden Herdenchefs jedoch immer wieder bestätigt, scheint das Überspringen der jeweils nächsthöheren oder -niedereren Gangart bei allen Gangartenwechseln den Pferden durchaus zu liegen. Wir lassen unser Longenpferd deshalb möglichst oft aus dem Stehen antraben oder angaloppieren und halten ebenso aus dem Trab und dem Galopp an, anstatt das Tier zuerst in den Schritt fallen zu lassen.

Die nächste Longenübung nach dem Kreisbahnhalten und dem Anhalten aus dem Schritt und dem Trab, gilt kurzzeitigem stärkeren Biegen unseres Pferdes: dem sogenannten "Handwechsel". Das Jungtier hat hierfür eine regelmäßige halbe Volte in dem Raum zwischen seinem Außenhufschlag und dem von uns selber beschriebenen Mittelkreis so zu beschreiben, daß es sich auf der kurzen Geraden im Zirkel ruhig und gleichmäßig auf die neue Hand umbiegen kann (vergl.: Zeichnung 12/62).

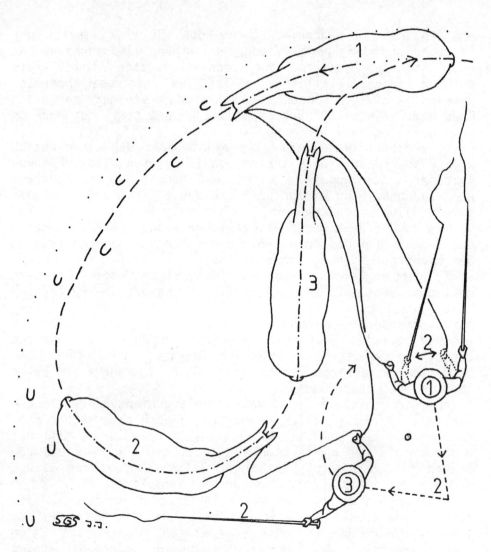

Zeichnung 12: Der Handwechsel an der Longe
1) Der Longenführer treibt die Hinterhufe des Pferdes energisch unter dessen Körpermasse,
2) vertauscht Longe und Peitsche, indem er für das Pferd sichtbar deutlich einen Schritt rückwärts geht, dadurch den Kreismittelpunkt räumt und das Pferd so zum Hereinkommen einlädt. Sobald dieses von der Longenbahn abweicht, macht der Longenführer einen Schritt auf das Pferd zu und verlegt
3) diesem sichtbar deutlich den Weg mit der Longierpeitsche, so daß das Tier gezwungen ist, auf einer halben Volte vor dem Longenführer auf die andere Hand zu wechseln.

Die Qualität eines Handwechsels, wird er im Schritt, im Trab oder im Galopp ausgeführt, ist stets in der zuvor erzielten Gleichmäßigkeit oder Vollkommenheit der Biegung des Pferdes begründet, somit in der Qualität unserer Vorbereitung der Übung, und in dem Gleichgewicht, in dem das Jungtier in den Voltebogen findet.

Stützt sich das Pferd bereits vor dem Handwechsel vor allem auf den Schultern ab und kann es sich deswegen gar nicht stärker biegen, so wird es versuchen, der Enge des Voltenbogens dadurch zu entkommen, daß es entweder Tempo zulegt und vor der Biegung flieht oder aber, daß es abrupt abstoppt und sich steif um seine Hinterhand herumwirft, ohne sich zu biegen.

Um einen Handwechsel an der Longe korrekt vorzubereiten, haben wir uns demzufolge wie bei der Vorbereitung sämtlicher Übungen unseres Pferdes an der Longe und später auch unter dem Sattel, vor allem um eine möglichst angemessene Gleichgewichtshaltung zu bemühen. Diese können wir dadurch abrufen, daß wir sichtbar energisch aber nur sehr kurz "hinter das Pferd treten" und sogleich wieder rückwärts gehen, um den Kreismittelpunkt für das Tier deutlich erkennbar zu räumen.

Gleichzeitig haben wir die Longe und die Peitsche in den Händen vertauscht und verlegen dem Pferd nun mit dem Peitschenstiel und einem oder zwei Vorwärtsschritten in seine alte Richtung den äußeren Hufschlag so deutlich, daß es unsere Absicht nicht mehr ignorieren kann. (Vergl.: Zeichnung 12/62)

Am einfachsten üben wir die Handwechsel an der Longe so lang nur im Schritt, bis sowohl unser Pferd als auch wir selber uns der Bewegungen dabei absolut sicher geworden sind und nicht mehr lange darüber nachzudenken haben, wie sie aneinanderzureihen sind. Vergessen wir dabei jedoch nie, daß sie unserem Pferd im Trab gymnastisch wesentlich mehr bringen als im Schritt und später aus dem Galopp nochmals besser bekommen müssen.

Ebensowenig dürfen wir dabei vergessen, daß beide Halbkreise der Figur, das heißt sowohl der erste enge Bogen, der von der ursprünglichen Kreisbahn weg- als auch der zweite, der aus der Wechselgeraden auf die neue Hand überführt, sich unbedingt kongruent sein müssen, sich also spiegelverkehrt zu decken haben, und daß beide verhältnismäßig früh äußerst enge Biegungen vom Pferd verlangen.

Ähnlich vorsichtig abwägend und die Bewegungsfolgen richtig "sehend" wie bei dem Handwechsel, haben wir unserem

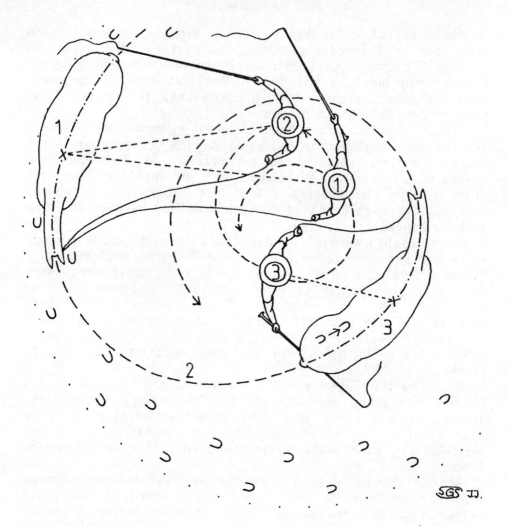

Zeichnung 13: Die "Schnecke" oder "Spirale" an der Longe
1) Der Longenführer treibt die Hinterhufe des Pferdes energisch unter dessen Körper, indem er einen Schritt weit von seinem ursprünglichen kleinen Mitgehkreis abweichend "hinter das Pferd tritt" (vergl.: Z 11/58). Das Pferd verkürzt nun
2) den Bogen vor sich, indem es sich stärker biegt und seine Bahn spiralförmig verkleinert. Sobald es sich auf seinem
3) derzeit kleinstmöglichen Kreis befindet, muß jeder Schritt des Innenhinterfußes geräumiger gestaltet werden, ohne daß es weder Tempo zulegt, noch die Biegung aufgibt. Nach höchstens drei bis vier Runden auf dem Innenkreis wird es auf den großen Longenzirkel entlassen.

Jungpferd auch die nächste Longenübung nahezubringen: die sogenannte "<u>Schnecke</u>" oder "<u>Spirale</u>", die unter dem Sattel auch "Zirkelverkleinern" genannt wird.

Sie fördert vor allem das Sich-Ausbalancieren des Jungpferdes in fortwährend wechselnden Biegungen, seine Selbsttragehaltungen und seine Versammlung von hinten nach vorne ganz ohne Longenhilfe und/oder spätere Zügelhand. (Vergl.: Zeichnung 13/64)

Um unser Jungtier hierzu den äußeren Zirkelhufschlag aufgeben zu lassen, treten wir erneut sichtbar auffällig einen Schritt weit aus unserem innersten Mittelkreis hinaus "hinter das Pferd". Dieses weicht dadurch augenblicklich von seiner Normalbahn nach innen ab. Mit unserem nächsten Vorwärtsschritt beginnen wir daher sogleich, die nun zu weit durchhängende Longe in großen Schlingen fortwährend so aufzunehmen, daß die übliche locker-leichte Anlehnung des Pferdes an unsere Longenhand stets erhalten bleibt, das heißt, höchstens um zehn Gramm mehr oder weniger schwankt.

In der Regel erreichen bereits weitgehend durchgymnastizierte Pferde unseren eigenen äußeren Mittelkreis (nämlich den, auf welchem wir "hinter dem Pferd" zu gehen pflegen) spätestens während der dritten Runde auf der Schnecken- oder Spiralbahn, treten hier anstandslos vier bis sieben Runden stark gebogen absolut rund, ohne jemals, weder vorne noch hinten, noch mit dem einen oder anderen Innenhuf nach außen auszufallen, noch sich, beispielsweise im Trab, schräg in die Kurve zu legen, versetzt zu gehen, auf den Kappzaum zu liegen oder an der Longe zu zerren.

Allein auf seine Aufgabe und unsere Körperbewegungen konzentriert, hat es sowohl unseren Mitgehrhythmus als auch unsere Aussteuerung aus der nun sehr nahe am Pferd umso mächtiger wirkenden Führposition 4 angenommen und trabt manchmal sogar in ersten schönen Schulterherein- und/oder Kruppehereinhaltungen, bevor wir es auch nur angeritten haben.

Von Pferden, die eben erst die Bekanntschaft der Schnecke oder Spirale machen, dürfen wir selbstverständlich weder so vollkommene Tragehaltungen, noch auf Anhieb so starke Biegungen erwarten, noch, daß sie diese bereits so lange beibehalten können.

Um leichter zu "sehen", wann genau wir mit dieser Übung die Grenzen der augenblicklichen Biegefähigkeit unseres Jungpferdes erreichen, lassen wir es seine Lektion, nach vier bis sechs Probeschnecken im Schritt, ausschließlich im Trab lernen. - Sowie es dabei sichtlich an Munterkeit einbüßt, langsamer wird und zu stocken oder zu zögern

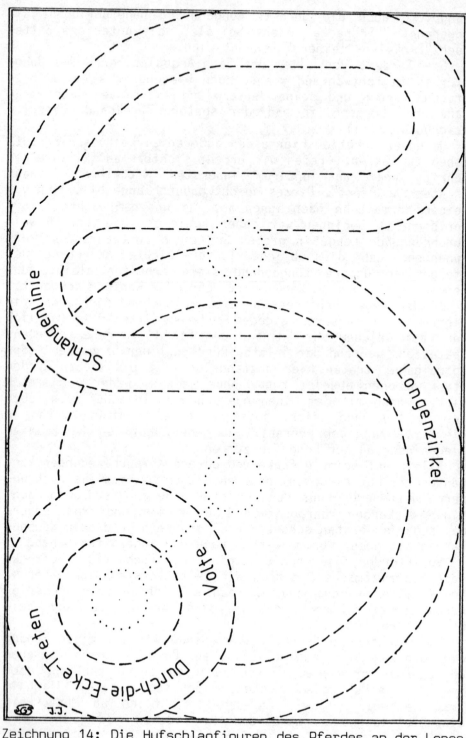

Zeichnung 14: Die Hufschlagfiguren des Pferdes an der Longe

beginnt, öffnen wir sogleich die Longenhand, treten erneut nur kurz "hinter das Pferd" und weisen ihm damit den Weg zu dem Außenhufschlag zurück.

Bei dem nächsten Hereinholen auf der gleichen oder auf der anderen Hand versuchen wir dafür, es zehn Zentimeter weiter herein zu steuern, stets bereit, es umgehend wieder hinaus zu lassen, sobald es in seinem Trab Koordinationsschwierigkeiten zeigt.

Wie bei allen anderen Longenübungen wechseln wir auch zwischen den einzelnen Schnecken regelmäßig die Hand, wobei weiterhin zwei von drei Spiralen auf der steiferen Seite des Pferdes verlangt werden.

Ebenso konsequent überwachen wir, daß weder wir selber noch das Pferd uns eine regelmäßige Biegung allein dadurch vortäuscht, daß es den Hals und Kopf zwar deutlich nach innen wendet, mit dem übrigen Körper aber umso geradliniger und steifer dahinstolpert. In der Regel sind Biegungen allein im Hals, ob nach innen oder nach außen gerichtet, der Beweis vor allem dafür, daß der Longenführer viel zu stur und viel zu oft an der Longe oder an dem Führseil herumzerrt und offensichtlich noch lange nicht pferdegemäß damit umzugehen versteht.

Um ein rohes Jungpferd, das an drei bis sechs Tagen der Woche fachgerecht longiert wird, auf dem kleinen Mittelkreis der Schnecke oder Spirale bis in die Schulterherein- und/oder Kruppehereinhaltung zu gymnastizieren, rechnen vernünftige Pferdeausbilder ein bis eineinhalb Jahre. Also überstürze man um Gottes Willen nichts!

Anreiten kann man auch Jungpferde, die an der Longe auf kleinen Kreisen noch keine vollkommene Selbsthaltung zeigen, besonders wenn man sie dafür viel und oft die wichtigsten Hufschlagfiguren mit der jeweils adäquaten Biegung und Haltung im Schritt an der Hand aus den Führpositionen 2, 3 und 4 vor oder nach oder als Ergänzung der Longenlektionen üben läßt.

<u>Die wichtigsten Hufschlagfiguren</u> in dieser Ausbildungsphase sind:
1.) der Longenzirkel
2.) die ganze Volte vor allem in Bahnecken
3.) der Handwechsel "durch den Zirkel"
4.) der Handwechsel "über die Halbe Volte"
5.) das Durch-die-Ecke-Treten an der Hand
6.) die Schlangenlinie durch die ganze Bahn.
(Vergl. Zeichnung 14/66 : Hufschlagfiguren an der Longe)

In der Zeichnung 14 wurden die gebräuchlichsten Hufschlagfiguren des Pferdes an der Hand als gestrichelte Doppelbögen angegeben. Die einfach gepunkteten Kreise und die gepunkteten Geraden dazwischen stellen einige mögliche Wege des Longenführers dar, der beispielsweise bei der Entwicklung einer Schlangenlinie durch die ganze Bahn aus dem Longierkreis rückwärts gehen muß, wenn er seinen Zögling nicht aus den Augen verlieren will.

Das Ziel alles Longierens, ob von rohen Jungpferden, von angeblich ausgebildeten Reitpferden oder von verrittenen, zu korrigierenden Problempferden ist, diese vor allem hinter das Spiel mit ihrem eigenen Schwerpunkt und Gleichgewicht auf der Mittel- und Hinterhand kommen zu lassen, sie mit ihrem neuen Körpergefühl in starken Biegungen und verhältnismäßig hoher Versammlung vertraut zu machen und ihnen auf diese Weise, den Weg zu ihrer Selbstgymnastizierung zu offenbaren, die ihnen bereits jetzt mehr und mehr Ausdauer bei ihrem Imponiergehabe und deutlich mehr Selbstvertrauen verleihen muß.

Ein erwünschter Nebeneffekt des Longierens ist für uns spätere Reiter, daß an der Longe ausgiebig pferdegemäß gymnastizierte Jungpferde wie "bereits angeritten" zum ersten Mal unter den Sattel gelangen, somit keinerlei Verständigungsprobleme mit dem Bereiter mehr zeigen und dadurch, daß sie bereits gelernt haben, sich in jeder Situation, Biegung und Haltung entsprechend auszubalancieren, weder bei dem Zugerittenwerden, noch bei der späteren Ausbildung jemals irgendwelche Gelenk- und/oder Sehnenschäden, Rückenleiden oder auch nur Muskelkater davontragen.

Abschließend seien deshalb die wichtigsten Maßnahmen und Forderungen bei allem Longieren; das heißt vor allem jene, die das bloße Sich-an-der-Longe-Austobenlassen überhaupt erst zu pferdegemäßem kreativen Longieren machen, nochmals zusammengefaßt:

1.) Überfallen und/oder überraschen wir kein Pferd jemals weder mit neuen Absichten, noch mit unseren Hilfen.

2.) Der innere Hinterfuß ist der Auslöser, Träger und Gestalter jeder pferdegemäßen Bewegungsfolge. Je weiter er unter die Körpermaße greift und je mehr Körpergewicht er dabei übernimmt, desto wirkungsvoller gymnastiziert sich das Pferd selbst.

3.) Wer als Pferde- oder Longenführer und/oder als Reiter die Hinterhand seines Tieres pferdegemäß kontrolliert, hat das ganze Pferd in der Hand (und kann deswegen auch auf jegliche feste Longen- oder Zügelanlehnung verzichten).

4.) Pferde, denen ihr Ausbilder regelmäßig erlaubt, sich selber in sich auszubalancieren, legen sich weder an der Longe, noch unter dem Sattel jemals auf die Longen- oder Zügelhand, auch nicht in Wendungen und Kurven.

5.) Alles Biegen von Pferden an der Hand wie unter dem Sattel hat stets die Beugung des gleichseitigen Hinterfußes im Auge zu behalten und dank dieser das für das Pferd am meisten Kraft sparende "Gleichgewicht auf den Hanken".

6.) Die tückischsten Feinde unserer Pferde sind unsere eigene Gedankenlosigkeit, Inkonsequenz, Gefühllosigkeit und Routine im Umgang mit ihnen. Wer Pferde beim Spazierenführen oder Longieren langweilt, ist genau so weit davon entfernt, ein echter "Pferdemensch" zu werden, wie ein Reiter, der auf dem Pferd "arbeitet".

7.) Die Vollkommenheit ist nicht von dieser Welt, heißt es. Geben wir uns deshalb mit Erreichtem nie zufrieden! Wer eines Tages ausgelernt zu haben wünscht, wende sich etwas Anderem zu, nur bitte nicht den Pferden...

* * * *

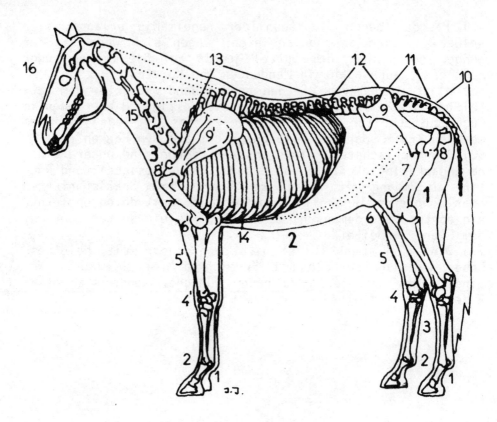

Zeichnung 15: Die Morphologie des stehenden Pferdes
1 Hinterhand, 2 Mittelhand, 3 Vorhand
1 1 Strahlbein, Hufbein, Kronbein, Fesselbein = Zehenknochen
  2 Fesselgelenk
  3 Mittelfußknochen
  4 Sprunggelenk
3 4'Vorderfußwurzelgelenk
1 5 Schienbein
3 5'Vorderarmknochen
1 6 Kniegelenk
3 6'Ellbogengelenk
1 7 Oberschenkelbein
3 7'Oberarmbein
1 8 Oberschenkel- oder Hüftgelenk
3 8'Oberarm-/Schultergelenk
1 9 Beckenknochen od. -ring
3 9'Schulterblatt
1 10 18 - 21 Schweifwirbel
  11 5 Kreuzwirbel
2 12 5 - 7 Lendenwirbel
  13 18 Rückenwirbel (8"echte" + 10"falsche" Rippen)
3 14 Brustbein (= Sternum)
  15 7 Halswirbel
  16 Schädelknochen

5. Kapitel

VON PFERDEN LERNEN, WOZU PFERDE FÄHIG SIND

In dem zweiten Kapitel dieser Arbeit habe ich an einigen Beispielen aufzuzeigen versucht, was und wieviel Pferdeherden einen aufmerksamen, "sehenden" Beobachter lehren und wie wir Freizeitpferdehalter Schlüsse aus unseren Beobachtungen ziehen und in pferdegemäßen Umgang mit unseren Tieren umsetzen können.

In diesem Kapitel wollen wir nun, die wir inzwischen unsere Sinne für Pferdebeobachtungen geschärft haben, mittels derselben halb rationellen, halb intuitiven Beobachtungstechnik versuchen, individuell verschieden, aber morphologisch korrekt gebauten Kompaktpferden ebenso wie langen Sportpferden "abzusehen", wozu die Natur sie geschaffen hat; das heißt, worin ihre körperlichen Stärken, wo ihre Grenzen liegen und wie wir pferdegemäß kreativ mit ihnen umzugehen haben, um ihrer Biomechanik gerecht zu werden. Hierzu haben wir allerdings zuerst etwas Hippologie zu betreiben.

Womit Reiter wie Pferdelaien beim Pferd stets zuerst konfrontiert werden, ist das sogenannte "Exterieur", das "Äußere". In den meisten Pferdebüchern wird dieses von vorne nach hinten unterteilt in <u>Vorhand</u>, <u>Mittelhand</u> und <u>Hinterhand</u>, obwohl Pferde bekanntlich von hinten nach vorne antreten, von hinten nach vorne geritten und ebenso betrachtet und beurteilt werden sollten.

Das <u>Exterieur</u> des Pferdes kann sich innerhalb nur weniger Tage erheblich verändern; meistens schnell zu Lasten und nur allmählich zu Gunsten des einzelnen Tieres. Grundsätzlich hängt es ab:

1.) von der Pferderasse und dem Pferdetyp, denen das Pferdeindividuum entstammt (Vollblüter oder Halbblüter, mehr oder weniger stark "veredelter" Warmblüter, mehr oder weniger "veredeltes" Kleinpferd, Kompaktpferd im Urpferdetyp)

2.) von der Bauweise des Skeletts, von dem sogenannten "Gebäude", das seit Goethe auch als "Morphologie" bezeichnet wird

3.) von der Bemuskelung oder Muskulatur, die sich als kaum ausgebildet oder bereits sichtbar - möglicherweise sogar falsch - gymnastiziert erweisen kann

4.) von dem allgemeinen Gesundheits-, Konditions- und Futterzustand jedes einzelnen Tieres.

Für uns und unseren Versuch, am Exterieur abzulesen,

wie wir mit jedem einzelnen Pferd pferdegemäß umzugehen haben, gewähren in erster Linie der Pferdetyp und das Gebäude Aufschluß. (Vergl. Zeichnung 15 Seite 70: Die Morphologie des Pferdes) Ebenso wichtig ist zu wissen, wie und in welche Richtungen die einzelnen Gelenke wirken.

Die beiden Hüftgelenke des Beckenringes sind so mit den beiden Schultergelenken der Vorhand zusammen die einzigen Kugelgelenke des Pferdes. Diese gewähren besonders den Oberschenkeln eine gewisse Bewegungsfreiheit nach allen Seiten. Alle anderen Gelenke sind Scharniergelenke und ihre Drehbarkeit ist entsprechend beschränkt. Allein die Verbindung des Beckens mit der Wirbelsäule wird weder durch ein Kugel-, noch durch ein Scharniergelenk gebildet, sondern beruht ausschließlich auf der lockeren Beweglichkeit der Lendenwirbel und auf der Dreh- und Kippfähigkeit (= Mobilität) des Beckens.

Der Beckenring ist somit eine nahezu ebenso lockere Verbindung zwischen den Hinterbeinen und der Wirbelsäule wie die der Schulterblätter zwischen der Wirbelsäule und den Vorderbeinen. Er gibt der Kruppe die für sie charakteristische Form und sollte sich, aus der Vogelschau beurteilt, als wenigstens ebenso lang wie breit erweisen.

Bei vielen langen Sport- und Westernpferden zeigt sich die Kruppe höher angeordnet als der Widerrist. Man nennt sie "hinten überbaut". Naturbelassene Wildpferde und alle von ihnen abstammenden Kleinpferde erweisen sich hingegen in der Regel als von vorne nach hinten abwärts konstituiert. Dies erlaubt ihnen, den hinteren Teil des Beckenringes steiler nach unten abzukippen und ihr Körpergewicht so nahezu auschließlich mit der Hinterhand zu tragen.

Aber wie schon mehrmals angedeutet, gelingt dies leicht oder wie selbstverständlich heute nur noch bei unberührten Wildequiden und kleinen Kompaktpferden, die noch im Wildpferdetyp stehen, über nur fünf Lendenwirbel verfügen und über Kruppen, die tiefer liegen als der Widerrist.

Pferde mit sechs oder sieben Lendenwirbeln, die, wie die meisten Sportpferde, überdies hinten überbaut sind und sich damit eindeutig als Opfer menschlicher Leistungszuchtexperimente erweisen, scheinen, Professor Preuschoft zufolge, diese Kippbewegung des Beckens (wissenschaftlich meßbar) nicht mehr ausführen zu können.

Allein schon die überhöhte Kruppe erklärt den Beweglichkeitsmangel des Beckenringes; aus solcher Höhe ist dieser einfach nicht mehr "unter die Masse" zu bringen, wie man in der französischen Reitersprache sagt. Nur, wenn diese

Annahme stimmt, so ist damit zugleich bewiesen, daß hinten überbaute Pferde nicht einmal mehr ihr eigenes Gewicht, geschweige denn das des Reiters wirklich, das heißt pferdegemäß tragen und unter dem Sattel zwanglos versammelt gehen können.

Eine zusätzliche Erklärung der mangelnden oder mangelhaften Kippfähigkeit des Sportpferdebeckens liefern überdies die ihnen von den Züchtern überhaupt erst aufgepfropften sechsten und siebten Lendenwirbel. Denn überall dort, wo dieses abartige Zuchtexperiment wie in der Camargue noch keine dreißig Jahre alt ist, erbringt es regelmäßig für einige Generationen Jungpferde, die von Geburt an im Rücken ruiniert, schwach bis hochempfindlich, für den Dienst unter dem Sattel untauglich sind. Und das bedeutet wiederum, daß offensichtlich jeder zusätzliche Lendenwirbel jeden Pferderücken hinsichtlich der Gewichtsübernahmen mit der Hinterhand schwächt.

Der Überbau der Kruppe und der sechste oder siebte Lendenwirbel zusammen verleihen dem Pferd heute jedenfalls das, was man in der Humanmedizin ein "pathologisches Hohlkreuz" nennt und ersticken damit jegliche "Hergabe des Rückens" seitens des Pferdes unter dem Sattel oder an der Longe bereits im Keim.

Ist das In-die-Länge-Züchten der meisten Wagen-, Militär- und Sportpferde dennoch in den letzten hundert Jahren mehr oder weniger problemlos geglückt, so in der Regel nur, weil es Hand in Hand mit mehr Größe und mehr Gewicht ging. Das Verhältnis des Reitergewichts zu dem des Pferdes blieb so unter der kritischen Grenze, ab der es für Tiere mit empfindlichen oder schwachen Lenden problematisch wird (= Reitergewicht 1/6 bis 1/5 des Pferdegewichts). Überdies erbrachte das neue Pferdeformat, das die Militärs den Zivilreitern als wünschenswert suggerierten, mehr Raumgriff, "Gänge", Tempo und Springvermögen, selbst wenn man dafür das Pferd kaum mehr aussitzen, noch bequem mehr ausreiten konnte.

Geradezu katastrophal wirkte sich das In-die-Länge-Züchten inzwischen bei manchen arabischen und bei den Kleinpferden aus. Ihnen wurden die zusätzlichen Lendenwirbel nicht nur in unvernünftig kurzer Zeit verpaßt; durch gezieltes Auf-Eleganz-und-Adel-Züchten wurde ihnen überdies oft soviel Gewicht genommen, daß sie nun auch mit ungeschwächten Rücken Mühe gehabt hätten, ihre Reiter mit der Hinterhand zu tragen.

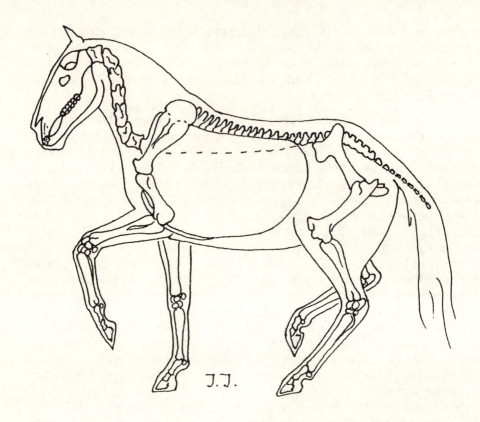

Zeichnung 16: Die Morphologie des Pferdes in Bewegung
Verglichen mit dem ruhenden Pferd der Zeichnung 15/70, kippt das versammelte Pferd seinen Beckenring (9) der Wirbelsäule gegenüber deutlich ab, was "automatisch" dazu führt, daß
1.) sich alle anderen Gelenkwinkel der Hinterhand verengen,
2.) die Hinterfüße weiter unter den Körper gesetzt werden
3.) und mehr Körpergewicht übernehmen, also tragen, während
4.) die Vorhand entlastet wird, das Schultergelenk sich öffnet und die "Aufrichtung" sich "von selbst" ergeben kann.
5.) Der Pferderumpf und seine (Stütz-) Basis haben sich verkürzt. Dadurch ist das ganze Pferd "wendiger" geworden und zeigt sich mit der Impulsion aus den Federkräften der Hinterhand aufgeladen.
Tritt das Pferd mit so gebeugten Hanken noch weiter unter, so wird seine Vorhand vom Boden abheben, und es wird in der "Levade" (= eigentlich "Courbette") ausschließlich von der Hinterhand getragen stehen.

Aber groß oder klein, elegant oder kompakt, alle noch einigermaßen naturbelassenen Freizeitpferde können ihr Gewicht nicht nur mit der Hinterhand tragen, anstatt es mit der Vorhand eben nur abzustützen; sie müssen es biomechanisch bedingt sogar und sei es auch nur, um die Kippfähigkeit ihres Beckens immer wieder zu gymnastizieren, in der Reitersprache die "Hankenbeugung", und um damit die eigene Erdenschwere vorübergehend aufgeben zu können.

Selbst auf den Salzsteppen der Camargue konzentrierten sich die Herden- und Gruppenchefs bei dem Gymnastizieren der Junghengste oft ausschließlich oder vor allem auf deren bewegungskoordinierendes Beckenkippen. Weshalb hätten sie sie anderenfalls bereits nach den ersten Tritten oder Sprüngen aus gebeugten Hanken sogleich wieder in Ruhe gelassen?

Für Pferdemenschen ist das Abkippen des Beckens unserer Freizeitpferde bei dem Angaloppieren aus korrektem (= versammeltem) Stehen an der longe besonders deutlich zu sehen und unter dem Sattel besonders deutlich zu fühlen. Denn hier fällt die erste Galoppbewegung des Außenhinterhufs regelmässig mit dem Kippvorgang des Beckens und gleichzeitiger Gewichtsübernahme der Hinterhand zusammen.

Ziehen wir nun die ersten Schlüsse aus unseren Kompaktpferde mit Sportpferden vergleichenden biomechanischen Beobachtungen, so dürfen wir als erwiesen betrachten,
1.) daß große, lange und/oder hinten überbaute Sport- und Westernpferde, (deren Schwerpunkt sehr weit vorne liegt und die entsprechend linear gerade schnell geritten werden), von leichten Reitern tatsächlich die Hinterhand entlastend, also in dem Leichten, Jagd-, Spring- oder Rennsitz getrabt und galoppiert werden sollten,
2.) daß hingegen bei noch quadratischen Arabern und Kompaktpferden mit nur fünf Lendenwirbeln das Privileg, die Hanken zu beugen und das eigene wie das Reitergewicht mit der Hinterhand noch tragen zu können, zum Wohl des Tieres unbedingt pferdegemäß gymnastisch zu fördern ist und
3.) daß sich bei Letzterem alles die Pferdeschultern überbelastende schnelle Reiten für das Tier noch nachteiliger auswirken muß, als ein zu schweres Reitergewicht.

Der deutsche Begriff "Hanke" stammt von dem französischen "Hanche" ab, was "Hüfte" bedeutet. Das berühmte "Abaissement des Hanches", das im Unterschied zu Mitteleuropa in Frankreich und auf der iberischen Halbinsel heute nach wie vor im Brennpunkt des reiterlichen Interesses steht, heißt wörtlich übersetzt "Erniedern der Hüften".

Angesprochen ist damit zwar vor allem der Kippvorgang des Pferdebeckens steil nach unten. Da dieses Beckenkippen jedoch, wie aus einem Vergleich des stehenden Pferdes der Zeichnung 15/70 mit dem piaffierenden der Zeichnung 16/74 hervorgeht, sämtliche Gelenkwinkel der Hinterhand verkleinernd schließt und dadurch weiter unter die Pferdemasse schiebt, erscheint die gesamte Hinterhand niedriger, "gebeugt", tiefer gestellt, so daß sowohl der deutsche Ausdruck "Hankenbeugung" als auch das französische "Abaissement des Hanches" durchaus mit Recht die Beugung nicht nur des Beckenringes, sondern auch jene aller anderen Hinterhandgelenke mit einbezieht.

Die Hankenbeugung als eine Verkleinerung sämtlicher Gelenkwinkel der Hinterhand ist somit eine Konsequenz der Kippbewegung und nicht das Abkippen eine Folge der Hankenbeugung, wie manche Gangfetischisten unter den Sportpferdebesitzern behaupten.

Bloßes Ausgreifen mit den Hinterhufen, das sogenannte "Untertreten", läßt Sportpferde bei Trabverstärkungen auf langer Basis zwar ihre "Gänge" zeigen; auf kurzer Basis führt es indessen unweigerlich zum sogenannten "Unterkriechen", das nur Laien mit der "Versammlung" verwechseln.

Pferdegemäß versammeln kann lediglich die Hankenbeugung. Dabei schiebt der Kippvorgang des Beckens die Hinterbeine unter die Pferdemasse und holt das Gewicht in die Hinterhand, indem er gleichzeitig den ganzen Pferderumpf und dessen Basis verkürzt. Echte, Gewicht übernehmende und dann tragende Versammlungen kann es somit bei Pferden, die die Hanken nicht zu beugen verstehen, überhaupt nicht geben. In der Dressurreiterei spricht man denn heute auch lieber von verkürztem Trab und verkürztem Galopp, anstatt von versammelten Bewegungsfolgen.

Den Alten wie den neueren Reitmeistern zufolge, versammeln Pferde mit gebeugten Hanken letztlich nur alle ihre Tragekräfte "unter sich"; das dann aber von hinten nach vorne, wobei sich ihr Schwerpunkt deutlich sichtbar weiter nach hinten-unten verlagert, ohne daß der Longenführer oder Reiter vorne irgendetwas fest- oder zurückzuhalten hätte.

"Die Wirbelsäule des Pferdes ist einem Waagebalken vergleichbar", sagte Meister Nuño Oliveira. Wird der Schwerpunkt in der Versammlung hankenbeugender Kompaktpferde zu dem Drehpunkt des Waagebalkens, so führt das Erniedern der Hinterhand "automatisch" zu einer Erhöhung der Vorhand, zu der sogenannten "Aufrichtung". Nochmals: ohne daß irgend jemand irgendwo etwas fest- oder zurückzuhalten hätte. Das beweisen uns die vollkommensten Piaffen, Passagen und Galoppirouetten, die wir heute zu Gesicht bekommen: die unserer muntersten Junghengste bei ihren Spielen auf der Weide.

Die spielerische Kipp- oder Tragehaltung, die Hankenbeugung, die natürlich sich hieraus ergebende Verkürzung der Stand- oder Stützfläche zwischen den Hufen und die "Sammlung aller Tragekräfte" unter dem Schwerpunkt ergeben zusammen die eingangs erwähnte "ideale Körperhaltung", dank der sich die Equiden in der Natur pausenlos den sich verändernden Umweltbedingungen anzupassen vermögen und aus der sie fortwährend sowohl ihre Impulsion, den Bewegungsdrang und die Bewegungsenergie, als auch ihre Ausdauer beziehen.

Die "ideale Körperhaltung" des Wildpferdes auf der Steppe entspricht somit tatsächlich dem "Gleichgewicht in Bewegung", das sowohl bereits die Alten Berber als auch wir auf unseren Pferden suchen und anstreben. Nun ist aber definitionsgemäß jedes Gleichgewicht nur von kurzer Dauer. Und jedes "Gleichgewicht in Bewegung" will deshalb fortwährend neu gesucht, neu austariert, neu eingestellt und vervollkommnet werden. Wie wir gleich noch sehen, gelingt dies unseren Freizeitpferden jedoch ausschließlich, wenn wir sie dabei weder stören, noch behindern.

Morphologisch sind nämlich sowohl das Gleichgewicht in der Bewegung des Pferdes als auch dessen Unbeständigkeit und Labilität in der, wie ein Wunderwerk anmutenden, Biomechanik der Hinterhand begründet. Grob skizziert arbeitet diese nach dem Prinzip "kleine Ursache, große Wirkung": einseitig sorgen hier sechs Knochenhebel (beidseitig: elf) und fünf Gelenkwinkel (beidseitig: neun) beispielsweise dafür, daß selbst nur in Millimetern oder Grammen auszudrückende Kippvorgänge des Beckens auf Kniehöhe zu zentimeter- und auf Fesselhöhe zu dezimeterweiten Gesten und zehn Kilogramm schweren Umbelastungen führen können (vergl.: Zeichnungen 15/70 und 16/74).

Bei der Pferdeausbildung an der Hand wie unter dem Sattel erweist sich von Anfang an, daß dieses biomechanische Prinzip regelmäßig und auf Abruf jedoch nur "funktionieren" kann, wenn sich das Pferd in seinem Rücken und in der gesamten Hinterhand vollkommen "losgelassen", das heißt durch und durch entspannt hat und absolut locker tritt.

Durch und durch locker geben sich Pferde heute aber fast nur noch fern des Menschen auf der Weide in der Herde... oder unter vollkommen losgelassenen Reitern, die wie wir alle den lockeren Umgang mit ihrem eigenen Gewicht praktisch gelernt und ausgiebig genug geübt haben.

Die heute in Mitteleuropa gängigen Reitlehren widmen entweder den Lockerungsübungen nicht die nötige Aufmerksamkeit oder sie machen deren Nutzen für die Pferde sogleich wieder zunichte, indem sie vom Reitschüler unnatürliche Haltungen im Sattel, Oberschenkel- oder Knieschluß, abwegige Hüft- und Schulterdrehungen und viel zu kurze Bügel und Zügel verlangen.

Sie vergehen sich damit nicht nur an der entspannten Unbekümmertheit und Munterkeit des Pferdes, sondern vor allem auch an seiner Biomechanik, die gezwungen wird, Bewegungen auszuführen, die es verkrampft gar nicht schafft, wie die Hankenbeugung, oder welche verkrampft geübt, seine Muskeln, Sehnen und Gelenke bionegativ überbeansprucht, wie unter einem wie auch immer gearteten "Leichten Sitz".

Sämtliche Pferde der Welt besitzen die Neigung, ihren Schwerpunkt an der Longe wie unter dem Sattel jeweils in die Richtung jener Körperregion zu verlegen, in der sie sich von dem Mitpferd oder Menschen am deutlichsten "angepackt" fühlen. Die für Pferde eindrücklichste "Hilfe" des Reiters ist nach wie vor dessen Gewicht. Je weiter hinten in der Sattellage dieses locker in die Pferdebewegungen einfließt, desto schneller verlagert das Pferd seinen Schwerpunkt nach hinten-unten in den Drehpunkt des Waagebalkens seiner Wirbelsäule und damit in sein Bewegungs- oder Aktionszentrum, das Reiter auch den "Motor" des Pferdes nennen.

Mit dem Ausdruck "Motor" ist in der Regel das Sonnen- oder Bauchsympathikusgeflecht unter dem letzten Lendenwirbel gemeint, ein bewegungskoordinierendes Nervenzentrum, das auch als Lombosakralplexus bezeichnet wird. Behindert oder stört der Reiter das Pferd so unerheblich, daß dieses den gemeinsamen physikalischen Schwerpunkt in oder unter den Lombosakralplexus verlagern kann, so befindet es sich im optimalsten Gleichgewicht schlechthin und sein Motor schnurrt auf höchsten Touren: "es ist zur Kugel geworden", sagen die Campinos und Gardians von ihm.

Das optimale Gleichgewicht des Pferdes setzt somit auch ein optimales Maß an Impulsion, Bewegungsenergie und Munterkeit frei und alle zusammen ergeben, selbst im Spiel auf der Weide, jene bereits erwähnten, perfekten Bewegungsfolgen an Ort und Stelle, die man Piaffen nennt und die für echte Pferdeleute Vorbild, Maß und Ziel alles kreativen Gymnastizierens darstellen.

Mit dem "Motor" haben wir den letzten, für Reiter bedeutungsvollen, Bereich der Hinterhand behandelt und wenden uns nun der <u>Mittelhand</u> zu.

Sie besteht, wieder von hinten nach vorne betrachtet, aus den bereits erwähnten 5 bis 7 Lendenwirbeln und 18 Rückenwirbeln. Von letzteren sind 8 knöchern, das heißt mehr oder weniger starr, und 10 elastisch, das heißt dank des Knorpelrahmens mehr oder weniger frei, mit dem sogenannten Sternum oder Brustbein verbunden.

Die kurzen Dornfortsätze der Lenden- und Rückenwirbel bilden zusammen den Mittelteil der Oberlinie und die Sattellage, die langen Dornfortsätze der vordersten Rückenwirbel, den Widerrist.

Die gesamte Wirbelsäule, auch Wirbelbrücke genannt, hat vornehmlich die Aufgabe, den Schub, die Impulsion, die Haltungs- und die Bewegungskoordinaten unbehindert aus der Hinterhand nach vorne fließen zu lassen. Letzteres können ungeschickte, steife, zu schwere, brutale und das Pferd falsch belastende Reiter leider allzu leicht erschweren und sogar unmöglich machen.

Betrachten wir kurz das Spiel der physikalischen Kräfte sowohl bei unbelasteten als auch bei gerittenen Pferden. Professor Preuschoft und seine Mitarbeiter schreiben in den "Studien zu den Bewegungen von Sportpferden":
"Bereits das Tragen des (eigenen) Körpergewichtes in Ruhe ruft mechanische Beanspruchungen im Pferdekörper wach. Rumpf, Hals und Kopf unterliegen einer Biegebeanspruchung: im Schulterbereich nach oben konvex, im Lendenabschnitt nach oben konkav. Diese (Biegebeanspruchung) führt zu Druckspannungen in der Wirbelsäule und im Brustbein und zu Zugspannungen in den Bauch- und Nackenmuskeln, sowie im Nackenband (vergl.: die gepunkteten Linien in Z 15/70 & 34K/172).(...) Das Gewicht des Reiters verändert die Biegebeanspruchung des Rumpfes nicht grundsätzlich (d.h. nicht qualitativ - SGS), erhöht aber die nach oben konkav biegenden Momente" (quantitativ - SGS), was in die Reitersprache übersetzt bedeutet, daß das Reitergewicht das lange Sportpferd in der Theorie wider Erwarten durchaus noch befähigen kann, "den Rücken herzugeben", wenn in der Praxis, das heißt unter dem üblicherweise viel zu weit nach vorne geschobenen Sattel, auch kaum je von dort aus, wo es im Leichten und Sportreitsitz tatsächlich angreift, nämlich vom Schulterbereich aus.

Soviel zu der Beanspruchung der Rücken großer und langer Sportpferde. Wie sieht nun die gleiche Beanspruchung bei unseren kompakten Freizeitpferden aus?

Meine eigenen Erfahrungen mit Kompaktpferden decken sich bis in alle Einzelheiten mit den wissenschaftlichen Erkenntnissen Professor Preuschofts; jedenfalls was die gewichtsmäßige reiterliche Beanspruchung anbelangt. Allein die reflexbedingten Reaktionen zebraähnlich gebauter Reitpferde auf die Biegebeanspruchungen hin, scheinen unter gewissen Bedingungen wesentlich andere als bei Großpferden zu sein.

Selbst in der Reitliteratur gelten "kurze Rücken", das heißt gedrungene Lenden mit nur fünf Lendenwirbeln, seit Jahrhunderten als wesentlich tragfähiger als "lange Rücken", das heißt solche mit sechs und sieben Lendenwirbeln, wohl nur, weil kurze Pferde unter der reiterlichen Beanspruchung vor allem die Tragfähigkeit ihrer Lendenpartie angesprochen fühlen und diese als Reaktion mittels des Beckenabkippens nach oben konkav aufwölben, also auch praktisch "hergeben". Jedenfalls scheinen die meisten Kompaktpferde unter einem lockeren, richtig orientierten Piaffesitz zwischen ihrem eigenen und dem Gewicht des Reiters nicht mehr unterscheiden zu können und tragen deshalb selbst schwere Reiter biomechanisch so, als gingen sie unbelastet und unbeschwert. Daß dies nicht nur so aussieht, sondern ein Faktum ist, beweisen sie überdies durch ihre nahezu unerschöpfliche Ausdauer in besagter Tragehaltung.

Fazit: Solange sich ein Kompaktpferd in idealem Gleichgewicht befindet, somit die Lendenwirbelsäule nach oben hohl aufwölbend "hergibt", strömen die Bewegungsimpulse wie die Bewegungskoordinaten unbehindert und geregelt von hinten nach vorne, und das Tier geht "brilliant". Biegt sich hingegen die Lendenpartie eines Sport- oder langen Freizeitpferdes auch nur leicht in die Gegenrichtung, das heißt nach unten durch, so stören und behindern die "weggedrückten Wirbel" den Impulsionsfluß, dekoordinieren und verkrampfen das ganze Pferd, das prompt "auseinanderfällt" oder "zusammenkriecht", langsamer oder schneller wird und möglicherweise sogar Pass und/oder Tölt geht.

Kommen wir endlich zur Vorhand, indem wir uns noch einmal kurz die fünf Hebelgelenkwinkel der Hinterhand in das Gedächtnis zurückrufen.

Sie erschließen dem Kompaktpferd dank der Kippfähigkeit seines Beckens und dank der Elastizität seiner Sehnen Federkräfte, welche die Gelenkköpfe und -pfannen in versammelt getretenen Bewegungsfolgen vor Stößen und Schlägen und vorzeitigem Verschleiß bewahren.

Eine nicht unerhebliche Rolle spielen hierbei auch die

Längenverhältnisse der einzelnen Knochenhebel zueinander und deren Verwinkelungen, die die Hebelwirkungen multiplizieren, wörtlich "reibungsloses" Funktionieren der Gelenkscharniere und die Spannungsresistenz der Sehnen garantieren.

Vergleicht man nun das Skelett der Vorhand mit dem der Hinterhand (vergl.: Zeichnungen 15/70 und 16/74), so fällt auf:
1.) außer dem Gelenkwinkel zwischen dem Schulterblatt und dem Oberarm und jenem der Hufgelenke (einschlieslich Fesselgelenk) vermag kein Vorhandgelenk Vertikalbeanspruchungen auszufedern, indem es sich elastisch schließt;
2.) dadurch, daß hier die meisten Knochenhebel fast senkrecht übereinander angeordnet sind, werden die Scharniergelenke durch Vertikalbeanspruchungen immer dann gestaucht, wenn sie maximal weit, d.h. bis zum Anschlag geöffnet, und sowohl jeder Federmöglichkeit als auch jeder Kräftepotenzierung (dank der Hebelwirkungen) verlustig gegangen sind;
3.) erreicht überdies die Muskulatur der Vorhand, verglichen mit jener der Hinterhand, nicht einmal die Hälfte weder deren Gewichts, noch deren Volumens und beweist allein schon damit, daß die Vorhand über keinerlei spezifische Tragemöglichkeiten verfügt.

Versuchen wir nun abschließend, wie wir es uns zu Beginn dieses Kapitels vorgenommen haben, Groß- und Kleinpferden auf den ersten Blick "anzusehen", wozu die Natur sie befähigt hat und worin ihre körperlichen Stärken und Schwächen und ihre Grenzen liegen, so drängt sich der Schluß auf, daß alle hinten überbauten, in den Lenden langen Sportpferde wie das englische Vollblut, alle mehr oder weniger hoch veredelten Warmblüter und ebenso gebauten Westernpferde zwar excellente Spring-, Renn- und Distanzpferde abgeben, sich aber des im Sport oft überforderten Beschleunigungsvermögens wegen entsprechend schnell verschleißen. Reitpferde sind sie indessen längst nicht mehr, wenn man unter Reiten versteht: ein vom Reiter geregeltes pferdegemäßes Tragen seines Gewichts seitens des Pferdes.

Dieser Sachverhalt wird unter denkenden Reitern und Züchtern von Sportpferden durchaus anerkannt und hat in den letzten Jahrhunderten auch bereits zur Entwicklung einer Menge neuer sogenannter "Entlastungssitze" und Reitweisen, ja sogar zu der neuer Pferderassen wie dem Quarter Horse geführt.

Widersinnig hierbei ist nur, daß die Ausrichtung auf

diese oft nur modischen Neuheiten auch Freizeitreitern vorgeschrieben wird, die über Kompaktpferde verfügen, welche gerade noch im ursprünglichen Reitpferdetypus stehen und daher gerade noch entsprechend pferdegemäß ausgebildet und geritten werden könnten.

Zu dem "Tragen des eigenen wie des Reitergewichtes seitens des Pferdes" gehören nun einmal, - ob man es einsehen will oder nicht und wie unsere Gebäudeanalyse bewiesen haben sollte, - nur fünf bis maximal sechs Lendenwirbel, eine ihnen gegenüber kippfähige Kruppe, die tiefer liegen muß, als der Widerrist, die Fähigkeit des Pferdes, seine Hanken zu beugen und damit seine gesamte Hinterhand ausfedernd weiter unter den Schwerpunkt zu schieben, der dank des gedrungenen Gesamtgebäudes und des relativ kurzen Halses wesentlich weiter hinten und tiefer liegt, als bei langen Sportpferden.

Gehören wir heute zu den wenigen Glücklichen, die noch morphologisch zu echtem Tragen geborene Pferde ihr eigen nennen, so vergingen wir uns geradezu an der Natur und an der Biomechanik unserer Tiere, wenn wir ihre Tragfähigkeit und ihre Munterkeit in dem "idealen Gleichgewicht" nicht mit der entsprechenden Passion gymnastizierten, förderten und ausbildeten, und zwar pferdegemäß kreativ, allein zum Wohl unserer Pferde, genau so wie es die größten unter den Freizeitpferdeausbildern und Reitmeistern seit dem 15. Jahrhundert bis in unsere Zeit immer wieder empfohlen und gezeigt haben.

* * * *

6. Kapitel

DAS PFERD UNTER DEM SATTEL

Zu Beginn meiner Kampfstierhirten- und Zureiterlehre in der Camargue vor dreißig Jahren wunderte ich mich oft, daß meine Lehrmeister diesen oder jenen Gardian als guten Stierhirten oder guten Reiter, hie und da sogar als einen erstklassigen Zureiter bezeichneten, mir, ihrem eigenen Lehrling aber nie zu erklären vermochten, wie man mit Kampfstieren gut oder richtig umging oder nach ihrem Dafürhalten gut, geschickt oder gekonnt ritt.

Zwar wiederholte mein direkter Vorgesetzter, der Baile-Gardian, in kitzligen Situationen immer wieder den selben Rat; "escoutes toun chivaou!" (lausche in dein Pferd), doch was er damit sagen wollte, begriff ich erst in den letzten Lehrjahren nach und nach.

Kurz, wer als Gardian bei den Kampfstieren oder als Reiter bei seinem Pferd etwas Bestimmtes absichtsvoll abrufen oder erreichen will, wird dies bewußt oder unbewußt stets wörtlich "auf das Ergebnis gespannt" tun, also verkrampft und daher meistens auch zu einem falschen Zeitpunkt.

Die Reaktionen der Tiere auf seine Maßnahmen müssen deshalb geradezu auf Mißverständnissen, erzwungenem Nachgeben oder sogar Auflehnung beruhen.

Lauscht man stattdessen fortwährend nur in sein Pferd, so hört und sieht man, oberflächlich betrachtet, zwar denkbar wenig, fühlt und erfährt aber umso deutlicher, was das Tier seinerseits eben "sieht", beabsichtigt und anbietet und wie man das Angebotene vielleicht in das ummünzen kann, was uns das Arbeitsprogramm zu erreichen auferlegt.

Bei dem Umgang mit Lebewesen - auch mit menschlichen - ist man somit nie Herr, weder der konkreten Aufgabenstellung, noch der praktischen Lösungen, sondern im besten Fall jeweils nur ein aufmerksamer Mitarbeiter oder Partner, der vornehmlich darauf bedacht zu sein hat, die gemeinschaftliche Erfüllung des Programmes weder zu stören, noch zu behindern.

Zu Pferd bedeutet dies jedenfalls, daß jeglicher Formzwang, jede Haltungsvorschrift von außen, ja selbst jede Ortsangabe für bestimmte Bewegungsabläufe wie beispielsweise "Anhalten in X, Gruß!", pferdegemäßem Reiten grundsätzlich widerspricht.

Überdies ist das mit ein Grund, weshalb zum Beispiel Meister Oliveira jahrzehntelang an keiner Dressurprüfung teilnahm und auch der, weswegen sich meine Lehrmeister in der Camargue standhaft weigerten, gekonntes Reiten so zu charakterisieren, daß ihren Erklärungen etwa nachzueifern gewesen wäre. Sie erwarteten von mir nicht Eifer zu Pferd, sondern Hingabe, keine reiterlichen Auftritte, sondern Teilnahme am Leben der Herden.

Jahre nach dem Abschluß meiner Gardianlehre begann ich mich für die Vorgeschichte und für die Entwicklung besonders des Freizeitreitens in Südwesteuropa zu interessieren und stieß dabei auf die Schriften der ersten großen Freizeitreitmeister Portugals im 15. Jahrhundert; unter ihnen auf König Duarte (Edward I von Portugal 1401 - 1438) und seine - jenen meiner ehemaligen Patrons sehr ähnlichen Reitanweisungen:"hüte dich, Reiter, dein Pferd jemals (in seinem Gleichgewicht und in seinen Bewegungen) zu stören". Meister Nuño Oliveira, ebenfalls Portugiese und wohl größter Reiter unseres Jahrhunderts, drückte die gleiche Einsicht in die Wirklichkeit der Pferde in dem Satz aus:"Gib' dem Pferd die Haltung (die es zur Erfüllung seiner jeweiligen Aufgabe braucht) und laß' es gewähren!". In Südwesteuropa geht es somit selbst heute noch vor allem um reiterliches Gewährenlassen, das heißt um das Zulassen der Bewegungen des Pferdes im Gleichgewicht.

Jeder Mitteleuropäer, der sich in der Reitliteratur auch nur etwas auskennt, wird nun entgegnen, auch Gustav Steinbrecht hätte schöne Sentenzen geschmiedet wie zum Beispiel: "Bewegung ist das Element des Pferdes und alle Bewegung geht von der Hinterhand aus"; und er wisse dennoch nicht, wie man in der alltäglichen Praxis zu Pferd Hingabe übe und das Gewährenlassen der Pferde in ihren Bewegungen.

Also, was haben wir konkret zu tun?

Meine Patrons in der Camargue antworten:"Nichts!". Denn jeder Durchschnittsmitteleuropäer - und ein solcher war ich auch - will und tut bei dem Umgang mit Pferden in der Regel drei- bis zehnmal zuviel!

"Nichts"-Tun heißt für uns vor allem: weg mit dem typisch modernen Macherehrgeiz, weg mit dem Wollen und weg mit allem absichtsvollen Tun, Experimentieren und "Hinkriegen"! Dafür hin zu dem Erlauschen und Erfahren selbst der verborgensten Regungen unseres Pferdes unter dem Sattel! - Allein unsere - nach innen gewandte - Lausch- und Erfahrungshaltung zu Pferd wird dabei unseren Schwerpunkt so weit nach hinten-unten verlegen, daß dieser sich unserem Plexus solaris nähert, das heißt unserem eigenen Körpererfahrungen und Bewegungen koordinierenden Nervenzentrum, um uns schließlich dem Pferd, seinen psychischen Regungen wie seinen Körperbewegungen und seinem Gleichgewicht gegenüber zu öffnen.

Ich weiß, dies klingt in manchem Ohr wohl etwas "esoterisch". Versuchen wir es trotzdem einmal und erleben wir, wie leicht und angenehm es sich "im Einklang mit den Bewegungen des Pferdes" reitet! Jedenfalls nennen nicht wenige junge Reiter unter meinen Gästen solche Augenblicke lockerster Hingabe an die Bewegung längst ihre "Sternstunden im Sattel".

Reitanfängern hingegen wird diese locker-losgelassene Reithaltung bei zwanglos nach hinten gekippter oberer Beckenhälfte zu Beginn etwas Mühe kosten. Denn kaum ein moderner Mitteleuropäer ist gewohnt, seine Bauch- und Rückenmuskulatur regelmäßig längere Zeit ungestützt entspannt zu bewahren.

Bei Bedarf tröste man sich daher mit der Tatsache, daß die alten Gardians und Campinos ebenso, wenn auch an dem Gegenteil leiden; sie sind weder gewohnt, schön militärisch aufrecht zu gehen und zu stehen, noch mit einem Hohlkreuz schön aufrecht auf dem Kanapeerand zu sitzen und artig Konversation zu üben.

Kurz, selbst unsere alltäglichsten Gebrauchshaltungen sind wie deren Steifheit oder Lockerheit nichts anderes als biopositive oder bionegative Gewohnheiten und können mittels adäquater Gymnastik beeinflußt und verändert werden.

Mir selbst bringen Rumpfbeugen bei gestreckten Knien und die meisten bei dem Umgang mit den Pferden alltäglichen Verrichtungen wie Gras mit der Sichel oder Sense mähen, Wasserpumpen und Zaunpfähle zuspitzen und setzen immer wieder Entspannung. Einige unter meinen Reitgästen joggen seit Jahren oder unterwerfen sich Streckübungen, andere massieren sich gegenseitig und schaukeln regelmäßig auf Seilschaukeln; alle schwören einhellig auf ihr jeweiliges Privatrezept. Solange sich niemand ein Hohlkreuz angymnastiziert und/oder vergißt, daß unser Ziel dabei zufuß einer jener Grundstellungen des Tai Chi, Aikido, Judo und Kendo entspricht, die sich ebenfalls vor allem durch ihre Losgelassenheit auszeichnen, mag jeder die Vollkommenheit der Entspannung auf seine Weise suchen.

Fest steht allein, daß wir alle die Lockerheit unserer Wirbelsäulen, Schultern, Rücken und Schenkel regelmäßig zufuß wie zu Pferd zu unterhalten, zu gymnastizieren und zu vervollkommnen haben, bis das Erlauschen der feinsten Regungen unserer Pferde aus dem Gehirn in unseren Bauch gewandert ist.

Als erstes haben wir demnach zufuß zu lernen, psychisch wie körperlich "weniger als nichts" zu tun und uns, dank der Vollkommenheit unserer Entspannung dem Pferd gegenüber zu öffnen, das heißt absolut verfügbar zu werden nicht nur, was seine Bewegungen und sein Gleichgewicht bei dem Spazierengeführt- und Longiertwerden, sondern auch, was beispielsweise seine Zurückhaltung und seine Schwierigkeiten auf der Suche nach einer besseren Gebrauchshaltung betrifft.

Zu Pferd üben dies Reitanfänger und alle wirklich "Fortgeschrittenen" in der Regel auf einem möglichst weit ausgebildeten Schulpferd an der Longe eines mit der Problematik des pferdegemäßen Longierens und Reitens vertrauten Pferdemenschen.

Vergessen wir jedoch auch hierbei nie, daß es in dieser Phase nicht etwa um das Reitenlernen geht, sondern vor allem darum, sich von einem Pferd absichtslos "auf die Seite der Pferde" ziehen oder versetzen zu lassen und dadurch zu lernen, sich ohne Hintergedanken in alle Bewegungen eben nur "mitnehmen" zu lassen, beziehungsweise, sich den Pferdebewegungen rückhaltlos auszuliefern.

Selbst der Longenführer wird sich in dieser Lernphase zurückhalten müssen. Denn keinesfalls darf es ihm um einen vorschriftsmäßigen Sitz, tiefe Absätze oder nach innen gedrehte Fußspitzen gehen. Hingegen soll er den Reiter immer wieder in interessante Gespräche verwickeln, die möglichst nichts mit Pferden, noch mit dem Reiten zu schaffen haben.

Hat sich der Reiter schließlich soweit gelockert und losgelassen, daß er am Sattel zu "kleben" beginnt, so soll ihn der Longenführer auf einem zuverlässigen, ruhigen Handpferd an der Longe erst auf kleine, dann auf größere Ausritte mitnehmen, ohne ihm jemals mehr als Ratschläge zu erteilen, wie er bequemer und noch lockerer zu sitzen versuchen könnte.

Gelingt es uns nämlich – möglicherweise erst nach vierzig Longenlektionen, die jeweils abgebrochen wurden, sobald wir uns auch nur ansatzweise verkrampften – vollkommen bequem und wie angegossen ruhig im Sattel zu sitzen, ohne uns, weder mit den Oberschenkeln abzustützen, noch mit den Knien oder Unterschenkeln anzuklammern, so sitzen wir in der Regel bereits "in der Bewegung", haben uns in uns selber ausbalanciert und unsere Schenkel hängen so ungezwungen locker, so lang und steil an dem Pferdeleib herab, daß sie diesen permanent ruhig, von hinten nach vorne orientiert einrahmen.

In "Sternstunden" werden wir überdies entdecken, daß wir nicht nur dank unseres tiefen locker-losgelassenen Sitzes, sondern ebenso dank unseres entspannten Schenkelhanges, das heißt dank unseres Einrahmens des Pferdekörpers, fortwährend Informationen sowohl über des Pferdes augenblickliche Körperverfassung als auch über seine psychischen Erwartungen, Befürchtungen und Neigungen übermittelt erhalten und daß diese die banalste Reitstunde zu einem äußerst kurzweiligen Dialog mit dem Pferd umgestalten können.

Erst hiermit - die Fortgeschrittenen unter den geneigten Lesern mögen bitte aufmerken - erst <u>nach</u> den ersten "Sternstunden", in welchen wir uns selbst, das Pferd, die Umwelt, ja das gesamte Universum noch einmal kurz "heil", "im Lot"; wörtlich "im Gleichgewicht" und als eine Einheit erlebt haben, sind wir endlich soweit, an ernsthaftes Reitenlernen denken zu können.

Die Augenblicke vollkommenen Einklanges mit der Welt dank wohl "nur" besonders lockeren Eingehens in des Pferdes Bewegungen im Gleichgewicht verführen zwar viele Reitanfänger zu dem Glauben, sie wüßten nun grundsätzlich alles über Pferde und damit auch über das Reiten. In Wirklichkeit stellen sie jedoch lediglich eine Voraussetzung für ernsthaftes Reitenlernen "en connaissance de cause" dar und vielleicht noch einen Anreiz, damit nicht gleich wieder aufzuhören.

Wie dem auch sei; sowenig wie wir uns schenken können, unsere Jungpferde in einer Herde auf sehr viel Land aufzuziehen und erst spät vorsichtig allmählich auf das Angerittenwerden vorzubereiten und sowenig wie wir uns selber die zehn bis sechzig Longenlektionen auf einem weitausgebildeten Schulpferd ersparen dürfen, sowenig können wir daraufhin auf das eigentliche Reitenlernen zum Wohl unserer Pferde verzichten.

Hierzu müssen wir wie bereits für unsere Vorbereitung auf das Reitenlernen nicht unbedingt eine große Reitanstalt oder Reitschule finden, sondern lieber eine Art Tempel oder Koranschule, in welcher nicht nur das Reiten, sondern vor allem der pferdegemäße Umgang mit Pferden nicht bloß gelehrt, sondern studiert, erläutert und ausprobiert wird. In Frankreich finden sich solche "Tempel" heute leichter unter den Pferdehaltergemeinschaften als unter den offiziellen Reitervereinen mit staatlich diplomierten Reitlehrern.

<u>Das "eigentliche Reitenlernen"</u> beginnt hierauf mit der "Festigung" jenes Sitzes, den wir in den Sternstunden als

Zeichnung 17: Die Beckenstellung oder Beckenhaltung in dem:
A) Sportdressursitz B) Piaffesitz C) aktiven Bereitersitz

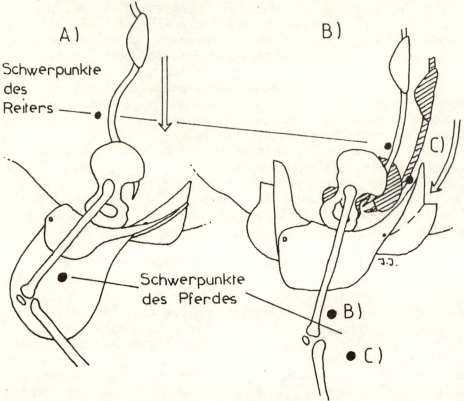

Alle drei Sitze setzen den Reiter gerade in den Sattel, aber
1.) dadurch daß dessen Becken nach vorne rutscht, kippt die obere Beckenhälfte nach hinten (Sitze B und C),
2.) die S-Windungen der Wirbelsäule strecken sich zwanglos und verwandeln das Rückgrat in einen lockeren "Gummistab",
3.) wodurch die Wirbelsäulen-Beckenverbindung eine Scharnierfunktion übernimmt und verhindert, daß das Rückgrat bei jeder Vertikalbewegung gestaucht wird.
4.) Der Schwerpunkt des Reiters senkt sich nach rückwärtsabwärts und zwingt das Pferd, seinen Schwerpunkt unter den des Reiters zu bringen, unter dessen neue Lage zu treten und sich somit zu versammeln.
5.) Wirkt der Aufprall aus den abhebenden Schwingungen des Pferderückens im Dressursitz vertikal auf den Sattel und Pferderücken zurück, so schluckt der Piaffesitz den größeren Teil der abhebenden Kräfte und läßt das Reitergewicht in einem sanften Bogen in die Bewegung zurück gleiten.

den lockersten, bequemsten, sichersten und auch bereits dem Gleichgewicht des Pferdes gegenüber wirkungsvollsten nicht "kennen gelernt", sondern am eigenen Leib "erlebt" und "erfahren" haben.

Was bedeutet hier die "Festigung des Sitzes", der unser Pferd doch vor allem dank seiner Losgelassenheit beeindrucken soll?

Wir haben festgestellt: kaum ein Mitteleuropäer und schon gar kein Stadtmensch hält es mangels Gewohnheit und Erziehung lange durch, seine Rumpfmuskulatur ungestützt entspannt zu bewahren. Die "Festigung" des durch und durch locker-losgelassenen Sitzes zu Pferd darf daher nichts anderes bezwecken, als die Festigung ausschließlich der neuen Gewohnheit, vom Nacken bis in die Zehenspitzen keine einzige Muskelfaser aktiv anzuspannen, zu irgend etwas zwingen zu wollen oder in eine vorgegebene Lage zu bringen.

Daß man zu Pferd hierbei unwillkürlich nach vorne oder nach hinten kippt, können nur Leute befürchten, die noch nie wirklich losgelassen in einem Sattel gesessen haben. Denn unser Schwerpunkt sinkt dabei wie angedeutet so tief, daß wir daraufhin sitzen wie Stehaufmännchen stehen; nämlich auf der einzigen von der Natur dafür vorgesehenen Basis; morphologisch ausgedrückt: auf den Sitzbein-Schambeinästen oder -kufen und dies dort, wo sie am breitesten sind, also sehr weit hinten (vergl.: Z17/88 und "RRR" 109 - 118). Bereits festgehalten haben wir zudem, daß sich unser eigener Schwerpunkt auf dem Pferd umso weiter nach hinten-unten senkt, je vollkommener wir unsere Rücken- und Bauchmuskulatur zu entspannen verstehen. Bei diesem Senken des Schwerpunktes kippt unser Becken "automatisch" mit den oberen (Hüft-) Kanten rückwärts und unsere Basis oder Stützfläche rutscht im Sattel etwas nach vorne oder zeigt mindestens die Neigung dies zu tun, ohne daß wir etwas aktiv oder auch nur absichtlich dazu beizutragen hätten.

Damit verlagert sich unser Schwerpunkt wiederum nicht nur nochmals tiefer, sondern vor allem noch weiter zurück. Mag man es Zufall nennen, daß er so auf einem Kompaktpferd genau über die Pferdemitte zu liegen kommt! Der Vergleich des Reiters mit einem aktiven, in sich beweglichen Züngleins auf einem Waagebalken Meister Oliveiras entspricht jedenfalls vollkommen der physikalischen Wirklichkeit (vergl.: Zeichnung 18/90).

Fassen wir kurz zusammen!

Die Wildequiden, Wildpferde, Zebras, Wildesel und Onager, bestachen die ersten Menschen, die an die Nutzung der

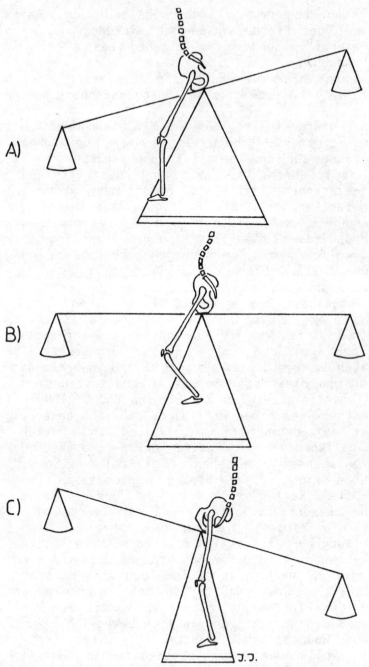

Zeichnung 18: Die drei gebräuchlichsten Reitsitze auf dem Waagebalken (nach Meister Nuño Oliveira):
A) "Leichter Sitz" B) Sportdressursitz C) port. Bereitersitz

Tierkräfte dachten, nicht durch ihre potentielle Belastbarkeit, sondern mit der Präzision und Vollkommenheit, dank derer sie sich sowohl wechselnden Umweltbedingungen als auch langen Märschen, akuten Bedrohungen und allerlei Mißgeschicken anzupassen oder zu entziehen verstanden.

Die Urzeitjäger Nordafrikas sahen deshalb im Pferd vor allem ein "Symbol des Wesens alles Lebendigen", moderner ausgedrückt: eine konkrete Darstellung vollkommener Gleichgewichtsmomente in Bewegung. Nur darum war ihre größte Sorge, als sie zu reiten begannen, durch die Belastung der Pferde um Gottes Willen weder deren anbetungswürdiges Gleichgewicht, noch die Vollkommenheit der natürlichen Bewegungen zu beeinträchtigen, zu stören oder sogar zu behindern.

Dank dieser Rücksichtnahme entdeckten sie wiederum, daß Reiter ihre Pferde ausschließlich dann nicht behindern, wenn sie wörtlich "vollkommen losgelassen" so im Drehpunkt des Waagebalkens sitzen, daß das Pferd beim Tragen seines eigenen Gewichts zwischen diesem und dem Reitergewicht nicht mehr zu unterscheiden vermag.

Das heißt: Pferde können Reiter tatsächlich nur als "Blinde Passagiere" mit ihrer eigenen Masse zusammen so ausbalancieren, daß ihr "ideales Gleichgewicht in jeder Bewegung" unbeeinträchtigt bleibt. (Vergl.: Z 19/93 & 20/95)

Der Kult der Absichtslosigkeit, des Nichteingreifens und des Zulassens blühte jedenfalls - wie die Höhlenzeichnungen Tassiliens beweisen - von dem vierten Jahrtausend v. Chr. an bis in unsere Zeit vor allem dank des Vorbildes der Alten Berber und ihres Umganges mit dem Pferd.

Zurück zum "eigentlichen Reitenlernen"!

Konkret werden wir es nicht anders schaffen als die Alten Berber und die Lehrlinge in den südwesteuropäischen Kampfstierherden; nämlich nur "allein" oder "von selbst", das heißt nur dank unserer Rücksichtnahme sowohl auf das Pferd, dessen Gleichgewicht und dessen Bewegungen, als auch auf unsere eigene Bequemlichkeit und Ausdauer im Sattel, wenn auch auf keinen Fall ohne die Hilfe und den Beistand eines erfahrenen Longenführers.

Wie bereits angedeutet darf es somit auch beim eigentlichen Reitenlernen sowenig um Formzwänge, unnatürliche Haltungen im Sattel und "reiterliche Eleganz" gehen wie während unserer Vorbereitung hierauf. Unser Hauptlehrmeister ist und bleibt das Pferd unter dem Sattel an der Longe, selbst wenn letztere von einem echten Pferdemenschen oder Reitmeister geführt wird. Weiterhin haben wir lediglich

Zeichnung 19: Drei Reiter und drei Pferde in den für den jeweiligen Reitsitz charakteristischen Haltungen

Reiter 1 "sitzt" oder "steht" in einer Haltung, die man den "Leichten Sitz" nennt, obwohl unerfindlich ist, was für das Pferd hieran "leicht" sein soll und ob diese Haltung im Sattel überhaupt als "Sitz" betrachtet werden darf.

Jedenfalls verlagert der "Leichte Sitz" den Schwerpunkt sowohl des Reiters als auch des Pferdes unerträglich weit nach vorne, "wirft das Pferd auf die Vorhand", macht es geradlinig schnell und im Rücken steif und läßt es "auseinanderfallen".

Reiter 2 sitzt im offiziellen Dressursitz mit leichtem Hohlkreuz und vertikal gehaltenem Becken vorschriftsmäßig aufrecht und begünstigt damit theoretisch zwar das "horizontale Gleichgewicht" des Pferdes (in der Theorie: gleiche Belastung aller vier Hufe; in der Praxis: meistens leichte Überbelastung der Vorhand); in der reiterlichen Wirklichkeit wird er jedoch allzu leicht vertikal vom Sattel abgeprellt und "fällt" danach ebenso vertikal und steif "dem Pferd in den Rücken", ohne daß er dadurch die Lage des gemeinsamen Schwerpunktes nennenswert beeinflussen könnte. Verglichen mit dem Leichten Sitz, wirkt der steife Dressursitz wenigstens nicht von vorne nach hinten und kann in günstigen Fällen die Stützbasis des Pferdes trotzdem etwas verkürzen.

Reiter 3 sitzt in dem südwesteuropäischen Gebrauchs-, Bereiter- oder "Piaffesitz" und genießt die losgelassene Lockerheit sowohl seiner selbst als auch die des Pferdes, dessen "Gleichgewicht auf der Hinterhand" und damit dessen alle Stöße ausfedernde Tragehaltung.

Dieser Sitz verkleinert bei entsprechend gymnastizierten Kompaktpferden die Stützbasis ebenso "von selbst" wie er Hankenbeugungen einleitet und unterhält. Er ist der typische Gebrauchssitz der Kampfstierhirten vor allem weil er für den Reiter besonders bequem und sicher, dem Pferd gegenüber besonders eindeutig und wirksam ist und das Tier dennoch leicht das Reitergewicht vergessen und/oder mit dem eigenen Körpergewicht verwechseln läßt.

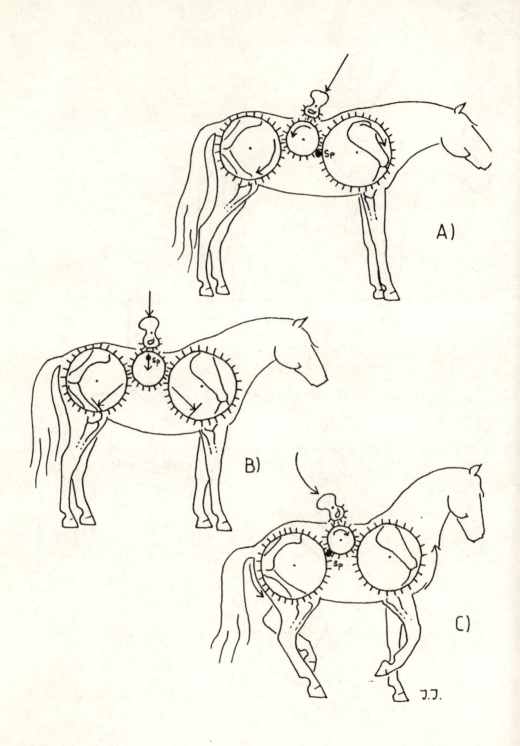

Zeichnung 20: Welchen Reitsitz "wünschen" Kompaktpferde?

Im 19. Jahrhundert gab es in Mitteleuropa manche Reitmeister, die wie Seeger und Seidler auch diese Frage zu klären versuchten, indem sie die damals viel diskutierten physikalischen Hebelgesetze auf die Morphologie des Pferdes übertrugen. Man nannte sie "Mechanisten", folgte kurz begeistert ihren "mechanistischen Reitsystemen" und verwarf diese dann ebenso schnell wieder in Bausch und Bogen, obwohl längst nicht alles daran abwegig war.
Betrachtet man nämlich die beweglichsten Pferdegelenke und -scharniere als Rädermitten und die Knochenhebel als eine Art beweglicher Räderspeichen, so kann eine mechanistische Analyse des Pferdeskelettes selbst heute noch zu "neuen" Erkenntnissen führen. Die unter diesen wichtigste betrifft die Wirkungsweise unseres Gewichtes und unserer Beckenstellung auf die Schwerpunktlage des sich unter dem Sattel bewegenden Pferdes.
Tatsächlich drängt sich das Zahnrädchen in der Pferdemitte bei jeder mechanistischen Bewegungsanalyse dadurch auf, daß sich der Schwerpunkt jedes sich locker versammelnden Pferdes halbkreisförmig von vorne-unten (A) über die obere Mitte (B) nach hinten-unten (C) bewegt und damit sogar die "Drehrichtung" des Vorder- und des Hinterhandzahnrades beeinflusst.

Z 20 A zeigt somit wie der "Leichte Sitz" von vorne nach hinten wirkt. Er teilt dem Mittelhandrädchen jedenfalls einen Drehimpuls im Gegenuhrzeigersinn mit und "reißt das Pferd auseinander".
Z 20 B zeigt das Becken im reglementären Dressursitz. Dieser staucht nicht nur des Reiters Wirbelsäule, sondern fällt überdies dem Pferd fortwährend in den Rücken. Zudem blockieren die Vertikalstöße von oben die "Drehfunktion" sowohl des Pferdebeckens (Hankenbeugung) als auch der Pferdeschultern (Aufrichtung) dadurch, daß sie keilartig das Pferdebecken und die Schultern auseinandertreiben.
Z 20 C zeigt das Reiterbecken locker in die Pferdebewegung eingehend. Allein in dieser Haltung verleiht es dem Mittelhandrädchen einen Drehimpuls im Uhrzeigersinn, was die Hinter- und Vorhandräder veranlaßt, im Gegenuhrzeigersinn zu drehen und die Hankenbeugung und die Aufrichtung zu gewährleisten. Nur im Bereitersitz reitet es sich somit von hinten nach vorne und nur unter diesem Sitz vermag ein Pferd sein und des Reiters Gewicht wirklich pferdegemäß zu tragen.

unsere Muskeln über dem immer deutlicher nach hinten tiefer gekippten Becken zu entspannen und danach zu lernen, den Pferderumpf vorsichtig, allmählich und immer fühlbar mit unseren lang herab hängenden Schenkeln locker einzurahmen.

Das lockere aber "nahtlose" Einrahmen des ganzen Pferdes mit dem Sitz und den Schenkeln wird uns nun "von selbst" zum sogenannten "Aussteuern" vor allem der Hinterhand verhelfen.

Sehr zustatten kommt uns hierbei, daß wir bereits zufuß beim Spazierenführen und Longieren gelernt haben, den Schwerpunkt unseres Jungpferdes mit der Geraden aus unserem eigenen Schwerpunkt und dem Nabel anzupeilen und "auszusteuern". Denn auf die genau gleiche Art und Weise versuchen wir nun auch, den Weg unseres Pferdes unter dem Sattel dank unserer leicht schräg gestellten Hüften als Kimme und der Mitte zwischen den Pferdeohren als Korn mittels unseres Schwerpunktes oder Nabels anzupeilen, allerdings ohne deswegen je unser Becken vertikal aufzustellen oder vorzuneigen.

Dieses "Anpeilen" des Weges oder der Bahn, die unser Jungpferd unter dem Sattel gehen soll, mit unseren Augen und unwillkürlich auch mit unserem Becken, nennt man in der südwesteuropäischen Reitersprache auf den Reiter bezogen die "Orientierung" des Beckens oder Schwerpunktes, und auf das Pferd gemünzt die "Aussteuerung" der Hinterhand.

Sowohl das Anpeilen als auch das Beckenorientieren und Aussteuern der Hinterhand des Pferdes lernen wir leicht und schnell, indem wir - noch auf dem ausgebildeten Schulpferd oder bereits auf unserem eigenen Jungpferd an der Longe desselben erfahrenen Longenführers wie bisher - uns unbekümmert munter nun ausschließlich auf den Weg oder Hufschlag zwei bis drei Meter vor dem Pferd konzentrieren und dessen Kurven und Bögen fortwährend mit dem Blick auf dem Boden vorzeichnen.

Zu unserem Erstaunen werden wir dabei feststellen, daß auch unser Schwerpunkt, Nabel, Sitz und Becken die vorgezeichneten Kurven und Bögen "von selbst" nachvollzieht und dies sogar mit höchster Präzision, ohne daß wir mehr dazu beizutragen haben als die erwähnte ernsthafte, aber nicht verbissene, optische und mentale Konzentration auf den Hufschlag vor dem Pferd.

Langsam werden wir uns sitzend, stehend wie zu Pferd der genauen Lage unseres Schwerpunktes bewußt und wir brauchen nur noch an Schwerpunktverlagerungen zu denken, um unseren Körper sie sogleich ohne unser Zutun ausführen zu lassen.

Geben wir nun auch das Denken auf und versuchen wir stattdessen, unseren Schwerpunkt als eine selbstbewegliche schwere Billardkugel in unserer Beckenmitte zu erfahren, die wir von jetzt an im Sattel vorsichtig, sanft allein von den Pferdebewegungen einmal weiter nach links, dann etwas weiter nach rechts und schließlich wieder in die Pferdemitte zurück "mitnehmen lassen".

Verbinden wir anschließend die Billardkugel vor unserem hinteren Beckenrand psychisch wie körperlich locker und losgelassen mit unserem Blick, der dem Pferd an der Longe die Hufschlagfiguren vorzeichnet, so wird sich selbst ein erfahrener Longenführer über die Präzision und Regelmäßigkeit der Bögen unserer Handwechsel, unserer Schlangenlinien und halben Volten wundern.

Auf nochmals die genau gleiche Art und Weise werden wir nur wenig später, das heißt sobald die Billardkugel noch etwas tiefer und weiter zurück gerutscht ist, diese im Trab hin und wieder kurz nach vorne mitnehmen lassen und baß erstaunt erleben, daß unser Pferd deswegen recht abrupt anhält.

Viel mehr zu lernen gibt es in dieser ersten Phase des "eigentlichen Reitenlernens an der Longe" nicht. Dafür umso mehr, möglichst täglich, zu üben und zu beachten:

1.) Angeritten und "getrieben" werden junge Kompaktpferde ausschließlich dadurch, daß der Reiter seine gesamte Rumpfmuskulatur entspannt und dabei unwillkürlich die obere Hälfte seines Beckens locker nach hinten kippen oder sinken läßt. Selbst zum Anhalten soll sich die Sitzfläche nur dank der letzten beiden Hinterhandbewegungen diskret vom Hinterzwiesel lösen, wodurch sich der Reiterschwerpunkt nochmals senkt und das Pferd zu der letzten Hankenbeugung veranlaßt.

2.) Die Schenkel hängen so locker, steil gerade und lang wie überhaupt nur möglich am Pferdeleib herab und rahmen diesen zwanglos ruhig mit leiser natürlicher Anlehnung (= "nahtlos") ein. Der ruhige, von den übrigen Körperbewegungen des Reiters unabhängige Schenkelhang ist ein Gütezeichen der Lockerheit des Sitzes und bewirkt in Wendungen, daß die Innenwade direkt hinter dem Sattelgurt und die Außenwade zwei Handbreiten dahinter liegen.

3.) Pferdegemäßes Ausreiten von Wendungen an der Longe (Handwechsel durch den Longenzirkel, Schlangenlinien durch die ganze Bahn, Volten und halbe Volten im Longenzirkel, in und aus den Bahnecken) gelingt vor allem dadurch, daß der Reiter absolut losgelassen sitzt, sein Becken abgekippt bewahrt und aus dieser Haltung die Bodenpläne für das Pferd mit dem Blick vorzeichnet. Seitlich darf er sich dabei nie aus der Vertikalachse des Pferdes begeben, da er anderenfalls in den Hüften einknicken oder aus dem Sattel gleiten würde.

4.) Nochmals: jede Regung des Reiters, die nicht vollkommen locker aus seinem tiefen Schwerpunkt sanft in die Bewegungen des Pferdes einfließt, kann dieses nur verkrampfen und dadurch unbequem zu reiten machen, wenn das Tier überhaupt versteht, was der Reiter damit bezweckt.

Die entspannte Oberkörperhaltung über dem losgelassenen abgekippten Becken und den lockeren, steil hängenden Oberschenkeln ist für Reitanfänger wie für Fortgeschrittene jahrelang das einzige Nahziel, das sich anzustreben lohnt. Das wußte auch schon Gustav Steinbrecht, als er 1860 in seinem "Gymnasium des Pferdes" (Reprint: Hildesheim 1973) schrieb: "Die erste Grundbedingung ist die, daß alles Steife, Gezwungene und Pedantische aus der Reitkunst verbannt und das Vorurtheil beseitigt wird, als müsse der Mensch zu Pferd ein ganz anderer, sich selbst fremder in Haltung und Richtung des Körpers sein (,...)".

* * * *

7. Kapitel

DER REITLEHRER SEI UNSER EIGENES PFERD

Wer "Reiter Reiten Reiterei" gelesen hat, wird sich erinnern, daß ich dort entschieden von eigenem Anreiten junger Pferde abgeraten habe. A priori bin ich auch heute noch dagegen, daß sich junge Leute, die erst seit wenigen Jahren mit Pferden umgehen und deswegen die zu pferdegemäßem Zureiten unverzichtbar notwendige Erfahrung noch gar nicht haben können, zum Schaden der Jungtiere als Bereiter aufspielen.

Inzwischen konnte ich jedoch mit Genugtuung feststellen, daß nicht wenige Reiter, die ihre Jungpferde in großen Haltergemeinschaften aufwachsen ließen und dort auch das Spazierenführen und Longieren von Grund auf richtig erlernt haben, dadurch und mit der Hilfe der erfahrensten Reiter der Gemeinschaft durchaus fähig wurden, ihre eigenen Pferde wie beschrieben an der Longe eines Gemeinschaftsmitgliedes selber anzureiten.

Der zweite Grund, weshalb ich heute nicht mehr ganz so strikt von eigenem Anreiten abrate, ist der, daß ich in den deutschsprachigen Gebieten Westdeutschland, Österreich und der Schweiz seit dem Erscheinen von "RRR" keinen einzigen jungen Berufsbereiter gefunden habe, dem ich selber mit gutem Gewissen ein anzureitendes Jungpferd anvertrauen würde. Auch junge Berufsbereiter scheinen sich nach wie vor lieber der Sport-, Gangarten- und Westernreiterei zu verschreiben, als dem wesentlich anspruchsvolleren Weg des pferdegemäßen, kreativen Umganges mit Pferden.

Was bleibt uns somit anderes übrig, als unsere Jungpferde selber anzureiten?

Hierbei haben wir nun allerdings umso selbstkritischer und bescheidener vorzugehen und uns fortwährend bewußt zu sein, daß alles Selberanreiten für unser Pferd eine Zumutung bedeutet und in einer Katastrophe enden muß, wenn es nicht in einer großen Herde aufgewachsen ist und nicht wirklich "gekonnt" sowohl vom Herdenchef als auch von uns und von erfahreneren Gemeinschaftsmitgliedern pferdegemäß kreativ erzogen, angymnastiziert und später an der Longe ausgiebig auf das Angerittenwerden vorbereitet wurde.

Sind wir indessen mit unseren erzieherischen Maßnahmen wirklich durchgekommen, so läßt sich unser Jungpferd als Viereinhalb- oder Fünfjähriger nun gesittet und ruhig putzen, beschlagen, veterinärmedizinisch behandeln, verladen, satteln und zäumen und geht wie ein bereits

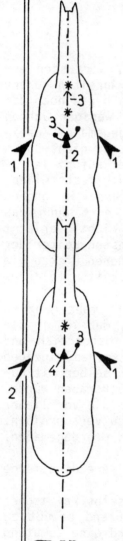

Zeichnung 21: Das Anhalten ohne Zügelhilfe

Um korrekt anzuhalten, "zielen" wir frühzeitig - z.B. aus einer Ecke kommend - auf einen Punkt der langen Seite, über dem wir anzuhalten gedenken. Daraufhin lassen wir die Schenkel wechselseitig locker an den Pferdeleib pendeln und verstärken so die momentane Anlehnung der Waden: das Pferd tritt weiter unter.

Langt der Pferdekopf über dem Anhaltepunkt an, so nutzen wir das Anpendeln des einen Schenkels, um beide Waden gleichzeitig kurz am Pferd zu schließen (leichte Drehung beider tiefen Absätze nach innen) und sogleich wieder nachzugeben. Unser Becken lassen wir derweil von der letzten Hinterfußbewegung mit nach vorne nehmen, indem wir unsere Schultern zwanglos zurückhalten, um unseren Schwerpunkt zu senken.

Die Zügelhand ist mit der Beckenbewegung zusammen nach vorne gekommen und senkt sich inzwischen nachgebend bis auf den Mähnenkamm.

Spätestens hierbei stellt das Pferd seine Hufe in die vier Ecken eines regelmäßigen Rechtecks oder Quadrats, hält mehr oder weniger unvermittelt an und wird dafür augenblicklich gelobt.

Legende:

➤ treibender Schenkel
∨ verwahrender Schenkel
➢ begrenzender Außenschenkel
∪ Sitzorientierung (innere Hüfte vorgestellt)
▲ Wirkungsrichtung der Gewichtshilfe
✻→✻ Nachgeben mit der Zügelhand nach vorne abwärts

weitausgebildetes Schulpferd an der Longe; das heißt auch in engen Wendungen im Schritt in dem horizontalen Gleichgewicht leicht versammelt, absolut locker und losgelassen...

Erst diese Selbsthaltung im Schritt und im Trab an der Longe dürfen wir als ein Zeichen dafür werten, daß nun die Zeit für unser Pferd gekommen ist, vorsichtig angeritten zu werden und für uns, dies schadlos selber zu versuchen.

Vereinbaren wir somit mindestens zwanzig Rendez-vous mit unserem Reitlehrer oder erfahreneren Haltergemeinschaftskollegen für die nächsten Ferien und für wenigstens einen Zeitraum von vier Wochen, um uns dann von ihm auf unserem eigenen Pferd täglich an der Longe zuerst lockern und entspannen und zu Wendungen und zum Anhalten ermutigen zu lassen.

Allein auf diese Weise lernen Jungpferde in erstaunlich kurzer Zeit, unser zusätzliches Gewicht zwanglos auszubalancieren, sich psychisch wie physisch von neuem loszulassen und an ihrer durch unser Zusatzgewicht verkürzten Bewegungsbasis Gefallen zu finden.

Selbst das pferdegemäße Anreiten verlangt somit von uns vor allem Nichtstun, Abwarten und Zulassen, daß das Jungpferd "von selber" das lernt, was wir unsererseits vielleicht nur wenige Monate früher ebenfalls erst lernen mußten: das Sich-Loslassen und die locker entspannte Hingabe an die Bewegung in einer neuen Gleichgewichtshaltung.

Erst ein oder zwei Jahre später, wenn wir unser Jungpferd vorsichtig allmählich, auch an der Longe weitergymnastizierend in die "eigentliche Ausbildung" nehmen, beginnen wir behutsam "absichtslos-aktiv" mit dem gemeinsamen Schwerpunkt und unserem gemeinsamen Gleichgewicht zu spielen.

Bis zu diesem Zeitpunkt müssen wir unbedingt den zweiten Schritt des "eigentlichen Reitenlernens" hinter uns gebracht und vor allem auf Ausritten gelernt haben, unser Jungpferd in jeder auch nur denkbaren Situation allein dank unserer Losgelassenheit zu dominieren und zu kontrollieren.

Im Augenblick sind wir noch lange nicht soweit, lernen wir doch eben erst an der Longe unseres Reitlehrers, im Trab unser Becken immer wieder kurz nach vorne mitnehmen zu lassen, dabei einen knappen Blick in das Dachgebälk der Reithalle direkt über uns zu werfen und uns zu freuen, wenn unser Pferd in der Hinterhand ausfedernd stehen bleibt.

Zeichnung 22: Erste Biegeübungen des Pferds in den Bahnecken

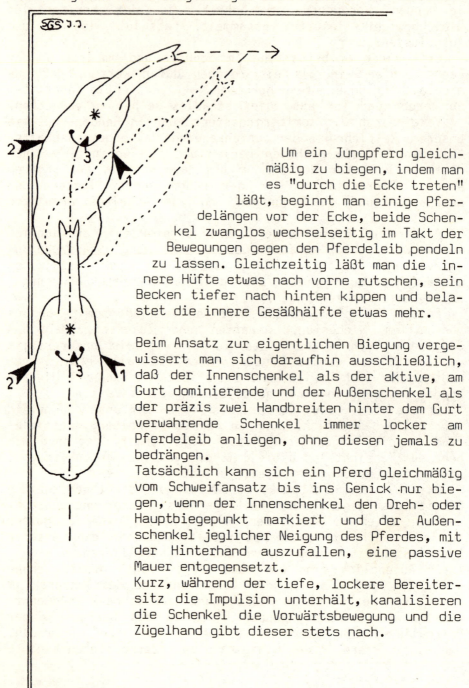

Um ein Jungpferd gleichmäßig zu biegen, indem man es "durch die Ecke treten" läßt, beginnt man einige Pferdelängen vor der Ecke, beide Schenkel zwanglos wechselseitig im Takt der Bewegungen gegen den Pferdeleib pendeln zu lassen. Gleichzeitig läßt man die innere Hüfte etwas nach vorne rutschen, sein Becken tiefer nach hinten kippen und belastet die innere Gesäßhälfte etwas mehr.

Beim Ansatz zur eigentlichen Biegung vergewissert man sich daraufhin ausschließlich, daß der Innenschenkel als der aktive, am Gurt dominierende und der Außenschenkel als der präzis zwei Handbreiten hinter dem Gurt verwahrende Schenkel immer locker am Pferdeleib anliegen, ohne diesen jemals zu bedrängen.

Tatsächlich kann sich ein Pferd gleichmäßig vom Schweifansatz bis ins Genick nur biegen, wenn der Innenschenkel den Dreh- oder Hauptbiegepunkt markiert und der Außenschenkel jeglicher Neigung des Pferdes, mit der Hinterhand auszufallen, eine passive Mauer entgegensetzt.

Kurz, während der tiefe, lockere Bereitersitz die Impulsion unterhält, kanalisieren die Schenkel die Vorwärtsbewegung und die Zügelhand gibt dieser stets nach.

Gegen Ende der vereinbarten vier Wochen "Reitunterricht" sollte uns der Reitlehrer oder Reitkollege auch diesmal wieder auf Ausritte an der Longe mitnehmen, letztere aber nach immer kürzerer Zeit von dem Kappzaum unseres Pferdes losschnallen. Ebenso sollte er uns auch auf dem Reitplatz immer häufiger ohne Longe reiten lassen, aber unbedingt darauf bedacht bleiben, daß wir unsere Bögen deswegen nicht weniger losgelassen und präzis auf dem Boden der ganzen Bahn mit dem Blick vorzeichnen und mit dem Schwerpunkt im Sattel nachvollziehen.

Nach diesen zwanzig konzentrierten und kontrollierten Anreitlektionen bringen wir unser Jungpferd in seine angestammte Herde zurück, wenn wir es während der vier Wochen in einem Reitstall untergebracht hatten, und führen es möglichst noch eine Woche lang jeden Tag spazieren. Zudem longieren und reiten wir es täglich in der Bahn und beenden jede kurze Bahnlektion mit einem kleinen Ausritt im Schritt.

Kein Reiter auf dieser Welt kann verhindern, daß ihn die Schwingungen des sich bewegenden Pferderückens wechselseitig heben und senken. Losgelassen in diese Bewegungen dadurch einzugehen, daß man ihnen keinen Widerstand mehr entgegensetzt, war das Lernziel unserer "Vorbereitung auf das Reitenlernen".

Daraufhin galt es erstmals, über den eigenen Schatten zu springen, indem wir versuchten, mit unserer Widerstandslosigkeit "aktiv" umzugehen, ohne uns deswegen zu verkrampfen. Dies geschah dadurch, daß wir, möglichst noch lockerer als zuvor, unseren Schwerpunkt erst nur unter Kontrolle zu bringen trachteten und daraufhin sanft aber präzis wie eine Billardkugel immer wieder etwas nach vorne, nach links oder nach rechts rollen und allein durch die Pferdebewegungen höher und tiefer verlagern ließen, ohne unser Becken jemals vorsätzlich zu bewegen oder sogar der Vertikalen anzunähern.

Wir "festigten" damit die Losgelassenheit unseres Sitzes auf ähnliche Weise wie die französischen Könige ihre Sitze auf einem Hohe-Schule-Pferd zwischen den Pilaren in der Piaffe festigten und erfühlten dabei staunend, wie einfach und selbstverständlich ein "gefestigter" oder "kontrolliert losgelassener" tiefer Bereitersitz den größeren Teil aller Vertikalausschläge des Pferderückens so weich und sanft abfängt, daß sich kaum ein Stoß der Wirbelsäule mitteilt.

Selbst wenn unser Rückgrat einmal zufällig vom Sattel abgehoben und fallen gelassen wurde, glitt unser locker abgekipptes Becken in einem sanften Bogen in den Sattel zurück, ohne daß weder unser Sitz, noch der Rücken unseres Pferdes auch nur im geringsten gestaucht wurde. (Vergl.: Zeichnungen 19/93 und 20/94).

Der geneigte Leser denkt wohl schon seit geraumer Zeit, dies alles klinge viel zu schön und viel zu einfach, um auch wahr zu sein. Er sei daher an den Jahrhunderte alten Lehrsatz der traditionellen Freizeitreiter erinnert: "Bei allem Umgang mit Pferden ist weniger stets wesentlich mehr!".

Überdies möchte ich hier die Erlebnisse eines jungen Pärchens anführen, dem ich in einem großen Sportreitzentrum vor Jahren einige Reitstunden erteilt hatte und das mir dadurch aufgefallen war, daß sie behaupteten, was wir Reitlehrer ihnen – den Vorschriften aus Saumur gemäß nahebrächten, hätte mit dem, was sie sich unter "Reiten" vorstellten, nicht das Geringste zu tun. Deshalb wunderte es auch niemand, daß beide kaum sechs Monate, nachdem sie dem Reiterverein beigetreten waren, auch schon wieder ihren Austritt erklärten.

Einige Jahre später fuhr ich auf der Suche nach Wanderreitwegen durch die Hochprovence. An einem Spätnachmittag hielt ich auf einer einsamen Paßhöhe an, von der aus man bis nach Italien sehen konnte. Unvermittelt gewahrte ich in etwa zehn oder fünfzehn Vogelflugkilometern Distanz eine Herde bunter Vierbeiner in einem kargen Tal, die ich erst für Ziegen, dann für Kühe und schließlich für Pferde gehalten hatte. Da mußte ich hin.

Die einzigen Menschen, die mir dort eine knappe Stunde später begegneten, waren meine ehemaligen Reitschüler aus dem Militaryzentrum und ihr Töchterchen. Großes Halloh und Woher und Wohin! Dann wurde ich dem alten Bauern vorgestellt, dessen Hof und Land das Pärchen mit fünf anderen Reitern zusammen als Pferdehaltergemeinschaft in Erbpacht übernommen hatte.

Schließlich mußte ich mir die Herde der Gemeinschaft ansehen; ein buntes Gemenge aus Sport- und Freizeitpferden, zwei Westernhorses, Camargue-Kreuzungen, Andalusiern, drei Vollblutarabern und einem ausnehmend hübschen, kompakten Hispanoaraber, der seit zwei Jahren dem Pärchen gehörte. Geführt wurde die Herde von einem Berberhengst, während der Herdenchef ein Lusitano war.

Auf meine Frage nach ihren reiterlichen Fortschritten, sprudelten sie nur so los und es fiel mir schwer, beiden gleichzeitig zu folgen. Drei Jahre lang hatten sie überhaupt nicht geritten, obwohl sie ihren Hispanoaraber seit bereits zwei Jahren in dieser Haltergemeinschaft aufzogen. Wie sie endlich dennoch auf ihr Pferd und zum Reiten kamen, schilderten sie, auf meine Bitte hin, in einem Bericht, den ich schon in "RRR" als Beispiel zitieren wollte, nun aber erst hier anführen kann. (Da die "Wir-Form" des Berichtes diesem Pärchen und seinem Umgang mit Pferden so durch und durch entspricht, habe ich sie mit in die Übersetzung übernommen, obwohl sie vielleicht manchmal etwas verwirrend klingt.)

"Letztes Jahr veranstaltete unsere Haltergemeinschaft ein Pferdefest mit allerlei Reitvorführungen vor vielen geladenen Gästen. Wir hatten unseren damals Vierjährigen 'spazierenführenderweise' und an der Longe zu präsentieren und ernteten viel Applaus, obgleich das Pferd wie wir vor Lampenfieber zitterte.

Anläßlich des gemeinsamen Abendessens nach der Vorführung wurden wir von mehreren Seiten nach dem genauen Alter unseres Wallachs gefragt. Als der lange Tisch schließlich bis auf die Weingläser abgeräumt war, hieß es unvermittelt: 'Zeit, Euer Pferd endlich anzureiten'!

Uns wurden kaum vierzehn Tage gewährt, um unseren Vierjährigen im Kappzaum an der Longe mit einem portugiesischen Bereitersattel, einer kurzschenkeligen Bereiterkandare und mit den schweren Kappzaumzügeln vertraut zu machen.

Während unserer Sommerferien campierten wir am Bach, auf der Weide unserer Haltergemeinschaft und erhielten täglich eine bis zwei Kurzlektionen auf unserem eigenen Pferd an der Longe. Bereits in der zweiten Woche ritt der erfahrenste Reiter der Gemeinschaft im Schritt mit uns aus.

Unterwegs mußten wir das Anhalten ohne Zügelhilfe, allein aus dem Sitz und mit der Hilfe diskret-feiner Drehungen beider tiefen Absätze immer wieder üben und flache Schlangenlinien dank vorsichtiger Gewichtsverlagerungen über die ganze Wegbreite legen. Nach jeder einzelnen Übung trabten wir eine kurze Weile und hatten uns dabei von neuem so vollkommen zu entspannen, daß sich unser Wallach von selber etwas versammelte, langsamer, kürzer und wohl auch etwas höher trat.

Jeden Morgen krochen wir vor Sonnenaufgang aus dem Schlafsack und brauten uns mit dem Wasser aus dem Bach unseren Morgenkaffee. Dann lockten wir unser Jungpferd aus der Herde, führten es bei schönem Wetter längere Zeit durch den Wald und die Weiden spazieren oder longierten es bei grauem Himmel auf dem Reitplatz. Um zehn Uhr fuhr meistens einer der Initiatoren der Gemeinschaft vor und wir erhielten die nächste Kurzlektion auf unserem Schimmel in der Bahn.

An zwei der letzten Ferienmorgen erlebten wir beide unsere ersten 'Sternstunden' im Sattel. - In der Nacht hatte es geregnet und selbst im Schlafsack war es feucht und ungemütlich geworden. Wir hatten entsprechend schlecht geschlafen, waren wie gerädert Wasser holen gegangen und hatten den Kaffee verflucht, der nach Froschlaich schmeckte.

Daraufhin hatten wir unser Pferd beinahe eine halbe Stunde lang vergeblich aus der Herde zu locken versucht, es endlich doch noch zu fassen gekriegt und es zuerst einmal ausgiebig trockenlongiert. Hierbei fiel uns bereits auf, daß der Wallach heute mit überraschend viel Schwung, Impulsion und Konzentration bei der Sache war.

Als wir die Longier- und Reitbahn eben zu einem Morgenspaziergang verlassen wollten, fuhr eine der jungen Damen vor, die die Haltergemeinschaft mit gegründet hatten, wünschte mißmutig einen schönen guten Morgen, erwähnte, sie hätte uns heute die Reitlektion zu erteilen, jedoch kaum Zeit dafür, wir sollten dennoch schnell unseren Schimmel satteln und aufzäumen, sie ginge kurz nach der Herde sehen und sei gleich wieder zurück.

Auf die junge Dame wartend, stieg ich schon einmal in den Sattel, nahm die Kappzaumzügel beidhändig locker auf und die Kandarenzügel dazu lose in die Linke, ließ mein Becken vorsichtig sanft nach hinten kippen und wurde mir in diesem Augenblick bewußt, daß mein Kopf und Nacken und selbst meine Schultern dadurch nahezu zwanzig Zentimeter sowohl nach hinten als auch nach unten sanken, ja, daß selbst meine Schenkel heute viel steiler und länger herabhingen als noch gestern und, daß sogar die Absätze erstmals tiefer als die Fußspitzen unter der Bügelsohle pendelten ohne, daß ich die kleinste Kleinigkeit absichtlich dazu beigetragen hätte.

Inzwischen war unser Schimmelwallach von selber aus dem Stehen direkt in einen unendlich bequemen, langsamen Trab gefallen, an dem mich nur die 'Bewegungslücken' etwas befremdeten; Zehntelsekunden, in welchen die Pferdebewegungen in der Luft hängen zu bleiben schienen. Ich lauschte ihnen nach, glaubte kurz, irgendetwas gegen sie unternehmen zu müssen, wußte nicht was, und kostete dennoch inzwischen die Wiegebewegungen aus, meine Unfähigkeit, einen klaren

Gedanken oder Vorsatz zu fassen, und die absolute Folgerichtigkeit und Einheit dessen, was ich eben erfuhr, wie kaum jemals etwas anderes in meinem Leben.

Ich trabte so vollkommen in den Augenblick, in unser Pferd, in die Bahnfiguren, die Weiden darum herum, in die Herde darauf, in den Himmel darüber, kurz in die Gegenwart versunken planlos ganze Bahn, Zirkel, Volten, Wechsel und Schlangenlinien, daß ich der uns offenbar schon lange zusehenden Reitlehrerin erst gewahr wurde, als uns erste schwere Regentropfen eines Wolkenbruchs auf den Kopf und die Hände klatschten. Ich blickte kurz in die Gewitterwolke hoch. Unser Wallach trat zwei Schritte an Ort und Stelle und blieb sich tief ausfedernd stehen. Die Reitlehrerin rief: 'Genug für heute! Mein Gott, Euer Schimmel ist ein Jahrhundertpferd!'.

Wie trunken von Begeisterung und Dankbarkeit stieg ich ab; das war das "Reiten", zu dem wir uns schon vor Jahren auf den Weg begeben hatten! Wann würden wir es das nächste Mal so vollkommen auskosten können? Erwarteten wir nun, nach unserer ersten Sternstunde, nicht viel zu viel sowohl von unserem 'Jahrhundertpferd' als auch von uns selber, um schon in absehbarer Zeit eine nächste erwarten zu können?"

Soweit der erste Bericht meiner ehemaligen Reitschüler.

Diesmal ließ ich die Verbindung zu ihnen und zu ihrer Haltergemeinschaft, in der ich noch zwei weitere Mitglieder von früher kannte, nicht mehr abbrechen. In den folgenden Jahren war ich mehrere Male Gast auf ihrem Hof und verdanke ihnen einen nicht geringen Teil meiner positiven Erfahrungen mit der Herdenhaltung durch Haltergemeinschaften. Zudem wurden meine "Ehemaligen" auch hier in Malibaud Stammgäste und erzählten mir immer wieder begeistert sowohl von ihrem Pferd als auch von den verschiedenen Unternehmen und Aktivitäten ihrer Gemeinschaft.

Zweieinhalb oder drei Jahre nach dem ersten Bericht erbat ich von dem Pärchen einen zweiten, den ich auch prompt erhielt und hier ungekürzt vorstelle:

"Damals, zur Zeit unserer ersten 'Sternstunde', wohnten und arbeiteten wir noch fünfundachtzig Kilometer von den Weiden, Scheunen und Ställen unserer Haltergemeinschaft entfernt und konnten deshalb unseren Wallach in den folgenden Monaten höchstens einmal wochentags und an den Samstagen und Sonntagen bewegen.

Zeichnung 23: Die "Hilfen" des Freizeitreiters

Z A) Die durch das Aufsteigen kurz gegebene aufrechte Beckenhaltung wird genutzt, um (A1) beide Schenkel lang und steil locker am Pferdeleib herabsinken zu lassen; den inneren knapp, und den äußeren zwei Handbreiten hinter dem Sattelgurt, sowie, um (A2) den inneren tiefen Absatz kurz sanft nach innen zu drehen. Im gleichen Augenblick läßt man die obere Beckenhälfte locker nach hinten kippen (A3), indem man, dem Pferd mit der inneren Hüfte diskret den Weg weisend, mit dem tiefen "schiebenden" Sitz (A4) den Impulsionsfluß von hinten nach vorne einleitet. Mit der ersten Regung der Hinterhand des Pferdes hat die Zügelhand des Reiters (A5) reflexiv nach vorne-abwärts nachzugeben.

Z B) Alles Versammeln ist für die Reiterschenkel nichts anderes als ein, dank des Bewegungstaktes rhythmisiertes, wechselseitiges Zulassen etwas deutlicherer Kontakte zwischen den Reiterwaden und dem Pferd; z.B. 1 links, B2 rechts, B3 links usf. Gleichzeitig hält die links vorgeschobene Hüfte (B4) das Pferd links gestellt und belastet, während (B5) der Reiterschwerpunkt tiefer und tiefer sinkt. Die Zügelhand begleitet locker jede Bewegung nach vorne-links-abwärts (B6).

Z C) Um ein Pferd "durch die Ecke treten" zu lassen, behalten die Schenkel ihr versammelndes Wechselspiel bei, bis es sich, dank aktiver Innenschenkelkontakte (C1 + C3) und deutlicherer Sitz- und Gewichtsorientierungen (C5 + C6), stärker biegt. Die Zügelhand gibt wieder in Biegungsrichtung abwärts nach (C7).

Z D) Aus der Ecke kommend, behält der Reiter die "Eckenhilfen" bei und veranlaßt das Pferd, seine Eckenbiegung ebenso beizubehalten, obwohl es nun im Schulterherein solange geradeaus geht, wie der Innenschenkel aktiv (D1) und der Außenschenkel passiv (D2) die Biegung mit dem Sitz zusammen (D3) erhalten. Selbst hier gibt die Hand nur nach (D4).

Z E) Behält das Pferd seine Schulterhereinbiegung auf drei halben Hufschlägen korrekt bis nach der zweiten Ecke der kurzen Bahnseite bei, so ist es für den Reiter ein leichtes, die Schenkel- (E1), Sitz- (E2) und Gewichtshilfen (E3) vorsichtig sanft in Richtung der Diagonalen zu akzentuieren, um von seinem Pferd eine Traversalverschiebung angeboten zu bekommen, sobald die Zügelhand in Bewegungsrichtung nachgegeben hat (E4).

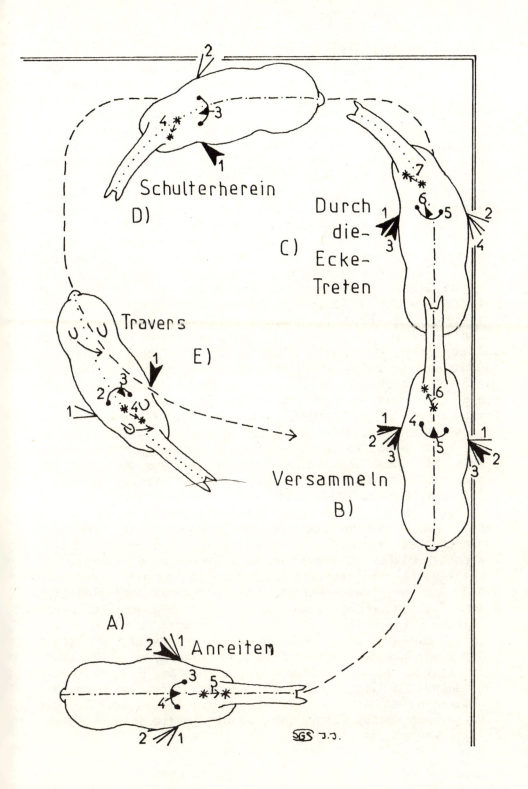

Prompt bewahrheiteten sich die Prophezeiungen, Warnungen, Wenn und Aber der anderen Gemeinschaftsmitglieder; unser junger Schimmelwallach war durch unser Anreiten so selbstbewußt geworden, daß er sich nun unserem derzeitigen reiterlichen Können immer wieder zu entziehen versuchte.

Glücklicherweise halfen uns die erfahreneren Reiter der Gemeinschaft unermüdlich, die Kontrolle über den Bewegungsdrang unseres Viereinhalbjährigen nie ganz zu verlieren. Dennoch stürzten mit jedem neuen Monat mehr Probleme auf uns ein. Während der Spaziergänge an der Longe ging unser Jungpferd beispielsweise nicht nur mehr Schritt, sondern zockelte dauernd an oder bockte sogar vor uns her.

Wir lernten so, den Wallach vor dem Spazierenführen zu longieren, anstatt wie bisher danach. Selbst unter dem Sattel galoppierte er manchmal unvermittelt aus dem Schritt, hin und wieder sogar aus dem Stehen an. Wir lernten, mit unseren Gewichtsverlagerungen umso vorsichtiger, sanfter, präziser und zugleich bestimmter umzugehen.

In der Reitbahn begann er, zwei oder drei Pferdelängen vor den Ecken zu zögern, sich zu verhalten oder hektischer zu treten, um sich plötzlich steif vorzeitig in Richtung Mitte der nächsten Seite vom Hufschlag abzuwenden. Ihn ruhig kadenziert im Takt 'durch die Ecke treten zu lassen' (vergl.: Zeichnung 23/109) gelang schließlich nur noch den beiden besten Reitern unserer Gemeinschaft.

Der eine behauptete, wir rahmten unser Jungpferd zu wenig präzis mit den Schenkeln ein. Der andere meinte, wir schluderten in der letzten Zeit wohl bei der Longenarbeit und beachteten zuwenig, daß die Hinterhand dabei niemals ausfallen darf. Wir lernten so, unsere innere Hüfte in der Bahn leicht vorgerückt zu bewahren, indem wir den Außenschenkel permanent locker eine Handbreite weiter hinten als bisher an dem Pferdeleib herabhängen ließen...

Vielleicht hielten wir den Schenkelkontakt innen wie außen auch nur etwas bewußter; unser Hispanoaraber ließ sich jedenfalls nur wenige Tage später wieder ruhig, tief durch sämtliche Ecken reiten.

Etwa zur gleichen Zeit erschrak er im Gelände wegen jeder Kleinigkeit. Wir lernten, noch während er sich herumwarf unsere beiden Waden vorsichtig am Pferdeleib zu schließen, die Zügelhand nach vorwärts zu senken und die Kehrtwendung so mit unserem Gewicht zu begleiten, daß das Tier am Ende seines Ausbrechens wieder in die selbe Richtung blickte wie zu Beginn.

Ritten wir mit anderen Reitern der Gemeinschaft zusammen aus, so versuchte unser Wallach plötzlich, an Pferden, die er in der Herdenhierarchie unter sich stehend glaubte, vorbeizudrängeln. Wir lernten, auch in solchen Situationen vor allem Ruhe zu bewahren, die Zügelhand nachgebend auf den Mähnenkamm zu senken und das Jungpferd ausschließlich aus dem verwahrend tiefen Sitz und ruhig leicht in der Bewegung pendelnden Schenkeln zu verlangsamen oder anzuhalten.

Trotzdem befürchteten wir in der Folge noch zwei Jahre lang unentwegt, unserem Wallach reiterlich hoffnungslos ausgeliefert und unterlegen zu sein. Wir schworen uns jedenfalls, nie wieder ein Jungpferd anzuschaffen, bevor wir ihm reiterlich nicht auch gewachsen sein würden.

Die Schwierigkeiten mit unserem Schimmel lösten sich erst nach diesen beiden unheimlichen Jahren vor allem dadurch, daß wir in die Gegend unserer Gemeinschaft umzogen, nur noch drei Kilometer bis zu deren Weiden zu fahren hatten und uns nun täglich, oft sogar zwei- und dreimal, mit dem inzwischen Sechsjährigen beschäftigen konnten.

Hierbei hatten wir oft den Eindruck, als begännen wir überhaupt erst jetzt mit dem 'eigentlichen Reitenlernen' und dies, obgleich wir nun bereits seit viereinhalb Jahren unseres Schimmels unermüdliche Bezugspersonen waren.

Im Lauf des ersten Winters der nun täglichen Zusammenarbeit mit unserem Pferd mußten wir erkennen: wie blind und ahnungslos geht man mit Tieren um, solange man sie nicht zu seinem eigentlichen Lebensinhalt gemacht hat!.

Daß unser Wallach dank der Steigerung seines Selbstbewußtseins und seiner Wendigkeit in der Herdenhierarchie allmählich aufgestiegen war, hatten wir beobachtet und mit den anderen Pferdebesitzern oft genug diskutiert. Daß es ihm dabei jedoch keineswegs um eine Stelle in nächster Nähe des Herdenchefs ging, sondern um jene des Herdenführers, fiel uns erst jetzt auf.

Ebenso wurde uns erst gegen Weihnachten bewußt, daß unser Schimmel selbst während des Weidens mitten in der Herde kaum jemals mehr einen Huf vor der Senkrechten aus seinem Bug oder hinter jener aus seinem Schweifansatz belastete und, daß sogar der höchste Punkt seiner Kruppe nun gut und gerne drei Zentimeter tiefer lag, als noch vor zweieinhalb Jahren.

Als endlich das neue Frühlingsgras zu sprießen begann, konfrontierte uns der Schimmel mit einem neuen Problem; selbst tägliches Spazierenführen, Longieren und Reiten schien sein Bewegungsbedürfnis nur selten restlos zu befriedigen. Wir brachen deshalb immer häufiger an Wochenenden zu Zwei-Tage-Wanderritten auf... und erlebten im Sommer auf einem Zehntageritt unsere zweiten 'Sternstunden'.

Doch selbst danach zeigte sich das neue Problem noch lange nicht gelöst; wie kann man als Pferdebesitzer dem Bewegungsanspruch topfit trainierter und gymnastizierter Pferdeindividuen dauernd pferdegemäß entsprechen?

Einem kurzen und breiten Araber wie dem unseren mögen tägliche Gymnastikübungen an der Longe und unter dem Sattel in der Bahn, lange Ausritte und regelmäßige Zweitageritte auf die Dauer genügen. Einem englischen Vollblüter oder einem hochblütigen Sportpferd reichen sie bestimmt nicht. Für ein mittelgroßes bretonisches Warmblut oder für einen Freiberger wäre unser Araberprogramm wohl bereits zu anspruchsvoll; für ein Camargue-Pferd, einen Berber oder Lusitano indessen wieder angemessen. Also, was ist zu tun?

Unseren Hispanoaraber lasteten wir zusätzlich zu dem kurz beschriebenen Programm noch dadurch aus, daß wir auf ihm neue Mitglieder unserer Haltergemeinschaft an der Longe erst 'auf das Reitenlernen vorbereiteten' und später 'in das eigentliche Reiten' einführten. In nur vier Monaten erlebten so gleich zwei neue Mitglieder - ein Reitanfänger noch ohne eigenes Pferd und eine 'Umsteigerin' aus langjähriger Westernreiterei mit einem Berberhengst - ihre ersten 'Sternstunden' auf unserem Schimmel.

Nach wie vor war er für uns und andere der sensibelste Lehrmeister, den wir uns erträumen konnten. Er lockerte uns, wenn wir steif von der Arbeit kamen, setzte uns tiefer, wenn er vor Zuschauern wieder einmal die Hufe heben wollte, weckte uns, wenn wir den Dialog mit ihm unachtsam einschlafen, schmollte sogar, wenn wir ihn gymnastisch unterbeschäftigt ließen.

Ja, er war es sogar, der uns in die bequemste Haltung schob, als wir begannen, die Bahnecken immer tiefer auszureiten, seine Biegung danach beizubehalten und das Schulterherein zu üben. Nur wenige Monate später wich er hierbei einmal unvermittelt schräg gebogen vom Hufschlag ab und lehrte uns - wie zwei sachkundige Zuschauer bestätigten - die ersten Schritte Travers allein dank einer feinen, von uns unbeabsichtigten, Schwerpunktverlagerung nach innen-vorwärts bei ihm abzurufen.

Dank des 'Durch-die-Ecke-Tretens' und Schulterhereins, Travers und Renvers (auch Contertravers genannt, weil die innere Seite des gleichmäßig um den Innenschenkel gebogenen Pferdes dabei – z.B. auf der Diagonalen von der Mittellinie an – der Bahnaußenseite zugewandt ist – SGS) im Schritt und Trab (vergl.: Zeichnungen 22/102 und 23/109) fanden wir im Laufe der Monate zu so lockeren Hankenbeugungen, daß unser Wallach hin und wieder von selber aus den halben Tritten des versammelten Schritts in die (wie im Trab diagonalisierten –SGS) ausnehmend runden und gemessenen Bewegungsfolgen brillanter Piaffen stieg.

Durch das 'Vorbereiten auf das Reitenlernen' der neuen Mitglieder unserer Haltergemeinschaft auf unserem Schimmel, wurden wir zudem immer wieder gezwungen, uns selber im Sattel teils demonstrierend, teils das Pferd korrigierend, noch weitergehend zu lockern und mit der dadurch hinzu gewonnenen Losgelassenheit noch sanfter und noch präziser umzugehen als bisher, was unser Wallach so vollkommen honorierte, als hätte er seit Jahren allein hierauf gewartet.

Anläßlich des diesjährigen Pferdefestes unserer Gemeinschaft anfangs Juli sollten wir unseren Wallach zu der zweiten Orchestersuite von Johann Sebastian Bach (BWV 1067 – SGS) vorstellen.

Volle vierzehn Tage lang versuchten sowohl meine Frau als auch ich täglich, alle auch nur denkbaren Bahnfiguren in allen möglichen Gangarten im genauen Rhythmus der Musik einzustudieren. Am Abend vor dem Fest erkannten wir reichlich spät, daß dabei nichts Vorzeigbares entstehen konnte.

Als ich am nächsten Morgen dennoch barock verkleidet in versammeltem Schritt in die Bahn einritt, in der Mitte anhielt und den Dreispitz lüftete, blieb mir jedenfalls gar nichts anderes mehr übrig, als mich in die Musik zu versenken und abzuwarten, was unser Schimmel anbieten würde.

Die Ouverture klang feierlich langsam aus. Das schnellere Rondeau begann. Mit seinem ersten Takt hob unser Wallach seine Hufe in eine Passage, wie wir auch nur ähnliche weder von ihm, noch auf einem anderen Pferd je zu erträumen gewagt hatten. Außer atemlos zu staunen und um seinen Bewegungsrhythmus zu bangen, blieb uns nichts beizutragen übrig. Inzwischen war er auf einen Zirkel abgebogen, hatte diesen verkleinert und aus seiner Mitte auf die Mitte der langen Bahnseite zu geschnitten, war damit auf die andere Hand gelangt und hier erneut auf einen Zirkel abgebogen, den er ebenfalls erst verkleinerte und dann schnitt.

Zeichnung 24: Die Bahnfiguren des Pferdes unter dem Sattel

Reitbahnen sind rechteckig begrenzte, weiche Sandplätze, deren Längen ihren doppelten Breiten entsprechen und für kleine Kompaktpferde etwa 15 x 30 Meter, für Großpferde etwa 20 x 40 Meter messen sollten.

Als Hufschlag bezeichnet man die Wege, welche die Pferde der Außenbegrenzung der Bahn entlang und als sogenannte "Hufschlagfiguren" im Inneren des Vierecks begehen.

Gerade gehen Pferde in der Bahn den langen und kurzen Seiten des Vierecks entlang und auf den "Wechsellinien" (Diagonale, Mittellinie, Breite der Bahn); gebogen durch die Ecken, auf dem Zirkel, der einen absolut runden Kreis mit der Bahnbreite als Durchmesser darstellt, auf halben und ganzen Volten, die eine halbe Bahnbreite Durchmesser besitzen, in Schulterherein- auf drei und in Travers-Renvers-Stellungen auf vier halben Parallelhufschlägen.

Bald gerade, bald gebogen treten Pferde auf Schlangenlinien durch die halbe oder durch die ganze Breite des Vierecks.

Gymnastik auf zwei Hufschlägen nennt man Übungen in den Seitengängen Schulterherein, Kruppeherein, Travers und Renvers und die Pirouetten (im Schritt, Trab und Galopp).

In dem Schulterherein tritt das Pferd mit der Hinterhand auf dem Normalhufschlag und mit der Vorderhand um den Innenschenkel leicht gebogen so geradeaus, daß der Außenhinterhuf (HA) auf der äußeren Hufschlaghälfte, der Innenhinterhuf (HI) und der Außenvorderhuf (VA) auf der inneren Normalhufschalghälfte und der Innenvorderhuf (VI) auf einer dritten, parallelen inneren Hufschlaghälfte aufsetzen.

In dem Travers und Renvers tritt jeder Huf auf einer eigenen Hufschlaghälfte vorwärts-seitwärts. Das Pferd ist gleichmäßig vom Schweifansatz bis zwischen die Ohren leicht gebogen und blickt stets in die Richtung, in die es tritt. (Im sogenannten "Schenkelweichen" ist letzteres nicht der Fall. Aus diesem Grund und einigen noch schwerer wiegenden, gehört das Schenkelweichen nicht zu den pferdegemäßen Übungen und soll daher Freizeitpferden auch nie beigebracht werden.)

- 115 -

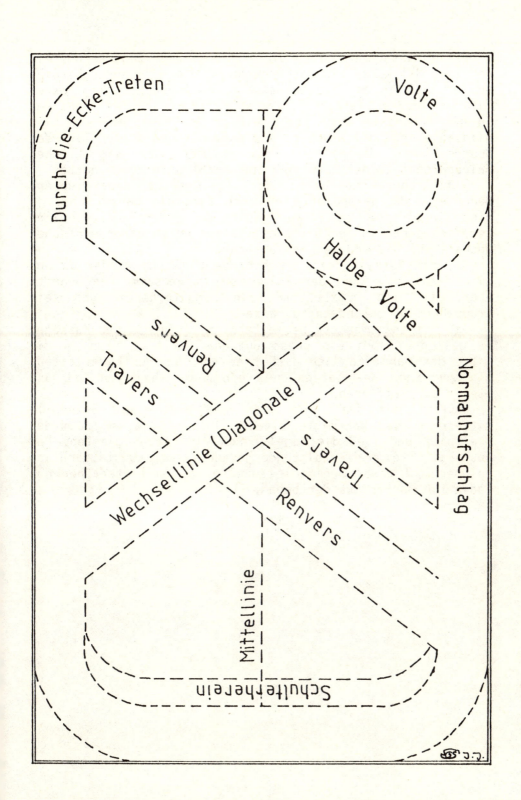

Seine Passage blieb absolut taktrein. Er zögerte nur ein einziges Mal kurz, als das Rondeau in die Sarabande überging und er sich in der Traverspassage vom Außenhufschlag löste. Mit dem letzten Takt der Sarabande federte er sein Anhalten in der Bahnmitte aus, stand einige Sekunden lang wie eine Bildsäule regungslos und galoppierte mit dem ersten Takt der Bourrée an, obwohl wir ihn bisher der eigentlichen Galopparbeit in der Bahn noch gar nicht unterzogen hatten.

Glücklicherweise bekam der Schimmel offenbar unsere Bedenken mit, galoppierte er doch taktrein ganze Bahn, je eine Zirkelrunde und je eine Volte auf jeder Hand, wobei er ziemlich genau in der Mitte des Satzes durch einen einfachen Wechsel auf die andere Hand umsprang.

Mit dem letzten Takt der Bourrée hielt er wieder an und ging mit dem ersten der Polonaise in versammelten Schritt über, den ich nutzte, um sein Schulterherein und sein Kruppeherein bewundern zu lassen.

Das folgende Menuett begleitete er wieder in der Passage. Er gelangte dabei ein gutes Dutzend Takte zu früh in die Mitte der Bahn und ließ sich hier von der Musik verleiten, bis zum Ende des Satzes taktrein und präzis an Ort und Stelle zu piaffieren.

Unvermittelt fand ich mich wie auf einem Standbild sitzend in der Bahnmitte wieder, lüftete wie im Traum den Dreispitz und ließ die Zügel durch die Finger gleiten. Der Spuk hatte keine Viertelstunde gedauert, war nun tatsächlich vorüber und unser Schimmel tänzelte zu den Flötentönen der Badinerie munter aus der Bahn".

* * * *

8. Kapitel

DIE AUSBILDUNG DES FREIZEITPFERDES

"Alle Ausbildung bestehet darin, dem Pferde solche Richtungen (Haltungen, Stellungen, Biegungen, Beugegrade - SGS) anzuweisen, in denen es gezwungen ist, sich selber zu arbeiten (= zu gymnastizieren - SGS)" (Paul Plinzner in "System der Pferdegymnastik", Reprint: Hildesheim 1979).

Jede Ausbildung des Pferdes, "deren Endergebnis nicht (...) konservierend (= lebensverlängernd, biopositiv gymnastizierend - SGS) ist, hat keine Daseinsberechtigung und unterbleibt besser ganz". (Oberst Waldemar Seunig in "Von der Koppel bis zur Kapriole", Frankfurt 1977)

"Durch die Ausbildung des Pferdes erstreben wir die Entwicklung und Förderung der natürlichen Anlagen und Kräfte. Dazu bedarf es einer logischen gymnastischen Durchbildung, deren Grundzüge die Natur des Pferdes vorzeichnet. Wer hier die Naturgesetze beachtet und respektiert wird sein fernes Ziel erreichen; wer aber Gewalt antut oder irgendwelche Kompromisse eingeht scheitert sicher"(Major Hans Moser in "Winke für Ausbilder und Teilnehmer an Dressurprüfungen", Pfäffikon 1964).

Was bedeutet also der Begriff "Ausbildung" für uns Freizeitreiter, wenn er im Zusammenhang mit unseren noch normal kleinen und kurzen Pferden fällt? Ist denn nicht auch das, was wir in den zwei Jahren vor dem Anreiten und in den zwei bis drei Jahren danach unseren Tieren "an der Hand" und unter dem Sattel angedeihen ließen, bereits eine Art der Ausbildung gewesen?

Paul Plinzner sah in der (Militär- und Sport-) Pferdeausbildung eine Haltungs- oder Gleichgewichts-"Anweisung", welche das Tier "zwingt", sich selber zu gymnastizieren. So sehr ich mit dem Sinngehalt dieser Aussage einverstanden bin, so deutlich muß ich vor allem autoritären "Anweisen" und "Zwingen" warnen. Denn bereits die Absicht, ein Freizeitpferd zu irgend etwas zu zwingen, verkrampft erfahrungsgemäß den Reiter so erheblich, daß er das Pferd beim Befolgen der Anweisungen nicht nur behindert und stört, sondern das Nachgeben seitens des Tieres geradezu verunmöglicht.

Kurz, jede sture Absicht und jede daraus resultierende Zwangsmaßnahme - sei sie auch nur als eine "deutliche Hilfe" beabsichtigt - verkrampft nicht nur den Reiter, sondern auch das Pferd und verhindert damit von vorn herein jegliche pferdegemäße Gymnastizierung sowohl seiner

Lockerheit als auch seiner Hingabe an die eigenen Bewegungen und an sein Gleichgewicht.

Der große Schweizer Dressurpferdeausbilder, Major Moser, dürfte die selben Zusammenhänge angesprochen haben, als er schrieb, wer bei der Pferdeausbildung "Gewalt antut oder (zugunsten von Formzwängen oder seiner selbst) irgendwelche Kompromisse eingeht, scheitert sicher".

Nochmals: was bedeutet somit der Begriff "Ausbildung", wenn selbst die bloße Absicht, methodisch den üblichen Pferdeausbildungsregeln zu folgen, unser aktives Reiten behindern, stören und sogar verunmöglichen kann?

Hans Moser beantwortet diese Frage äußerst treffsicher damit, daß er empfiehlt, dabei nur ja nicht unseren eigenen Absichten und Einfällen, noch irgendwelchen Vorschriften, Formzwängen oder Schnellbleichtricks (= Kompromisse) zu folgen, sondern einzig und allein jener inneren Logik der "Natur des Pferdes" und der "Naturgesetze", die uns die "Grundzüge der gymnastischen Durchbildung des Pferdes" wahrnehmen und erfahren lassen. Das heißt mit anderen Worten: jedes Pferd, das in einer Herde aufgewachsen ist, pferdegemäß (= ausschließlich seiner individuellen Natur entsprechend) spazierengeführt, longiert, angeritten und trainiert wurde (= Förderung vor allem seiner Ausdauer), erweist sich tatsächlich auch bereits mehr oder weniger weit "angymnastiziert". Die "Ausbildung", die wir ihm nun zusätzlich zu vermitteln haben, kann sich deshalb durchaus "nur" als eine bloße Vervollkommnung oder Weiter-"Entwicklung und -Förderung der natürlichen Anlagen und Kräfte" erweisen, deren "Grundzüge" allerdings stets und ausschließlich "die Natur des Pferdes" vorzuzeichnen hat (H. Moser). Unser wichtigstes "reiterliches Organ" ist somit auch bei der eigentlichen Pferdeausbildung nicht unser Gehirn oder unser Denken und Wissen, sondern unsere gefühlsmäßige Beziehung zum Tier, unser Reitertakt oder unser Gespür für alles Natürliche im Pferd.

Das wichtigste "Naturgesetz", das uns "die Natur des Pferdes" indessen auch gedanklich auszuloten heißt, postuliert wie Waldemar Seunig erwähnt, daß jede Ausbildungsart oder -weise, "deren Endergebnis nicht konservierend ist", also nicht biopositiv die Gesundheit, Munterkeit und Langlebigkeit des Pferdes fördert oder mindestens erhält, eine Zumutung für das Tier darstellt, wohl sogar auf Tierquälerei hinweist und/oder auf eine Versklavung seiner natürlichen Instinkte, Reaktionen, Bewegungen und Ganghaltungen (= Gleichgewichtshaltungen), deswegen keinerlei "Daseinsberechtigung hat und besser ganz unterbleibt".

Das zweite Naturgesetz, das uns der Umgang mit Pferden von Anfang an offenbaren muß, betrifft die natürlich-lockere Losgelassenheit aller Lauftiere als eine unumgängliche Voraussetzung für jede biopositive Bewegung in einer, dieser entsprechenden, Gleichgewichtshaltung.

Vergessen wir nie: jeder Schritt und jeder Sprung eines Lauftieres greift stets auf vier Voraussetzungen zurück, die unter sich möglichst perfekt zusammenwirken müssen, wenn das Tier dabei weder Schmerzen empfinden, noch sich bionegativ verausgaben soll. Nämlich, auf die Losgelassenheit sämtlicher Muskeln des Körpers und auf die Unbekümmertheit der Psyche, auf Bewegungslust und -kraft (= Impulsion) und auf die körperlichen Fähigkeiten, die angestrebte Bewegungsfolge sowohl unbehindert geschmeidig als auch im einzigen ihr adäquaten Gleichgewicht ausführen zu können.

Behindert ein Reiter beispielsweise das freie Spiel der Rückenmuskulatur seines Pferdes durch Oberschenkel- und/oder Knieschluß oder beeinträchtigt er die psychosomatische Losgelassenheit des Tieres dadurch, daß er es über das Gebiß festzuhalten versucht, so verkrampft sich dieses in der Regel augenblicklich, wirft seinen Schwerpunkt nach vorne, richtet seine Wirbelsäule gerade, "fällt auseinander" und läuft entweder dem Reiter davon oder schleppt ihn immer traniger schleichend als ein sichtlich "schwerbehindertes Tier" durch die Landschaft.

Beachten wir das zweite Gesetz der "Natur des Pferdes" in vollem Umfang, so formuliert sich das dritte als eine (pferde-) logische Konsequenz aus dem zweiten, nahezu von selbst: Reiter, dränge deinem Pferd niemals - auch nicht aus Ignoranz oder aus körperlicher Unfähigkeit - Haltungen, Bewegungsfolgen oder Bewegungsrhythmen auf, deren natürliche Vorstufen dein Pferd nicht von sich aus zu vervollkommnen versucht!

Das dritte Gesetz des pferdegemäßen kreativen Umganges mit dem Pferd betrifft somit das, was in den früheren Kapiteln schon mehrmals erwähnt und gefordert wurde und was nun, bei der sogenannten "Ausbildung des Pferdes" zur conditio sine qua non alles Reitens wird, das diesen Namen verdient: das unbehinderte Zulassen nicht nur der Pferdebewegungen in der jeweils einzigen angemessenen Gleichgewichtshaltung, sondern darüberhinaus das Zulassen, daß unser Pferd auch die Impulsion und die Hilfen für seine Gymnastik aus dem passiven Rahmen unseres Sitzes und unseres Schenkelhanges selber abruft.

Für uns bleibt hier nichts anderes mehr zu tun, als unser Jungpferd über feinste Schwerpunktsverschiebungen (wie eine Kegel- oder Billardkugel in Bewegungsrichtung) eben nur noch "auszusteuern" und dies nun so locker wie möglich, so diskret und dennoch präzis wie möglich und so vollkommen den derzeitigen Gleichgewichtshaltungen und gymnastischen Fähigkeiten des Tieres gemäß wie überhaupt nur denkbar.

Das Ziel der eigentlichen Ausbildung des Pferdes bleibt somit dasselbe wie das unserer ersten Anfänge beim Spazierenführen, nämlich: das Tier in Bewegungshaltungen, die es selbst gefunden, angenommen und vervollkommnet hat, lediglich so auszusteuern oder auszutarieren, daß es sich selber täglich immer weiter fortgymnastizieren kann – was sowohl Paul Plinzners und Hans Mosers Definitionen der Pferdeausbildung als auch der Meister Nuño Oliveiras vollkommen entspricht.

Die Grundvoraussetzungen für jeglichen mühelosen Umgang mit dem Pferd – daran sei hier nochmals kurz erinnert – sind:

1.) daß unser Pferd als Fohlen in einer großen Herde aufwuchs und hier als Jungpferd von guten Gruppen- oder Herdenchefs aktiv erzogen und bereits möglichst weit angymnastiziert wurde

2.) daß wir es daraufhin dank ausgiebigem Spazierenführen pferdegemäß in unsere Verantwortung übernommen, den "Draht zu ihm gefunden" und es richtig weitergymnastiziert haben (bis etwa zu der wechselseitig einwandfreien Gewichtsübernahme beider Hinterhufe auch auf Geraden und selbst ohne unser Beisein auf der Weide)

3.) daß das Longieren nur noch der Vervollkommnung der Biegungen, der Gewichtsübernahme mit der Hinterhand (bis zum Beginn regelmäßiger Hankenbeugung) und der Gleichgewichtshaltungen im Trab (bis Schulterherein- und Kruppehereinstellungen) zu gelten hatte, also der sogenannten "Vorbereitung auf das Angerittenwerden"

4.) daß das eigentliche An- oder Zureiten absolut zwanglos, ohne jegliches Mißverständnis oder Trauma für das Pferd erfolgte und somit lediglich eine Wiederholung des gesamten Bewegungs- und Haltungsrepertoires darstellte, wenn nun auch unter der Reiterlast

5.) daß die Reaktionen des Jungpferdes auf das Angerittenwerden hin dementsprechend biopositiv eben nur zu besseren

Hankenbeugungen, Tragehaltungen und Versammlungsgraden führten
6.) daß das anschließende Konditionstraining in der besseren Tragehaltung unserem Pferd tatsächlich nicht nur mehr Ausdauer beim Sich-Biegen, strahlende Gesundheit und eine stärkere Persönlichkeit, sondern überdies auch höhere Wendigkeit und Leichtigkeit der Bewegungen und eine echte Neigung zu der höheren Gymnastik verliehen hat
7.)(aber nicht zuletzt) daß unser Jungpferd nach wie vor in einer großen Herde auf riesigen Weiden Tag und Nacht ganzjährig im Freien gehalten wird.

In "Reiter Reiten Reiterei" habe ich (auf den Seiten 268 und 269) ein Siebenjahres-Ausbildungsprogramm für Freizeitpferde zusammengestellt, das Freizeitreitern, die meinem damaligen Rat gefolgt sind und ihr Pferd zum Anreiten weggegeben haben, erlauben sollte, es selbst weiter zu gymnastizieren. Wer meinen aktuellen Empfehlungen folgt und sein Pferd in der Herde einer Haltergemeinschaft hält, dort den Umgang mit ihm, das Spazierenführen, Longieren und Reiten in der angegebenen Weise von Grund auf erlernt hat und vernünftigerweise erst daraufhin mit der eigentlichen Ausbildung seines Tieres anfängt, müßte nun sogleich mit den Punkten 3 oder 4 des "RRR"-Programmes beginnen können, demnach mit der "Lateral- (Seiten-) Biegung allein mittels (nahezu passiver) Schenkel- und Gewichtshilfen (ausschließlich aus dem Sitzrahmen) und relativ kurzen Zügeln ohne jegliche Anlehnung" und/oder mit der kreativen Gymnastik der "Selbsthaltung und der Hankenbeugung".

Beide Programmpunkte sind für das Pferd einfacher und leichter im Gelände (Wald, buschbewachsenes Ödland, Hohlwege, Abhänge) zu erfüllen, für den Reiter aber präziser in der Bahn auszuführen (dank Schulterherein, halber Tritte, Kruppeherein und Travers in und aus den Ecken und auf Volten, halben Volten, Zirkeln und beim Zirkelverkleinern bis zu der Schritt- und Trabpirouette).

Die Kriterien, nach denen wir beurteilen können, ob der Zeitpunkt gekommen ist, an dem wir mit der eigentlichen Ausbildung unseres Jungpferdes beginnen können, ergeben sich aus unseren Beobachtungen des Tieres und seines Verhaltens in der Herde, auf der Weide, bei dem Spazierengeführt- und Longiertwerden, unter unserem Sattel wie unter fremden Reitern.

Springt so ein Pferd im Trab an der Longe bei jedem zweiten oder dritten Handwechsel in den Galopp und hält es diesen sichtlich ohne Schwierigkeiten ruhig und regelmäßig gebogen zwei bis drei Zirkelrunden bei, so dürfte es an der Zeit sein, nicht nur mit der Galopparbeit an der Longe, sondern parallel dazu, auch mit der eigentlichen Ausbildung des Pferdes unter dem Sattel zu beginnen.

Tritt unser Jungpferd hingegen noch immer mit der Hinter- oder Vorhand oder mit dem einen oder anderen Hinterhuf aus der normalen Spur des innersten Kreises einer Trabschnecke oder -spirale, so ist es eindeutig noch zu früh, sowohl für die Galopparbeit an der Longe als auch für die eigentliche Ausbildung unter dem Sattel.

Dasselbe gilt auch für alle Pferde, die sich im Trab auf dem innersten Schneckenkreis noch immer "in die Kurve legen", nicht weit genug unter ihre Mitte treten, im Hals zu stark nach innen oder nach aussen gebogen (= steif verbogen), dafür in der Wirbelsäule geradegerichtet, auf einer breiteren Spur, als nur auf zwei normalen Hufschlaghälften treten, nach dem Anhalten mit den Hinterhufen rückwärts "auseinanderfallen" und/oder anschließend auf der Weide mit weggedrücktem Rücken dahinstolpern. (Vergl.: Z 25 A & C/123)

Verständlicherweise muß jede "höhere Gymnastik" auch bei allen jenen Pferden scheitern, die allein einer defizitären Selbsthaltung wegen (steifer und/oder zu langer Rücken, überbaute Kruppe, zu enge Hufspur u.s.w.) hoffnungslos überfordert wären.

Was umfaßt die pferdegemäße "höhere Gymnastik" in der Praxis nun konkret?

Erweist sich unser Pferd bei der Bestandsaufnahme seiner derzeitigen Fähigkeiten ernsthaft und präzis auf die Ausbildung vorbereitet, so beschränken wir uns auf nur wenige, verhältnismäßig einfache Übungen:
1.) Galopparbeit an der Longe
2.) Höhere Versammlung im Trab ebenfalls an der Longe
3.) Schulterherein im Schritt und im Trab an der Hand
4.) Höhere Versammlung unter dem Sattel
5.) Halbe Tritte und Schulterherein unter dem Sattel
6.) Arbeit auf zwei Hufschlägen (Travers und Renvers)
7.) Galopparbeit unter dem Sattel bis zu Redopp- und fliegenden Wechseln und bis zur Pirouette

Hierbei empfiehlt sich dringend, das Pferd vor jeder einzelnen Lektion mindestens eine Viertelstunde lang an der Longe zu lockern, ja die Longenarbeit und jene an der Hand mit in die Ausbildungslektion einzubauen, wenn auch weiterhin ausschließlich zwanglos.

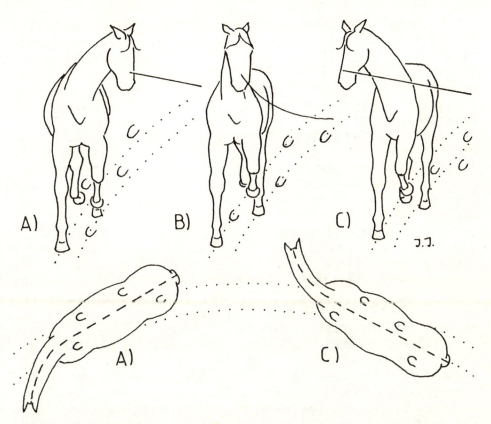

Zeichnung 25: Richtige und falsche Biegungen des Pferdes an der Longe
A) falsch: das Pferd wird mittels der Longe festgehalten, verweigert sich deswegen der Biegung, indem es mit der Hinterhand ausfällt (vom Schweifansatz bis zum Widerrist bleibt die Wirbelsäule ungebogen oder verbogen). Es tritt auf drei, anstatt auf zwei Hufschlaghälften nach außen "versetzt".
B) richtig: die Longe hängt locker durch und gewährt dem Pferd dennoch leichte Anlehnung. Es trabt auf zwei Hufschlaghälften und behält die Zirkelbiegung korrekt bei.

C) falsch: das Pferd wird mittels der Longe so stark festgehalten, daß es den Hals und Kopf nach außen wendet, um dem Druck des Kappzaumes mit der ganzen Nasenbeinbreite zu begegnen. Dies gelingt ihm nur, wenn es sich im Rücken gerade richtet, sein Gewicht auf die Schultern wirft, schneller wird und/oder nach innen "versetzt" tritt (auf drei, anstatt auf zwei Hufschlaghälften).

Im Sattel versuchen wir, unser Pferd jeweils von Anfang an mittels nur angedeuteter Gewichtshilfen und ohne Zügeleinwirkung über Zirkel, Volten, Zirkelverkleinerungen, halbe Volten und halbe Tritte bis an seine derzeitigen gymnastischen Grenzen zu versammeln. Sobald dies erreicht erscheint, lassen wir es in halben Tritten durch die Bahnecken treten, indem wir nach der dritten oder vierten seine Eckenbiegung beibehalten und es so gleichmäßig von hinten nach vorne gebogen, je nach seinem gymnastischen Ausbildungsstand, entweder auf eine enge Volte steuern oder in dem Schulterherein bis durch die nächste Ecke "austarieren" ("Der Reiter ist das aktiv-bewegliche Zünglein auf dem Waagebalken Pferd" - N. Oliveira).

"Austarieren" nenne ich hier - zu deutlicherer Unterscheidung vom lateralen oder seitlichen "Aussteuern" mittels der "Billardkugel" in unserem Unterbauch - das locker-leichte vertikale Senken unseres oberen Beckenrandes nach hinten (= Beckenabkippen) mit dem Ziel, die Lage des gemeinsamen (Reiter + Pferd-) Schwerpunktes zu beeinflussen, zu kontrollieren oder tiefer zu fixieren.

Das Schulterherein ist, ohne Zügelanlehnung geritten, geradezu ein Musterbeispiel und eine Musterübung, sowohl für jeden Reiter, der gleichzeitig das Aussteuern und das Austarieren seines Pferdes lernen will, als auch für jedes Pferd mit noch Biege- und (Hanken-) Beugeproblemen, weil es - auch nur entfernt korrekt eingeleitet und ausgeführt - das Tier tatsächlich gewaltlos zwingt, sich darin selber zu gymnastizieren, das heißt den Innenhinterfuß weiter unter seine Körpermitte zu setzen und auch zu belasten, so daß es "von selbst" zu der Innenhankenbeugung als zu einer wirklichen Aufgabenerleichterung findet.

Der Reiter wurde indessen schon bei dem, die Schulterhereinübung vorbereitenden, Durch-die-Ecke-Treten von seinem Pferd in den "stärker biegenden Sitz" gerückt (= deutlicher nach hinten-unten abgekipptes Becken bei leicht vorgeschobener Innenhüfte, nach innen orientiertem Schwerpunkt, aufgeweitetem, lockerem Sitzrahmen mit locker-leichtem, aber "nahtlosem" Schenkelhang von oben bis auf Wadenhöhe an dem Pferd und zwanglos tiefhängenden Absätzen innen wie außen). Er braucht das Pferd deshalb während der Schulterhereinübung nur noch gleichgewichtsmäßig ausbalancierend oder austarierend auf den drei halben Hufschlägen geradeaus vorwärtsgehen zu lassen (indem er den genauen Weg des Pferdes lediglich zwei bis drei Meter vor dessen Nase mit seinem Blick auf dem Bahnhufschlag vorzeichnet). Naturgemäß zeigt sich der Innenbügel hierbei etwas (= maximal um 30 bis 50 Gramm) stärker belastet als der Außenbügel (vergl.: Z 26'2 und 27'1/126).

Stellt sich das Pferd bereits nach nur wenigen Tritten Schulterherein wieder gerade, indem es den Reiterhilfen wegzulaufen versucht, also im Tempo zulegt, oder aber indem es immer langsamer geht, so ist das Unvermögen, die Biegung beizubehalten, nicht dem Pferd, sondern dem Reiter vorzuwerfen.

Tatsächlich verlangt aus halben Tritten und aus Durch-die-Ecke-Treten entwickeltes Schulterherein vom Reiter vor allem Diskretion, somit einen Einsatz der Hilfen, der, wenn er sichtbar oder dem Reiter bewußt wird, viel zu grob, zu verkrampft oder zu "herrisch" war, um von dem Pferd honoriert werden zu können.

In obigem Beispiel saß der Reiter wahrscheinlich viel zu "zielbewußt verkrampft", d.h. in seinem Eifer, alles unbedingt richtig zu machen, hatte er wohl unabsichtlich sein Becken in die Vertikale aufgerichtet, damit seinen Schwerpunkt höher und nach vorne gebracht und das Pferd so geradezu gezwungen, die Biegung aufzugeben und davonzueilen. Oder er ritt die Schulterhereinübung in der Außen- oder Innenhüfte so eingeknickt, daß die Lage seines Schwerpunktes dem biegenden Steuereffekt seines Sitzes widersprach, wenn er das Pferd nicht mit aktiven, anstatt ausschließlich nachgebenden, Zügelhilfen unwillkürlich selber gerade gestellt und auf die Schultern geworfen hat. (Vergl.: Z 26'3 & '4/126)

Jedes pferdegemäß kreativ erzogene und angerittene Pferd kennt die Schulterhereinbiegung und -haltung als Pliéstellung bereits vom Spazierengeführt- und Longiertwerden her ebenso gut wie die Kruppehereinbiegung und -haltung, die ihm in der Regel wesentlich leichter fällt.

Anläßlich der Bestandsaufnahme aller gymnastischen Fähigkeiten des Jungpferdes, d.h. am Anfang der eigentlichen Ausbildung zum Reitpferd, müßte somit jedes Tier unter jedem lockeren, pferdegemäß kreativ Reitenden sanfte Schulterherein- und ebenso zwanglos leichte Kruppehereinstellungen wenigstens über eine halbe Bahnlänge beibehalten können, ohne sich jemals zu verkrampfen.

Selbstverständlich müssen beide Pliéstellungen vom Pferd gleich mühelos auf beiden Händen sowohl im Schritt als auch im Trab mit der gleichen Munterkeit angeboten und ausgeführt werden. Die Übergänge vom Schulterherein- zum Kruppeherein-Plié - jeweils in einer Bahnecke - erlauben uns, die Impulsion und den Schwung des Pferdes in beiden Biegungen zu beurteilen und gegebenenfalls zu erhöhen.

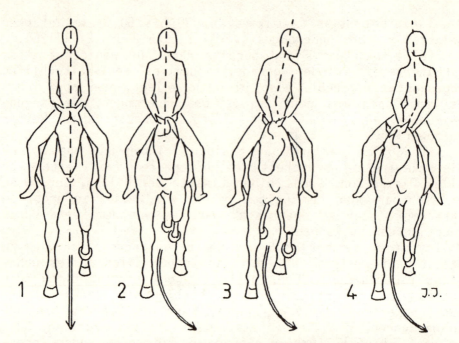

Zeichnung 26: Richtige und falsche "Stellungssitze"
1) richtig: das Pferd geht auf der linken Hand "geradeaus"
2) richtig: das Pferd geht auf dem Zirkel "links gestellt"
3) falsch: Einknicken in der Innenhüfte = Belastung außen
4) falsch: Einknicken in der Außenhüfte verbiegt das Pferd

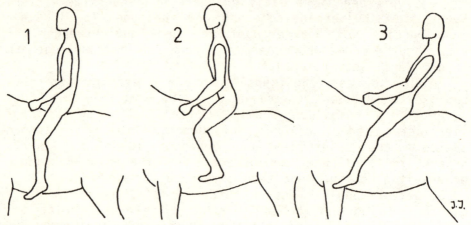

Zeichnung 27: Richtiger und falsche Reitsitze
1) richtig: locker, entspannt, aufmerksam "in" der Bewegung
2) falsch: steif verkrampft mit Hohlkreuz und Knieschluß
3) falsch: steif verspannt mit weggestreckten Schenkeln

Erinnern wir uns, daß im Schulterherein die Hinterhufe auf dem Normalhufschlag geradeaus treten, während der Aussenvorderhuf (VA) die Hufschlaghälfte des Innenhinterhufes (HI) und der Innenvorderhuf (VI) eine dritte, innere Hufschlaghälfte beschreitet! Merken wir zudem, daß in dem Kruppeherein die Vorderhufe geradeaus greifen, während der Aussenhinterhuf (HA) die Hufschlaghälfte des Innenvorderhufes und der Innenhinterfuß eine zusätzliche, dritte, innere Hufschlaghälfte begeht, so wird klar, daß die Steuer- oder Sitz- und Rahmenhilfen bei beiden Übungen die selben sind und ausschließlich die Gewichtshilfe in dem Kruppeherein etwas weniger tief und schwer einwirkt.

Unterscheidet unser Pferd schließlich sicher zwischen unserer Schulterherein- und der Kruppehereinbelastung, so ist der Zeitpunkt gekommen, im Schritt die ersten Tritte Travers mit ihm zu üben.

Dies geschieht nun dadurch, daß wir im Schulterherein aus der zweiten Ecke einer kurzen Seite kommend, vorsichtig die schwere Schulterhereinbelastung mit der leichteren des Kruppehereins vertauschen, indem wir jedoch sowohl die Schulterhereinbiegung des Pferdes als auch unseren deutlich die Vorhand aussteuernden Schulterhereinsitz beibehalten. Hierdurch kombinieren wir die Schulterhereinstellung unseres Pferdes mit seiner Kruppehereinbiegung und lassen es sich - nun gleichmäßig vom Schweifansatz bis zu den Ohren gebogen - auf der Bahndiagonalen neu ausbalancieren. Dies wiederum kann ihm nur gelingen, wenn es seine Außenhufe - wie früher im Kruppeherein auf den halben Volten und bei dem Pirouettendrehen geübt - vor und über die Innenhufe hinweg zu setzen versucht. Es tritt dabei vorwärts-seitwärts auf vier Hufschlaghälften, wobei die Hinterhand die Vorhand deutlich vor sich her schieben muß, um die gleichmäßige Biegung des ganzen Körpers zu erhalten.

Nach spätestens zwei oder drei korrekten Traversschritten muß das Pferd, allein über den Schenkelrahmen und eine sanfte Gewichtsverlagerung nach hinten, angehalten, gelobt und vorsichtig neu angeritten werden. Entscheidend ist dabei, daß es stets dahin blickt, wohin es sich bewegt, daß seine Vorhand der Hinterhand immer vorgestellt bleibt und, daß es schließlich durch die Travers- und Renversübungen (auf Diagonalen heißt das Travers von der Bahnmitte an "Renvers" oder "Kontertravers") täglich leichter, sozusagen "von selbst", zur Gymnastik vor allem seiner Tragekräfte, also zu der eigentlichen Vervollkommnung der Hankenbeugung und zu der seiner Selbsthaltung findet.

Dank der Gymnastik auf eineinhalb und auf zwei Hufschlägen lernt somit jedes pferdegemäß vorbereitete Pferd in erstaunlich kurzer Zeit
1.) sich zwanglos, d.h. wie selbstverständlich, stärker zu versammeln
2.) die neu hinzu gewonnenen höheren Versammlungsgrade auch bei der Selbstgymnastizierung z.B. an der Longe in der Bahn und auf der Weide zu nutzen
3.) auf Ausritten wie bei der Bahnarbeit mit allen Hufen höher und mit den Hinterfüßen federnder, so die Gelenke schonend, weiter unter die Masse zu treten, was, wie wir noch sehen werden, den meisten möglichen Rücken- und Beinschäden vorbeugt (vergl.: Anhang V)
4.) sich in jeder überraschend neuen (auch Not-) Situation auf der Hinterhand auszubalancieren und sich der Gefahr zu stellen, anstatt sein Heil, wie bisher, in kopfloser Flucht zu suchen.

Der ganze Rest der "eigentlichen Ausbildung", den wir nach dem Siebenjahresprogramm in "RRR" unseren Pferden vermitteln sollten, erschöpft sich nahezu in der Übung und Vervollkommnung der durch die Gymnastik auf zwei Hufschlägen hinzu gewonnenen stärkeren Biege- und Beugegrade, Stellungen und Haltungen und der Lockerheit und Losgelassenheit des Pferdes.

Hierbei erhalten nun erneut die kurzzeitigen (3 bis 5 Minuten währenden) Übungen der Arrets, des Anhaltens und Versammelns nur über sanfte, wechselseitige Bügeltritte und präzise, feine Gewichtsverlagerungen, des Angaloppierens aus dem Stehen, der fliegenden Galoppwechsel bis zu den A-tempo-Wechseln (3:3, 2:2, 1:1) aus versammeltem Galopp oder Redopp und der Galopp-Pirouetten erhöhte Bedeutung.

Während der gesamten "eigentlichen Ausbildung" unseres Pferdes, für die wir ihm wenigstens drei bis fünf Jahre Zeit zu gönnen haben, dürfen wir die Gymnastik nie ausschließlich in die Reitbahn oder ausschließlich in den Wald verlegen. Die regelmäßigen, auch längeren, Ausritte allein oder mit Freunden müssen stets die ebenso regelmäßige, wenn auch kurzzeitige, Bahnarbeit ergänzen, ausgleichen und lohnender gestalten. Zudem sollen sie sowohl unser Pferd als auch uns selbst möglichst regelmäßig und möglichst vollkommen neu entspannen, lockern und lösen.

Das Fernziel bleibt dabei "das Pferd auf den Hanken", wie die Alten Meister sagten, aufgeladen mit Impulsion in vollkommener Selbsthaltung, Losgelassenheit, Schwerelosigkeit und Munterkeit in sämtlichen Stellungen (=

Biegungsgraden), Haltungen (= Beugungsgraden), Gangarten und Situationen; kurz, das unbeschwert fröhliche, "nur noch mit Gedankenübertragung zu reitende Pferd" in voller Harmonie mit seinem Reiter und seiner Umwelt.

Abschließend seien hier noch einige Warnungen angeführt, die man bitte so ernst nehme, wie sie gemeint sind.
Bereits zu Beginn jeder geregelten Arbeit auf zwei Hufschlägen pflegen die meisten "noch einigermaßen naturbelassenen" Freizeitpferde und Araber hinten und vorne etwas gemessener und höher zu treten und in engen Wendungen aus dem Arbeitstrab in den Schultrab überzugehen. Selbstverständlich darf und soll sich jeder Pferdeausbilder über solche erste Anzeichen einer besseren Tragehaltung seines Zöglings freuen, nur überschätze er diese auch nicht! Verwechselt er nämlich den Schultrab mit der sogenannten Doux-Passage, so wird er sehr wahrscheinlich – wie eben einige Berufsbereiter in Deutschland und in der Schweiz, die einzelne Maßnahmen von La Guérinière mit solchen von Baucher und Fillis zusammenrühren – versucht sein, Passagen und Piaffen (mit Gerten, Sporen und grobem Zügelanziehen) aus Pferden herauszupressen, die noch längst nicht bereit sind, weder ihre Hanken pferdegemäß zu beugen, noch ihr Gewicht auf die Hinterhand zu übernehmen, noch sich selbst der Piaffe und der Passage locker hinzugeben. Das Ergebnis solcher viel zu früh und durch den Methodenwirrwarr grundsätzlich falsch gestellter (Über-) Forderungen sind stets für feine Hilfen taube, auseinanderfallende, hysterische Pferde mit künstlichen Aufrichtungen, weggedrückten Rücken und toten Mäulern, Pferde, die man von Grund auf neu anreiten müßte, bevor man sie nochmals in die eigentliche Ausbildung nimmt.
Mit echten Piaffen und Passagen signalisieren Freizeitpferde in der Regel stets nur, daß sie mit unserer derzeitigen Losgelassenheit im Sattel, mit unserer Belastungsweise ihres Rückens und mit dem Hang und der Wirkweise unseres Schenkelrahmens tatsächlich auch locker und losgelassen treten können und ungeduldig einer ihrer augenblicklichen Gleichgewichtshaltung entsprechenden, neuen Aufgabe entgegensehen. (Wehe uns, wenn wir ihnen nichts wirklich "Entsprechendes" anzubieten haben!!!)
Kurz, Passagen und Piaffen sind stets Geschenke unserer Pferde und zugleich Einladungen, die gymnastisch folgerichtig erhöhte Impulsion auch wieder abzurufen und in einer noch weiter und noch höher gymnastizierenden neuen

Übung anzulegen; zum Beispiel in einer "Levade". (Z 28/132) Solche Geschenke und Einladungen seitens der Pferde mit Gerten, Peitschen, Sporen und brutalem Kandarenanziehen erzwingen zu wollen, kann tatsächlich nur einem Reiter einfallen, der dressiert, anstatt zu gymnastizieren, d.h. der sichtlich weder über den Sinn, noch über das unerläßliche (Takt-) Gefühl verfügt, die der pferdegemäße kreative Umgang mit Pferden erfordert.

Die zweite Warnung gilt vor allem den Freizeitreitern, die glauben, die eigenen wie fremde Pferde völlig allein, ohne Kontrolle oder Ratschläge von anderen Sachverständigen gymnastizieren zu können.

In der Tat geht heute sowohl in der Sport- als auch in der "üblichen" (hier = gedankenlosen) Freizeitreiterei noch immer der Irrglaube um, "von der Stirne heiß rinnen muß der Schweiß, soll das Werk den Meister loben"(Schiller). Meister Oliveira hat diesem Satz indessen längst den soviel pferdegemäßeren entgegengesetzt:"Wer auf dem Pferd arbeitet, hat hier nichts zu suchen" - und noch weniger zu finden!

Zu Pferd geht es in jedem Fall und immer um mehr Lockerheit sowohl des Reiters als auch des Tieres. Ja, unsere Entspannung im Kreuz, in der Bauchmuskulatur, in den Oberschenkeln und in den Schultern erlaubt unserem Sitz überhaupt erst, sich von dem Pferd in die Bewegung und in sein Gleichgewicht mitnehmen und an der einzigen richtigen Stelle im Sattel plazieren zu lassen, genau so wie es die Losgelassenheit der Oberschenkel, Knie und Waden ist, die unsere Absätze tiefer als die Fußsohle sinken läßt und so die Unterschenkel mit permanenter, locker-leichter Anlehnung am einzigen richtigen Ort des Pferdeleibes anlegt (: Innenwade knapp, Außenwade zwei Handbreiten hinter dem Gurt).

Zudem ist es ausschließlich die Losgelassenheit jedes einzelnen unserer verschiedenen Körperteile, die zugleich unserem Sitz Dutzende von Informationen aus jeder Pferdebewegung spontan zu sammeln und zu beantworten und unseren bewußten und unbewußten Hilfen ihr reibungsloses Zusammenspiel ("l'accord des aides") erlauben.

Wer als Reiter oder Pferdeausbilder jemals glaubt, er sei Manns genug, um selber zu merken, ob seine Hilfen, ihre Losgelassenheit und Diskretion von seinem Pferd "durchgelassen" oder honoriert werden, befindet sich damit bereits auf reiterlichen Abwegen und wird es daher umso leichter verreiten, anstatt es auszubilden.

Die übrigen Mitglieder einer Pferdehaltergemeinschaft, die uns regelmäßig beim Ausbilden unseres Jungpferdes zusehen und sogar Videoaufnahmen machen, die alle hinterher gemeinsam analysieren und diskutieren, können auch hier eine entscheidende "Geländerfunktion" übernehmen.

Meine dritte Warnung richtet sich an alle Reiter und Pferdeausbilder, die noch immer glauben, die sogenannten "reiterlichen Hilfen" seien nichts anderes als "Tricks", um sich auf Pferden "durchzusetzen", und die meisten Alten Meister hätten sich über ihren genauen Einsatz nur ausgeschwiegen, um sich nicht "in die Karten sehen" zu lassen.

In Wirklichkeit gibt es unter den klassischen vier Hilfen nur eine einzige, die stets, ob wir es wollen oder nicht, mit Macht einwirkt; nämlich ausgerechnet diejenige, die im deutschen Sprachgebiet die am wenigsten bekannte und in Südwesteuropa nahezu die einzige ist, die ständig bewußt eingesetzt wird: die Gewichtshilfe.

Wie bereits mehrmals erwähnt, stellt unser Gewicht für Jungpferde beim Angerittenwerden denn auch ein so ernsthaftes Problem dar, daß manche dem Reiter zuerst einmal wegzulaufen versuchen, andere unter ihm "einfrieren", d.h. keinen Schritt zu tun wagen, dritte den Rücken nach unten durchdrücken und im Trab versuchen, jeweils drei Hufe als Gewichtsstützen auf dem Boden zu halten (: die sogenannten "Gangartenpferde").

Sämtlichen jungen Freizeitpferden gemein ist der "Bann", in dem sie sich - wie die Maus vor der Schlange - anfänglich auf unser Gewicht - genauer: auf unseren Schwerpunkt - konzentrieren. Beim Anreiten ist deshalb von höchster Bedeutung, daß wir dem Bann die Schärfe nehmen (indem wir locker-sanft das Becken nach hinten abkippen) und das Jungpferd einladen, sich die Last dadurch zu erleichtern, daß es unser Gewicht wie das seine zuvor, bei den Fohlenspielen auf der Weide, auf seine Hinterhand übernimmt und trägt. (Vergl. Z 23A / S 109 und "RRR")

Während der "eigentlichen Ausbildung" geht es nun vor allem darum, das Pferd zu lehren,

1.) daß unser Gewicht kein steifer und harter Klotz im Kreuz ist

2.) daß es sich ihm - unbehindert und unbelästigt von Schenkeldrücken, Knieschlüßen, widersprüchlichen Sitz- und Zügelhilfen - locker-losgelassen anvertrauen und hingeben kann

3.) daß somit unser Gewicht sein Freund und Berater in sämt-

lichen Haltungsfragen ist und sein Vertrauen zu ihm jede andere aktive Hilfe erübrigt
4.) daß die Schenkel-, Sitz- und Zügelhilfen also höchstens passive, sogenannte Rahmenhilfen darstellen, die zwar eine locker-leichte ständige Verbindung zwischen dem Reiter und dem Pferd wahren, die Konzentration des Tieres auf den, wie eine Kegelkugel sanft hin und her, vor und zurück bewegten Reiterschwerpunkt aber in keiner Weise weder stören, noch beeinträchtigen wollen.

In gewissem Sinn "ritten" demnach auch die Alten (Freizeitreit-) Meister "mit Kreuz", nur eben nicht dadurch, daß sie es anzogen, sondern indem sie es entspannten. Ihre einzige reiterliche Sorge galt denn auch lediglich dem Lockern ihres Rückens, dem "Entschärfen" des Schiebeeffektes, den das Reitergewicht bei abgekipptem Becken erwirkt, und dem täglich weiter vervollkommneten "Loslassen" des Pferdes (= Lockerung der Rahmenhilfen), kurz, dem pferdegemäßen, kreativen Nachgeben.

Zeichnung 28: Die "Levade" oder (richtiger:) "Pesade" ist der letzte Ausdruck des sogenannten "Gleichgewichtes auf der Hinterhand", der Hankenbeugung, des "Tragens" und der Selbsthaltung des Pferdes. Nicht zu verwechseln: das "Steigen" mit einer echten "Pesade" oder "Courbette".

9. Kapitel

DAS WANDERREITEN

In Mitteleuropa und hier vor allem in den deutschsprachigen Gebieten gibt es, abgesehen von der Pferdeausbildung, kaum eine reiterliche Disziplin, die krasser und für die Pferde nachteiliger mißverstanden und mißbraucht wird, als das Wanderreiten.

Tatsächlich erscheint das Wandern zu Pferd dem einen heute als eine Art "Einstieg für Anfänger" oder "Untergattung" der hochleistungssportlichen Distanzreiterei, dem anderen als ein langer Ausritt, auf dem ein Reiter, möglichst wild verkleidet, und ein Pferd, "das eh' zu nichts anderem taugt", noch einmal durch die Lande gammeln.

Daß es indessen auf unserer Welt Breiten und Kontinente gibt, auf denen das Wanderreiten teils auf Jahrhunderte alte Erfahrungen und Traditionen zurückgeht und hier vor allem "zum Wohle der Pferde" geübt wird, so daß diese in keiner Weise darunter leiden, sondern noch leistungsfreudiger, noch weiter ausgebildet und noch federnder tretend von jedem Ritt zurückkommen, ignorieren sogar erfahrene Wanderreiter.

Pferde haben nun einmal keinen Sinn für nur allzumenschliches So-tun-als-ob. Pferde werden entweder pferdegemäß in Herden gehalten, pferdegemäß kreativ ausgebildet, geritten und trainiert und finden so zurück zu ihrer natürlichen "steady state locomotion" unter dem Wanderreitsattel und -gepäck oder sie verdämmern ihr Leben als Stalltiere und "Sonntagmorgenflitzer" und können auf Wanderritten lediglich heillos in den Vorderbeinen, im Rücken und in den Sprunggelenken ruiniert und verschlissen werden.

Um deutlich zu machen, wie vollkommen sich unsere kurzen und kompakten, "noch einigermaßen naturbelassenen" Freizeitpferde für Reitwanderungen eignen, wenn man sie auch nur entfernt richtig hält, erzieht, anreitet, ausbildet und trainiert, zitiere ich nochmals Professor Preuschoft und zwar aus seiner "Einführung zu den Studien über die Biomechanik des Pferdes": "Für das Überleben in der Vorzeit war die wahrscheinlich wichtigste Leistung von Lauftieren (...) das Wandern mit geringem Energieaufwand über lange Dauer und große Strecken. Es erfolgt mit gleichmäßiger Geschwindigkeit und gleichförmigen, zyklisch wiederholten Bewegungen ('steady state locomotion') - (in jeweils spezifisch-gleichartigen Gleichgewichtshaltungen - SGS). Dadurch wird es unnötig, die gesamte Körpermasse immer wieder zu beschleunigen oder zu verzögern, was viel Kraftaufwand erfordern würde. Außerdem kann der Körper in Schwingungen versetzt werden und diese Schwingungen für die Fortbewegung ausgenützt werden. Tatsächlich hat jeder (...) Sportler schon einmal die Erfahrung gemacht, daß 'es sich leichter läuft', wenn man 'seinen Rhythmus gefunden' hat. Für das Ausnützen solcher Eigenschwingungen spricht auch der Umstand, daß Pferde den zeitlichen Verlauf ihrer Bewegungen außerordentlich konstant halten (...)". (Aus: "Studien zu den Bewegungen von Sportpferden" Wissenschaftliche Publikation 9, FN-Verlag, Warendorf 1987)

Selbst der modernen Wissenschaft zufolge war somit die "wichtigste Leistung von Lauftieren (.., zu denen auch die Pferde gehören - sic H. Preuschoft) das Wandern mit geringem Energieaufwand über lange Dauer und große Strecken". Pferde könnte man deshalb durchaus anstatt "cursorial animals" oder "Lauftiere", zutreffender als "Wandertiere" bezeichnen.

Ihre genetisch verankerte Neigung, "mit geringem Energieaufwand" stunden-, tage- und wochenlang riesige Räume zu durchwandern, hängt, wie wir bereits gesehen haben, einerseits mit der Fähigkeit zusammen, ihre Körper in gleichförmige, zyklisch wiederholbare Schwingungen und Bewegungen zu versetzen, andererseits auch mit einer, das Minimum der dazu notwendigen Energie als "Impulsion" aus der oder über die - von dem Wandertempo, den Bodenverhältnissen und der Bewegungsfrische oder -müdigkeit bestimmten - spezifische Gleichgewichtshaltung zu beziehen.

Das heißt, je vollkommener und je länger unverändert die Gleichgewichtshaltung eines - gerittenen oder ungerittenen - Pferdes den Aufgaben entspricht, die es mit seinen Bewegungen zu lösen trachtet, desto weniger Kraftaufwand erfordern diese. Ja, es scheinen letztlich nicht einmal die Beschleunigungen und die Verzögerungen der einzelnen Bewegungen zu sein, die viel Kraftaufwand verlangen, sondern vielmehr die Veränderungen der Gleichgewichtshaltungen, die Beschleunigungen oder Verzögerungen der einzelnen Bewegungen überhaupt erst auslösen oder zulassen.

Weiß man zudem, daß - wie Professor Preuschoft schreibt - "in der Energieersparnis (...) geradezu ein Grundgesetz der Biologie (besteht)", so leuchtet ein, weswegen unsere Pferdegymnastik vor allem die, mit den Pferdekräften haushaltenden, Gleichgewichtshaltungen und deren Veränderungen zu üben und zu schulen sucht und weswegen ausschließlich auf diese

Weise sehr weit ausgebildete Pferde nach und nach zugleich zu idealen Wanderpferden und zu idealen Freizeitpferden heranreifen können.

Es geht um die Energieersparnis, welche nur die jeder einzelnen Bewegungsfolge möglichst lange unverändert entsprechende Gleichgewichtshaltung des Pferdes garantiert. Denn jede kleinste Energieersparnis wird auf einem langen Ritt zu einem unvergleichlich größeren Gewinn an Ausdauer, "Schwerelosigkeit", letztlich somit an Schonung, Gesundheit und Langlebigkeit.

Hat demzufolge der "pferdegemäße kreative Umgang mit dem Pferd" am Ende "nur" ein ideales Wanderpferd und das Wanderreiten im Auge?

Wenn man das Wandern, ähnlich wie Professor Preuschoft oder die alten Berber, als das eigentliche "Element" des Pferdes, somit als den Inbegriff dessen betrachtet, was dem Prototyp des Kompaktpferdes unter dem Begriff "Gleichgewicht in Bewegung" psychologisch und körperlich vollkommen entspricht, so ist die Frage eindeutig mit "ja" zu beantworten.

Glaubt man hingegen wie gewisse Reitanfänger nach der sechsten Lektion im Tattersall oder nach dem zehnten Tag eines Kurzlehrganges, man verfüge nun über das notwendige reiterliche Rüstzeug, um ein Jungpferd anzuschaffen und mit diesem "zureitender- und trainierenderweise" auf einen grossen "Wanderritt" aufzubrechen, so ist die Frage selbstverständlich kategorisch zu verneinen.

Das heißt, das Wanderreiten, das pferdegemäß kreativ ausbildende Reiter traditionell vor allem zum Wohl ihrer Pferde üben und vervollkommnen, hat mit der in Mitteleuropa heute eben modischen "Wanderreiterei" ebenso wenig gemein, wie das traditionelle, in Südwesteuropa seit dem 16. Jahrhundert allein zum Wohl des Pferdes praktizierte Freizeitreiten mit der mitteleuropäischen Feld-, Wald- und Wiesenflitzerei im Leichten Sitz, die sich den Titel "Freizeitreiterei" zugelegt hat.

Der Unterschied zwischen dem Wander- und Freizeitreiten wie es in Südwesteuropa heute eben noch ausgeübt wird und der nur modischen mitteleuropäischen Wander- und Freizeitreiterei erscheint nochmals deutlicher, wenn man die dazu herangezogenen Pferdetypen betrachtet, auf die leider oft genug zutrifft, was Professor Preuschoft über die mitteleuropäische Leistungspferdezucht schreibt:

"Der Evolutionsprozess (der) Pferde setzt sich bis heute in der Züchtung fort. Hier ist es so, daß der Züchter (aufgrund der Anforderungen des Marktes) Leistungen (als sogenannte "Zuchtziele" - SGS) vorgibt, die (später von den Zuchtprodukten - SGS) erbracht werden sollen. Die Form der Pferde(-körper) sucht er den Leistungen anzugleichen (wobei er allerdings wieder Grenzen in der Variabilität des 'Baumusters Pferd' findet). Der Ausbilder und Reiter muß aber unter allen Umständen den Möglichkeiten und Begrenzungen des Tierkörpers Rechnung tragen"... kurz, "der Natur des Pferdes" und "den Naturgesetzen", wie Major Hans Moser schrieb.

Für uns Freizeitreiter liegt ein unüberbrückbarer Widerspruch sowohl zwischen den Leistungszuchtzielen der mitteleuropäischen Pferdezüchter und unserer Nachfrage nach möglichst "naturbelassenen Pferden" als auch zwischen dem konkreten Angebot selbst des sogenannten "Freizeitpferdemarktes" mit seinen anscheinend nur noch auf Eleganz gezüchteten Arabern und Deutschen Reitponies, im Rücken verkorksten Arabohaflingern, künstlich in die Länge gezogenen Welsh-Cobs und Freibergern und unserem, auch ökologisch berechtigten, Anspruch auf rundum gesunde, belastungs- und tragfähige Kompaktpferde, egal welcher Rasse, mit barocken Formen und toleranten Gemütern.

Die meisten meiner langjährigen deutschen Reitgäste beklagen denn auch bitter den "Mangel an Naturbelassenheit" bei den Erzeugnissen der deutschen Freizeitpferdezucht und sehen darin die Hauptursache dafür, daß die im deutschen Sprachraum üblichen Umgangs-, Pferdeausbildungs- und Reitweisen so katastrophal an der "Natur des Pferdes" und an den "Naturgesetzen" vorbeigehen, bzw. den Pferden und ihrer Gesundheit und Langlebigkeit letztlich überhaupt nicht mehr Rechnung tragen.

Hier in Südfrankreich versuchen einzelne Freizeitreiter schon seit Jahren, mit Berufszüchtern von noch naturbelassenen Kompaktpferden (vor allem mit Camarguepferdezüchtern, aber auch mit solchen von Camargue-Lusitanos, Camargue-Berbern und Mérenspferden) insofern "zusammenzuarbeiten", als sie sich bei ihnen den Nachwuchs ihres Reitpferdebestandes, morphologisch und charakterlich genau definiert, Jahre zuvor "bestellen" und speziell "herauszüchten" lassen. Obwohl sich dieses Vorgehen bisher für alle daran Beteiligten von Vorteil erwies, kann es die allgemeine Nachfrage nach robusten "idealen Freizeitpferden" umso weniger befriedigen, als diese von der staatlichen Zuchtverwaltung nur selten mit "Papieren" und ihre Züchter kaum je mit Zuschüssen versehen werden.

Wie dem auch sei, erst wenn wir mit einem durch und durch gesunden, bis in die höheren gymnastischen Schulen ausgebildeten und entsprechend sorgfältig trainierten Pferd zu einem längeren Wanderritt aufbrechen, kann dieses Abenteuer dann für unser Pferd wie für uns Reiter zu einer Nagelprobe werden und uns die Einsicht vermitteln, daß unser jahrelanges Spazierenführen und Longieren, Anreiten, Gymnastizieren und Ausbilden letztlich dem Pferd nicht nur gut bekam, sondern ihm zu seiner ureigenen Natur, deren Bewegungs- und Selbstgymnastizierungsweisen und zu den diesen spezifisch entsprechenden Gleichgewichtshaltungen zurückzufinden verhalf.

Erst hiernach dürfen wir uns endlich als "Reiter" fühlen, als Wanderreiter und Freizeitreiter, die den Ritterschlag verdienten, nur weil wir zuließen, daß unser Pferd seine körperlichen Fähigkeiten und Möglichkeiten, wie seine psychischen Neigungen und seine Instinkte, nach und nach selbst wiederentdeckte, auskostete, teils überwand, teils von sich aus zu gymnastizieren und zu vervollkommnen begann. Eine alte iberische Reiterregel drückt dasselbe etwas anders aus:"Es ist die Vollkommenheit der Bewegungen und die Vollkommenheit ("der Stolz") der Haltung seines Pferdes, die den Pferdeknecht zum Hidalgo adelt"! (War das nicht einst auch in Deutschland so, Herr Loerke?)

Nochmals anders - und banaler - ausgedrückt, muß jedes Freizeitpferd zuerst einmal von Grund auf "geschickt gehen", das heißt mit seinen Kräften haushalten, sein eigenes Gewicht, das seines Reiters und dessen Gepäck tragen und sich an der Weite der zu durchwandernden Räume, ja selbst an Geländeproblemen und deren Lösung, erfreuen.

Dieser Ansicht scheint jedenfalls auch Max von Weyrother, der berühmteste Leiter der Spanischen Hofreitschule in Wien gewesen zu sein, als er schrieb:"Gehen, geschickt gehen können und wollen, muß sowohl das Pferd des gemeinen Cavalleristen (heute: des Durchschnitts-Wanderreiters - SGS), als das Schulpferd, und beyde müssen, als Begründung ihrer (Ausbildung), gehen, geschickt gehen lernen".

Was heißt "geschickt gehen lernen"? Haben nicht die Herdenchefs sowohl der Herde, in der unser Jungpferd aufwuchs, als auch jener unserer Haltergemeinschaft dem Tier bereits geschicktes Gehen beigebracht?

Leider waren hierzu selbst die größten Weideflächen unserer Haltergemeinschaft bei weitem noch zu eng begrenzt. Dafür bescherten die ersten Zwei- und Dreitage- und die späteren großen Ferienritte, durch die wir vor allem dem chronischen Bewegungsmangel unseres Tieres abzuhelfen suchten, seinem Gehen, seiner Tragehaltung und seinem Haushalten mit der Munterkeit und Ausdauer unvergleichlich viel mehr.

Tatsächlich ist "geschicktes Gehen und Treten" nichts Spektakuläres und fällt Laien höchstens dadurch auf, daß das Pferd sich katzenartig "wie geschmiert" oder "wie in Öl" bewegt und seinen Schwerpunkt sehr weit hinten-unten trägt. Die Hinterhandgelenke federn dabei deutlich "tragend" tief unter die Körpermasse geschoben jede Bewegung aus, und die Aufrichtung der Halsbasis entspricht perfekt dem Beugegrad der Kruppe und der Hanken.

Der Reiter sitzt sichtlich entspannt in der Bewegung des Pferdes und kontrolliert ausschließlich mittels unsichtbar diskreter Gewichtsverlagerungen sowohl dessen Gleichgewichtshaltungen als auch dessen Bewegungen.(Vergl.:Z 29)

Zeichnung 29: Unterwegs; der Wanderreiter und sein Pferd

Was "bringt" nun ernsthaftes Wanderreiten dem Reiter?

Bevor ich diese Frage zu beantworten versuche, muß ich zuerst einmal definieren, was man in Südwesteuropa traditionel unter einem Wanderritt versteht.

Allgemein gelten Ritte unter eintausend Kilometer Länge und unter einem Monat Dauer als sogenannte "Raids". "Raid" ist ursprünglich ein englischer Begriff und heißt, wörtlich übersetzt, "Raubzug", "Razzia" oder "Streife". Nach meiner Erfahrung wird auf den meisten Raids - wenn sie nicht von einem verantwortungsbewußten Berufswanderrittführer mit eigenen topfit ausgebildeten und trainierten Pferden durchgeführt werden - Raubbau an den Kräften und an der Gesundheit der dazu herangezogenen Tiere betrieben.

Unter den Begriff "Raid" fallen zudem alle hastigen und schnellen Ausritte und, nicht zuletzt, alle Distanzritte mit Tempovorgaben (= 30-, 80- und 160-KM-Distanzrennen). Selbst wenn letztere auf speziell trainierten Großpferden und unter tierärztlicher Aufsicht ausgetragen werden, gilt für sie nicht weniger das, was weiter oben zu den Wanderraids bemerkt wurde; nämlich, daß es heute nur noch Berufsreitern möglich ist, Pferde seriös auf Wanderraids und Distanzritte hin auszubilden und vorzubereiten. (Vergl.: Solinski "Der Wanderreiter und sein Pferd" Albert Müller Verlag, Zürich 1974)

Ein richtiger Wanderritt (franz.: "Randonnée" = "Wanderung") führt stets über mindestens zweiundzwanzig Etappen von, je nach der Geländebeschaffenheit, dreißig bis sechzig Kilometer Länge pro Tag und, wie gesagt, wenigstens eintausend Kilometer in dreißig Tagen.

Auf meinen eigenen Wanderritten konnte ich immer wieder feststellen, daß junge, sportliche Leute mit einer affektiven Beziehung zu Pferden und zur Umwelt, die zumindest über die Grundlagen des pferdegemäßen, kreativen Umganges mit Pferden und des Reitens verfügen, auf weitausgebildeten und speziell hierfür trainierten Wanderpferden in nur wenigen Wochen oder Monaten zu beinahe perfekten Reitern heranreifen können.

Gefühl und Sinn, eine "Nase" oder ein "Händchen" für die Natur und alles Lebendige brachten diese jungen Leute von Haus aus mit. Die meisten unter ihnen ritten bereits seit Jahren regelmäßig bei Freunden oder Bekannten oder besaßen eigene Freizeitpferde.

Dennoch ließen sie ihre angelernten Reitweisen hier noch vor dem Aufbruch auf den großen Ritt bereitwillig lockern und in die Richtung auf unseren soviel tieferen Sitz und

Schwerpunkt, auf unseren soviel anschmiegsameren Schenkelrahmen und auf die einhändige Zügelführung umstellen.

Dann brachen wir auf. Während der ersten zwei oder drei Etappen (oder einhundert Kilometer) fielen sie in der Regel immer wieder in ihre alten, eben erstmals überwundenen, Reitgewohnheiten zurück; stellten ihre Becken vertikal gerade auf bis sie sich entsprechend aufgeritten hatten und schließlich nur deshalb unserer Sitzweise endgültig den Vorzug gaben. Oder sie boxten "treibenderweise" mit den Absätzen bis ihre Kräfte zu versiegen begannen und sie endlich, wie vor dem Aufbruch geübt, die Oberschenkel und Knie lockerten, das Gewicht aus den langen Bügeln nahmen und die Schenkel nahezu gerade als bloßen Rahmen locker am Pferdeleib herabhängen ließen.

Allein mit den Zügeln gingen sie – dank unserer einhändigen Führung gründlich verunsichert – von Anfang an eher etwas zu nachlässig als zu stramm um. Alle waren jedenfalls baß erstaunt, daß die Pferde in dem gleichen Maße immer munterer vorwärts gingen, in dem sie selber weniger "trieben", "aktiv ritten" oder die Tiere "bearbeiteten".

Kurz, bereits nach der ersten Woche im Wanderreitsattel hatte sich die Mehrzahl dieser jungen Leute erst nur probeweise, dann absichtlich – was ebenfalls prompt daneben gehen mußte – dann mit Behaglichkeit und schließlich endgültig so losgelassen und entspannt in die Bewegungen der Pferde gesetzt, daß diese die Lasten auf ihren Rücken zu vergessen schienen und wie unbehinderte Herdentiere unbekümmert auch über die schwierigsten "Drailles" (= Pisten, Pfade) der Cévennen, der Camargue, der Provence und der Hochardèche stapften. Besonders talentierte junge Damen entdeckten so, oft schon in der zweiten Woche, wie man "absichtsvoll unabsichtlich" mit der Lage seines eigenen Schwerpunktes jene des gemeinsamen (Reiter- + Pferd-) Gravitationszentrums beeinflußen kann und welche "Wunder" – wie es hieß – selbst die bescheidensten Gewichtsverlagerungen bewirken, wenn sie sich nur locker genug mit, in oder aus der Pferdebewegung "von selbst" ergeben und dieser nicht widersprechen.

In der dritten Woche zeigten sich in der Regel sämtliche Anfangsschwierigkeiten, ja sogar die Ermüdungserscheinungen mangelhaft vorbereiteter Reiter, die Blasen an den Füßen wie die Sitzschmerzen, ein für alle Male überwunden, so daß man die lockersten Reiter auf den noch frischesten Pferden auch einmal alleine Wege auskundschaften, für Quartier vorsorgen oder auf Bestellung eines reichhaltigen Menus schicken konnte.

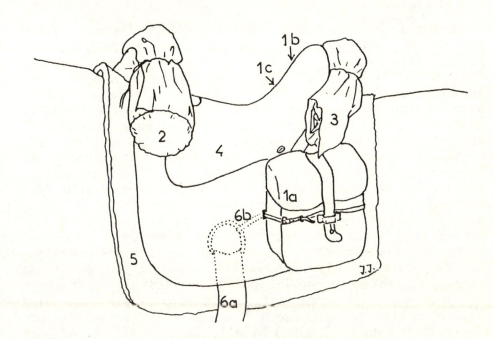

Zeichnung 30: Die Ausrüstung für Wanderritte
1) zwei gleichschwere hintere Packtaschen mit (von unten nach oben in wasserdichte Einzelbeutel verpackt):
1a) Beschlagswerkzeug: Hammer, Zange, Hauklinge, Raspel, Hufnägel und zwei artikulierte Ersatzeisen, Huföl, Putzzeug. Reiterwasch- und rasierzeug, Lederreparaturset, Taschenlampe
1b) Notapotheken für Mensch und Pferd, Haferbeutel, Reiseproviant, Feldflasche mit Becher, Mini-Kocher, Besteck
1c) Kartenabteil oder Kartentasche
2) "Bettwurst" mit (wasserdicht verpackt): Schlafsack mit Leintuchfutter, Wechselwäsche, Handtuch
3) Windjacke und/oder Ölzeug oder Regenponcho
4) Südfranzösischer Wanderreitsattel (Hohlsattel)
5) Satteldecke und/oder Wollponcho über einer Navajo-Decke
6a) Sattelgurt (Typ: Westerngurt) an dessen beiden Ringen...
6b) die Packtaschen durch Schlitze in den Sattelblättern hindurch gesichert werden.
Für große Ritte kommen zu dieser Ausrüstung noch hinzu:
Faltbare Segeltuch-Wassereimer, Pferdehaarseile, Fußfesseln. Als Kopfzeug tragen südwesteuropäische Wanderpferde in der Regel leichte Wanderhalfter oder ein Pferdehaarseil um den Hals geknotet und einfache Arbeitskandaren oder mechanische Hackamores oder Bosals.

Meistens war es auch spätestens in dieser dritten Wanderwoche, daß wir alle "aus der Zeit kippten": Jeden Morgen wanden wir uns zwei Stunden vor dem Sonnenaufgang aus den Schlafsäcken, fütterten die Pferde, wuschen uns, frühstückten, tränkten und putzten die Pferde, sattelten sie, packten auf, räumten den Mist weg, zäumten und brachen genau eine halbe Stunde vor Sonnenaufgang auf, um möglichst ausgiebig von der morgendlichen Frische zu profitieren. Gespräche ergaben sich in der Regel erst nach dem Sonnenaufgang, den selbst die Pferde jeweils nahezu andächtig zu genießen schienen. "Jeden Morgen bricht alle Zeit neu an", schrieb der Spanier Ramon Gomez de la Serna in den "Greguerias". Und genau der gleiche Eindruck hielt uns von nun an bis zum Ende des Rittes in seinem Bann.

Unwillkürlich fanden unsere Pferde und wir uns jeden Tag in der "neuen", "anders tickenden", anders ablaufenden Zeit wieder und erlebten die Etappen ausschließlich im Rhythmus der Bewegung im Gleichgewicht. Geländeschwierigkeiten fielen uns so spontan auf wie durch Pferdeaugen betrachtet und bei ihrer Überwindung gingen wir alle ausschließlich von der augenblicklichen Munterkeit und von den körperlichen Fähigkeiten jedes einzelnen Pferdes aus und von deren "Einfällen", die verzwickten Lagen meistens viel unmittelbarer gerecht werden, als alle menschliche Klügelei.

Vermutlich rutschten die talentierteren Reiter vor allem hierdurch endgültig "auf die Seite der Pferde" und erschlossen sich damit ungewollt ihre instinktive oder intuitive "Erfahrungsfähigkeit" und den Umgang mit ihrer eigenen Affektivität sowohl den Pferden und anderen Tieren als auch den Mitmenschen, Pflanzen und Landschaften gegenüber. Taktlosigkeiten, welche die körperliche Übermüdung der Reiter in den ersten Tagen provoziert hatte, Gereiztheiten und Gefühllosigkeiten schienen ein für alle Male überwunden.

Erstaunlich war jedenfalls, wie schnell junge Reiter nicht nur hinter die Prinzipien des pferdegemäßen Reitens kamen, sondern wie "selbstverständlich" sie zudem lernten, ihren Ehrgeiz wie ihre Unlust abzulegen oder unter Kontrolle zu halten und nahezu nur noch aus "biologischer Notwendigkeit", den Pferden wie den Mitreitern gegenüber spontan zu handeln, so daß sich Warnungen und Weisungen meistens schon von dieser dritten Wanderwoche an völlig erübrigten.

Drängten so die Pferde beispielsweise durstig an einen Bach, so suchten die Augen der Reiter spontan zuerst einmal die Ufer nach Schafspuren ab, bevor man die Tiere schluckweise mit Unterbrechungen langsam saufen ließ (hier im Süden übertragen Schafe oft Leberegel auf Pferde, die solchen nicht gewachsen sind).

Ritten wir bergab, so ließen sich unaufgefordert alle Reiter aus den Sätteln gleiten, die ihren Pferden den Abstieg erleichtern wollten. Und beschloß man endlich, sich eine Ruhepause zu gönnen, so stellten sie ihre Pferde alle in den dichtesten Schatten, sogar wenn sie sich selber dafür in der prallen Sonne den Fliegen, Bremsen und Kribbelmücken aussetzen mußten.

Sie lernten dabei, ohne daß viele Worte verloren wurden, die Ruhehaltungen ihrer Pferde unterwegs wie an den Etappenzielen richtig zu beurteilen und auszudeuten und aus dem jeweiligen Abschliff der Hufeisen sowohl der Tagesleistung des Pferdes als auch ihrem eigenen Reiten gegenüber die richtigen Schlüsse zu ziehen.

Unterwegs behielten sie stets das Auftreten und Gehen des Pferdes vor ihnen im Auge und lernten sogar, an dessen Mist (Häufigkeit des Mistens, Konsistenz, Farbe und Glanz) die noch zu erwartende Leistungsfähigkeit des Tieres abzulesen. Ebenso kamen sie nach und nach hinter die Texturveränderungen der Pferdehaut bei großer Hitze oder Schwüle und Wassermangel und hinter die Verfärbungen des Augenbindegewebes bei allzu eiweißreichem Futter, bei eisiger Kälte oder kurz vor einem heftigen Gewitter.

Als erstes lernten sie das Schwitzen ihrer Pferde und die Spontanreaktionen auf Umweltreize hin sachverständig zu interpretieren. Tatsächlich müssen sich die Pferde - wie die Reiter - auf Wanderritten täglich munterer, wacher, frühzeitiger, mutiger und zugleich gleichmütiger für täglich mehr verschiedene Details der Landschaft interessieren, wenn die Wanderung sie biopositiv fördern und nicht abstumpfen soll.

Mindestens ebensoviel Interesse seitens der Reiter verdienen aber auch die, nur an einzelnen, nicht an allen Pferdekörpern auftretenden feuchten oder schweißnassen Stellen. Schwitzt so zum Beispiel ein Pferd nur, oder vor allem am Hals, so leidet es eindeutig unter Schmerzen oder Aufregung; am Hals und an der Vorderhand, so wird letztere eben schmerzhaft überfordert oder überbelastet; ausschließlich zwischen den Hinterbacken und etwa bis zum Nabel, so trägt und arbeitet die Hinterhand vorzüglich mit; an der Hinterhand und an den Flanken, so treten die Hinterhufe zuwenig unter und die Hinterhand zeigt sich überfordert; stark aber gleichmäßig am ganzen Körper, so wurden eben alle Kräfte des Pferdes überfordert; stark, jedoch vordringlich am Kopf, Hals, an der Vor- und Mittelhand, so kann das Tier einen Sonnenstich oder Hitzschlag erlitten haben und, wenn sich dazu noch hohes Fieber, schneller Puls und Atem einstellen, kurz vor einem Zusammenbruch mit akuter Kolikgefahr stehen. Es braucht jedenfalls dringend Abkühlung in dichtem Schatten oder mit den Beinen bis über die Vorderknie in einem Teich, Fluß oder Bach stehend.

Kurz, je länger unsere Wanderritte dauerten, desto sicherer wurden jene jungen Leute ihrer tierärztlichen Diagnosen und ihrer, vor allem vorbeugenden, Maßnahmen. Kreuzten wir einmal andere Wanderreiter und -pferde, die uns kurz begleiteten, so erkannten sie meistens auf den ersten Blick, welcher Sattel-, Gurten- oder Packzeugdruck mit Arnikatinktur oder Eiswürfeln (: geschlossene), welcher mit Jodkohle (: kleine, offene), welcher mit Zinksalbe (:große, offene) zu behandeln war, und gingen mit Essigwasser und Arnika an aufgelaufene Sehnen und Schlagstellen und mit Lavendelöl an Schürfwunden und Sommerekzemstellen (gegen Fliegen).

Sie erlebten oder erlitten so jede Etappe nahezu nur noch indirekt; nämlich über die guten und schlechten Erfahrungen, die ihre Pferde dabei machten, und ritten entsprechend draufgängerisch oder besorgt rücksichtsvoll. Schließlich sah es geradezu so aus, als hätten sie sich nicht nur "endgültig auf die Seite der Pferde geschlagen", sondern als seien sie geradezu in den Dienst vor allem der Natur und des Lebens in den Landstrichen getreten, die wir wandernd durchritten, und würden deren "natürliche Anliegen" nicht nurmehr wahrnehmen und bedenken, sondern versuchten, diesen stets spontan vor allem gerecht zu werden.

Große und sehr große Wanderritte sind Nagelproben sowohl für jedes Freizeitpferd als auch für jeden Freizeitreiter, der wissen und erfahren will, inwiefern die jahrelange Fürsorge seiner selbst und die der Haltergemeinschaft für sein Pferd wirklich pferdegemäß und kreativ richtig erfolgte, was dabei am dringendsten umzugestalten, zu verbessern oder zu vermeiden ist und wie er die Lebenslust der ganzen Gemeinschaftsherde noch konkreter fördern kann. Ausschließlich auf großen und ganz großen Wanderritten wird der Freizeitreiter somit nochmals - vielleicht zum letzten Mal - zu einem "Ritter ohne Fehl noch Tadel"... wenn wohl auch "nur" seinem Pferd und dem Leben in der Natur gegenüber...

* * * *

10. Kapitel

DIE ALCHIMIE DES REITENS

Aus nahezu allen Informationen, Quellen und Kommentaren, die sich ernsthaft mit dem traditionellen "Freizeit"- oder "A-la-Brida-Reiten" befassen, ja selbst aus dem provenzalischen Begriff "Fé-di-biou", den ich während meiner Kampfstierhirtenlehre wieder und wieder vorgesetzt erhielt und zu ergründen hatte, klingen letzten Endes stets Bezüge zu Welten an, die für unsere zur Wissenschaftlichkeit erzogenen Gehirne meistens wenig mit Pferden und dem Reiten zu schaffen haben. Wenigstens dachte ich das zur Zeit des Beginns meiner Gardianlehre in der Camargue.

Als ich zum Abschluß der Lehre, fünf Jahre später, mehrmals über die "Fé-di-Biou" ausgehorcht wurde, stotterte ich zwar noch immer heillos überfordert wirres Zeug, aber wenigstens reichte das, was ich auf tage- und wochenlangen Ritten hinter den Stieren nicht erkannt, sondern am eigenen Leib erfahren und mir retrospektiv bewußt gemacht hatte aus, um meine Lehrmeister davon zu überzeugen, daß ich den Trident (Dreizack zur Abwehr angreifender Stiere = damals das materielle Symbol einer abgeschlossenen Gardianlehre) verdient hatte und ihn "würdig" zu führen wüßte. Hier zu erklären, wie man mit einem Trident zu Pferd "würdig" umgeht, würde sicher zu weit führen. Zudem schien die Antwort auf diese Frage auch meinen Lehrmeistern damals nicht besonders wichtig zu sein. Ihnen schien es bei dem Aushorchen vorallem darauf anzukommen, von mir zu erfahren, inwieweit ich mich tatsächlich "auf die Seite der Stiere und Pferde geschlagen" und inwiefern ich mich dadurch persönlich grundlegend verändert hatte.

Den "Erfolg" der Lehren, die mir der Herdenbesitzer und sein Chefgardian selber oder aber durch ihre Pferde, Stiere und durch die Tücken der Salzsteppe erteilt hatten, maßen sie somit weder an der Geschicklichkeit mit der ich ritt oder zuritt, noch an der mit welcher ich Rinder aussonderte oder mit dem Hüterstock umging, sondern einzig und allein daran, inwieweit ich mich in das Leben auf der Steppe einfühlen konnte und mich diesem und seinen Notwendigkeiten unterzuordnen und/oder anzupassen verstand.

"Zulassen" oder "Eingreifen"? So lautete die nie gestellte, aber stets durch absolut spontanes richtiges Handeln oder Nichthandeln prompt zu beantwortende Frage.

Als ich erfahren und lange genug geübt hatte, wie man spontan eingreift, indem man zuläßt, daß sich die Ereigniskonstellationen von selber auswirken, erklärten meine Lehrmeister die Lehre für abgeschlossen und ich erhielt den Trident überreicht.

Etwa zwanzig Jahre später besuchte mich einmal ein französischer Judomeister, der lange in Japan gelebt und trainiert hatte, und der sich nun im Reiten fortbilden wollte. Er hatte bereits einige Reitlektionen in einem Pariser Tattersall erhalten und zeigte sich entsprechend steif und verkrampft. Wir diskutierten oft und lange den möglichen Ursprung seiner Verspannungen, bis mir einmal, während einer Longenlektion die Weisung entfuhr:"Sehen sie im Pferd doch nicht einen Gegner! Betrachten sie es vielmehr als ihr eigenes Söhnchen, das sie, den Judomeister, spaßeshalber aus dem Gleichgewicht zu bringen versucht, das sie aber auf keinen Fall Schmerzen oder auch nur einem unsanften Griff auszusetzen trachten".

Der Judomeister blickte wie entgeistert und entspannte sich blitzartig vollkommen. Der Groschen war gefallen. Von nun an konnten wir uns auf das eigentliche Reiten konzentrieren. Während der nächsten Kurstage sah er mir jeden Morgen zu, wenn ich meine Pferde longierte und ritt. Als mir Ibis, der jüngste Schimmel der Herde, einmal unversehens einige erste Tritte einer makellosen Passage schenkte, entfuhr dem Judomeister ein Kompliment, an das ich mich heute noch wörtlich erinnere:"Du hast eben geritten wie japanische Schwertmeister Tee zu trinken pflegen".

Eine junge Berliner Reitlehrerin, die kürzlich ebenfalls zusah, als ich Ibis ritt, empfand dabei wohl Ähnliches wie der Judomeister, beurteilte es aber interessanterweise – vermutlich ihrer deutschen Militär- und Sportreitauffassung gemäß – negativ; nämlich als "geritten wie auf einem rohen Ei"!

Wie dem auch sei, die Diskussionen mit dem französischen Judo-Schwarzgurt weckten schon vor vielen Jahren mein Interesse für die Parallelen zwischen unserem pferdegemäßen kreativen Reiten und anderen Systemen, denen es ebenfalls vor allem um "spontane Entscheidungen, zuzulaßen oder einzugreifen" geht.

Aus persönlichen Gründen stehen mir die chinesischen und japanischen Kampfsportarten, die teils noch Träger einiger Überreste der Zenkultur sind, besonders nahe. Zu meinem Leidwesen mußte ich jedoch einsehen, daß die geistige Haltung des Tai Chi und Aikido, des japanischen Bogenschießens und Schwertfechtens, des Judo und Kung-Fu theoretisch zwar recht viel mit der "Erfahrungsoffenheit" oder Disponibilität eines Gardians zu tun haben kann, in der europäischen Praxis hingegen den Pferden bisher noch nichts gebracht hat. Und in Japan scheint es ihnen auch nicht viel besser zu gehen, wie der Umgang der berittenen Bogenmeister mit den Pferden bei den japanischen "Championships" alle Jahre wieder zeigen.

Desgleichen wurden bereits heute vor zwanzig Jahren in Süddeutschland Yogaübungen zu Pferd gelehrt und trainiert, ohne daß sie den Pferden - meines Wissens - eine nennenswert höhere Lebenserwartung beschert hätten.

Sogar das etwa zur selben Zeit auf Korsika und hier in Südfrankreich entwickelte "Instinktive Reiten", bei dessen Übung es vor allem um die Lockerheit und Losgelassenheit des Reiters und des Pferdes geht, prallt als Massenreitweise an der Ungeduld und Mühescheu der Durchschnittsreiter ab, obwohl seine Atemübungen beispielsweise auch schon Anfängern erlauben, mit einem einzigen Sprung aus dem Galopp anzuhalten und aus dem Stehen in einem einzigen Sprung korrekt wieder anzugaloppieren.

Dennoch hat die Marktforschung wohl erst neuerdings entdeckt, daß sich Esoterik zu Pferd über entsprechend geheimnisvolle Annoncen und Prospekte eigentlich blendend verkaufen müßte. Gesagt, getan! Die New-Age-Reiterei erscheint im Vormarsch begriffen und - an den Preisen gemessen - tatsächlich ein glänzendes Geschäft zu sein.

Dabei ist nicht einmal auszuschließen, daß es in den, wie Pilze aus dem Boden schießenden, esoterischen Reitzentren durchaus auch einige qualifizierte Reitlehrer gibt. Nur, wozu verbrämen diese ihre Reitpädagogik dann mit Fasten, Schweigen, Hara, der Mitte, Massagen und Aussprüchen obskurer Gurus ferner Kontinente? Und nochmals und vor allem, was haben die Pferde von dem esoterischen Aufwand oder zum Beispiel von einer Spring-"Schulung unter humanistischen Gedankengängen"?

Nichts gegen Tai Chi, wenn seine Übung den von der Natur abgenabelten Mitteleuropäer erneut in eine lebendige Beziehung zu seiner Umwelt versetzt, ihn wirklich lockert und so in sich ausbalanciert, daß er zufuß wie zu Pferd zu seiner eigenen "Bewegung im Gleichgewicht" zurückfindet. Nichts auch gegen gewisse Prinzipien des sogenannten "Centered Riding", wenn diese Reitanfänger tatsächlich sowohl ihren eigenen Schwerpunkt als auch den pferdegemäßen Umgang damit entdecken und üben lassen. Nur so, wie es in dem Buch von Sally Swift eben beschrieben wurde, geht's leider nicht.

Fühle ich mich gezwungen, in der Folge kurz auf Frau Swifts Buch einzugehen, so vor allem deshalb, weil es in nicht wenigen Freizeitreiterköpfen mehr Verwirrung als Klarheit stiftet und zudem ein Musterbeispiel dafür ist, wie die Vermengung von Gutem, Zweifelhaftem und Unmöglichem nun auch Eingang in die Reit- und Pferdebücher findet. Der englische Originaltitel des Buches ist schlichtweg genial zu nennen. Denn unter dem Begriff "Centered Riding" ließe sich tatsächlich selbst unsere pferdegemäße kreative Reitweise zusammenfassen und all das, was sie sowohl von der Dressurreiterei als auch von der Westernreiterei und sogar von dem abhebt und unterscheidet, was Frau Swift, den Bildern nach zu urteilen, darunter zu verstehen scheint.

Frau Swift erklärt aber mit einem zeichnerisch karikierten Vergleich des Leichten Sitzes, des deutschen Dressur- und des südwesteuropäischen Gebrauchssitzes und ihrem Text dazu das vertikal aufgestellte Becken zur einzigen richtigen Haltung zu Pferd, als ob man seinen Oberkörper, die Wirbelsäule und das Becken im militärischen Dessursitz loslassen und entspannen und seinen Schwerpunkt tiefer und weiter zurück verlegen könnte.

Unter den rund einhundert Fotografien und vierzig schematischen Darstellungen von Reitern und Pferden fand ich denn auch nur eine einzige Zeichnung (:"Das glückliche Pferd"), die ein Pferd im Gleichgewicht, resp. in einer echten und wirklichen "Selbsthaltung" vorstellt. Der deutsche Untertitel des Buches verspricht jedoch "Pferd und Reiter im Gleichgewicht"! Also?

Kann man als Baum zu Pferd sitzen, seine Krone (den Oberkörper) in den Himmel recken, seine Füße in der Erde verwurzeln wollen und sich dabei so locker entspannen, daß das Pferd in sein Gleichgewicht und in die Bewegung findet und, daß endlich "Ki", die Urkraft, zirkuliert? Müssen solche mnemotechnischen Bilder nicht geradezu für Viele zu neuen Vorwänden werden, an ihrer verkrampft steifen Quodlibet-Reiterei nur ja nichts zu verändern?

Was soll zudem die Bemühung von "Ki" oder "Chi"?

In "Ki im täglichen Leben" (Kristkeitz, Berlin 1980) schrieb Koichi Tohei:"Wenn wir atmen, atmen wir mit unserem gesamten Körper das Ki des Universums" und "Beim Ki-Training üben wir, immer Ki auszusenden (...)". Bei dem "Instinktiven Reiten" hält man durch Ausatmen an und reitet durch bewußtes Ausatmen auch wieder an, nur weil das Ausatmen stets einen Zugewinn an Lockerheit und Losgelassenheit bedeutet.

So scheint es ebenfalls Gia-Fu Feng aufzufassen, bei dem Frau Swift sehr wahrscheinlich ihre Tai-Chi-Kenntnisse entliehen hat, schreibt er doch in seinem Buch "Tai Chi - A Way of Centering" (Collier, New York 1970) selbst dem Ki-Training zufuß vor allem Lockerheit und Losgelassenheit vor:"Loosen your shoulders an drop your elbows so your 'Chi' sinks into your lower belly (...). (...) flex your back, relax your loins...", somit Haltungen, die zu Pferd ohne das von Frau Swift ausdrücklich für falsch erklärte Abkippen des oberen Beckenrandes nach hinten gar nicht zu verwirklichen sind.

Stattdessen empfiehlt Frau Swift in der "Übersicht über die (beim Reiten) nützlichsten Bilder und Vorstellungen": "Reiten Sie mit Ihrem Skelett"; "Reiten Sie ohne Beine, nur mit dem Oberkörper"; "Lassen Sie Ihre Oberschenkel seitlich hinuntersinken, wie eine Wäscheklammer auf der Leine", was meiner Erfahrung zufolge in der Reitpraxis zu nichts anderem führt, als zu knochensteifem Sitzen, zu groben Verstößen gegen jede pferdegemäße Gewichtsverlagerung und zu bewegungsbehinderndem Klammern mit den Oberschenkeln und Knien. Wohl allein deswegen muß das Pferd dann - den Fotos zufolge - mit umso kürzeren Zügeln so festgehalten werden, daß es sich nicht einmal ansatzweise selber tragen, loslassen und entspannen kann. Kurz, alles in allem verspricht Sally Swifts Lehrmethode den Freizeitpferden weder mehr Verständnis seitens ihrer Reiter, noch Fortschritte im Wohlergehen, in der Gesunderhaltung und in der Langlebigkeit.

Damit möchte ich keineswegs bestreiten, daß man Yoga oder Tai Chi nicht auch zu Pferd und für dieses mit Gewinn betreiben kann. Nur versuche man im Umgang mit Pferden nie, seine eigene natürliche Entwicklung zu überstürzen, alles auf einmal "in den Griff bekommen" zu wollen, und lerne stattdessen zuerst einmal reiten oder aber, sich dank Tai Chi wirklich zu lockern und zu entspannen, denn welcher Reitlehrer ist zugleich ein Meister des Tai Chi und welcher Tai-Chi-Meister zugleich ein großer Reitlehrer?

Zudem muß ich eingestehen, daß häufig auch bei uns hier in Südwesteuropa ein "esoterisches System", wenn auch nur als Vergleichsbasis zur Beurteilung der Ausbildungsfortschritte unserer Pferde, hinzugezogen wird: die Alchimie.

Tatsächlich scheint die Alchimie durch ihre Verbindung der menschlichen Erfahrungsebene mit dem "wissenschaftlichen Denken" dem Westeuropäer wie auf den Leib geschneidert und hilft hier nicht nur Gardians und Herdenbesitzern, leichter und schneller den Belangen der Stiere und Pferde zu genügen.

Die Alchimie stammt ursprünglich, wie Mircea Eliade nachgewiesen hat, von den prähistorischen "Hütern des Feuers", den Metallurgen und "Schmieden" ab. Im Vorderen Orient etwa im 16. Jahrhundert vor Christus entstanden, in China im 4. Jahrhundert nachgewiesen, breitete sie sich von Ägypten im 2. Jahrhundert vor Christus über Griechenland (3. Jhdt nach Christus) gleichzeitig nach Osten (Indien 4. Jhdt.) und Westen (Iberische Halbinsel 8. bis 13. Jahrhundert) aus, um ihre Blütezeit hier, "wie es der Zufall so will" im 16. und 17. Jahrhundert gleichzeitig mit der Blütezeit des klassischen Freizeitreitens zu erleben.

Um mich dem Verdacht zu entziehen, die Bedeutung der Alchimie sowohl für das klassische als auch für das moderne pferdegemäße Freizeitreiten "beugend" zu interpretieren, zitiere ich in der Folge Mircea Eliade aus seiner Arbeit "Schmiede und Alchimisten" (Seiten 181 - 184, dtsch: Verlag Klett - Cotta, Stuttgart 1980):

"...Die Alchimie (setzt) einen sehr alten Traum des homo faber fort und verwirklicht ihn, nämlich den Traum, an der Vervollkommnung der Materie mitzuarbeiten (...). Ein gemeinsames Merkmal tritt bei allen diesen Versuchen hervor: dadurch, daß der Mensch es übernahm, die Natur zu ändern, setzte er sich an die Stelle der Zeit. Was der Jahrtausende (...) bedurft hätte, um in den Tiefen (und auf) der Erde zu reifen, glaubt (...) der Alchimist in wenigen Wochen zur Reife bringen zu können. (...) Die Vorstellung von der alchimistischen Wandlung ist die mythische Krönung des Glaubens an die Möglichkeit einer Änderung der Natur durch die menschliche Arbeit (...)"... und ist auf die Pferde und Stiere übertragen, das Kredo sämtlicher südwesteuropäischen Berufsreiter, Pferdeausbilder und Freizeitreiter seit dem 15. Jahrhundert.

Allen Quellen, die mir zugänglich waren, zufolge, hatte sich jeder Alchimist während seiner Lehrzeit ein für alle Male "auf die Seite des Lebens", "der Erde", "der Metalle" oder "des Einhorns" zu schlagen, bevor er an die praktische Vorbereitung des eigenen "Opus alchymicum" auch nur denken durfte. Und nicht wenige Texte nennen die im "Opus" zu wandelnde "materia prima" das "Füllen" oder "das Graue Pferd", das zu einem weißgoldenen Schimmel, zum Stein der Weisen, zu dem "wunderbarsten und kostbarsten Ding auf Erden" (Gloria Mundi 1526) werden muß. Jedenfalls blickten die - bewußt oder unbewußt - verkappten Alchimisten unter den Herdenbesitzern, Zureitern und Gardians stets weit über ihre Nasenspitze hinaus und kümmerten sich, weiß Gott

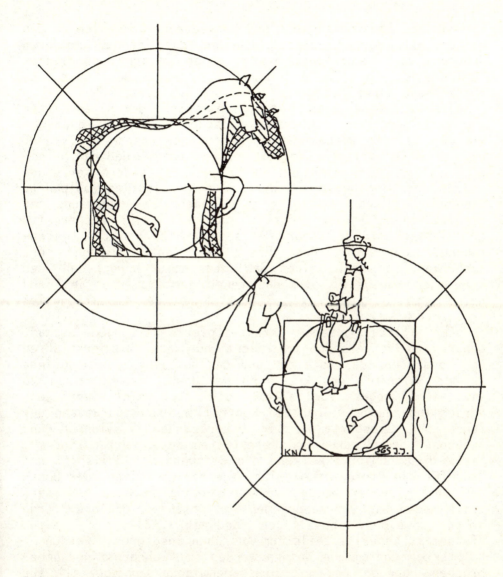

Zeichnung 31: Das Signet der traditionellen Freizeitreiter (Rekonstruktion aus mehreren alten Signets verschiedenster südwesteuropäischer Ursprünge - Copyright vorbehalten)

mit wieviel Ernsthaftigkeit und Konsequenz, vor allem um die Weiden, das Wasser, die Stiere und die Pferde, um deren Wandlung und Ausbildung, nie hingegen um ihr persönliches Seelenheil, die "Selbstfindung", ihren Nabel oder das "Mitbringen einer Yogamatte" zu einem Reitkurs.

Alte Weisheiten sowohl der Alchimisten, der Alten Ritter und des "gemeinen" südwesteuropäischen Volkes als auch gewisser Indianer Nordamerikas, der Araber ebenso wie vieler anderer orientalischer Völker besagen zudem, daß der Mensch sich selbst ausschließlich im Spiegel der anderen erkennen und in der Hingabe an ein Werk, das er selbstlos vollendet, wiederfinden kann. Dasselbe gilt, nach der Auffassung der traditionellen Freizeitreiter, auch für seine Lockerheit, Losgelassenheit, ja sogar für seinen Sitz und die Hilfengebung, die ihm das Pferd nahelegt, während er, ausschließlich dank seines Gewichtes dafür sorgt, daß "der Ofen nicht ausgeht", daß das Feuer der Impulsion im Pferd nicht erstirbt (vergl.: Z 31/151 Signet der traditionellen Freizeitreiter).

Im Alltag unserer Freizeitpferde-Haltergemeinschaft gehören selbstverständlich nicht nur das Spazierenführen und Longieren, das Anreiten und das Ausbilden der Jungtiere zu der "Alchimie des kreativen Reitens", sondern auch, ja vielleicht sogar vor allem, die noch viel mehr Zeit verschlingenden regelmäßigen Kontrollen und Reparaturen der Zäune und Zaunportale, der Unterstände, Stallungen und Scheunen, der Brücken und befestigten Wege. Furten sind mit Kies, die Longierzirkel und die Reitbahn mit Rollsplit und Sand für die Pferde problemlos begehbar zu halten. Die Böden der verschiedenen Weiden müssen ständig im Auge behalten, teils gegen ein Überhandnehmen von Pflanzen, die die Pferde nicht abweiden, spezifisch gedüngt, teils von altem Pferdemist befreit, teils zum Ausruhen ausgegrenzt werden.

Stark mitgenommene Weiden werden im Frühherbst neu umgebrochen, geeggt und mit Grassamenmischungen speziell für Pferde neu eingesät und gewalzt. Je nach dem, was noch vor dem Winter zu sprießen beginnt, wird im Januar oder Februar mit phosphorarmen Natur- und Kunstdüngern gezielt gedüngt, so daß die Pferde sie im Hochsommer wieder beweiden können.

In allen Grassamenmischungen speziell für Pferde sollten unbedingt auch kleine Anteile Samen von Pflanzen enthalten sein, die Pferde nicht regelmäßig abweiden, die ihnen jedoch bei Bedarf, beispielsweise zur Entwurmung oder bei Durchfall oder Verstopfung zur Verfügung stehen müssen.

Auf meinen – nie umgebrochenen – Ödlandweiden knabbern die Pferde so stets nur kurzzeitig, dann aber mit entsprechendem Erfolg zur Entwurmung jeweils im Frühwinter: Queckensprossen, Fenchelsamen und Brombeerblätter; im Spätwinter: Eschenrinde und Brombeerblätter; im Frühling: Eschenblätter, Blütenköpfe des wilden Knoblauchs und die ersten Fenchelschößlinge; im Sommer: Blütenstände wilder Karotten, vertrocknete Blütenköpfchen der wilden Kamille, Queckenwurzeln, Fünffingerkraut und Besenginsterblätter; im Herbst: Eisenkrautsamen, Brombeerblätter, Melisse und Blätter verschiedener Minzenarten und bei Durchfall dazu noch Blütenstände des Blutweiderichs.

Hin und wieder fressen sie auch, aus mir unerfindlichen Gründen, wilde Malven (Hustenvorbeugung? Schleimhautentzündung?), Löwenzahn (Blutreinigung? Leberprobleme?), Odermennig (Blutarmut? Nierenprobleme?), Johanniskrautblüten (Entwurmung? Nervenleiden?), Hirtentäschel (Durchblutungsprobleme?, zu hoher oder zu niederer Blutdruck?), Weidenröschen (Nierenleiden?), Spitz- und Breitwegerich (Hustenvorbeugung? Blasenleiden?), Wiesensalbei und wilde Schafgarbe (Knochenmarkleiden?).

Das Beobachten unserer Pferde auf der Weide und besonders dessen, was sie an Außergewöhnlichem nicht nur zufällig einmal, sondern offensichtlich "gezielt" zu sich nehmen, ist ein Musterbeispiel dafür, wie man im Umgang mit Tieren "alchimistisch vorgehen" kann.

Tatsächlich ist Vorbeugen nach wie vor besser als Heilenmüssen. Durch die Aufnahme von Pflanzenteilen, die sie normalerweise nicht einmal beachten, zeigen uns unsere Pferde äußerst deutlich, woran es ihnen im Augenblick mangelt, woran sie leiden oder was ihnen "zu ihrem Glück noch fehlt". An uns ist es nun, dank genauer Kenntnis der betreffenden Heilpflanze zu wissen, was es sein könnte, das ihnen fehlt und unsere Erfahrung oder Intuition wird uns, mit einiger Übung, die richtige Diagnose im richtigen Augenblick stellen lassen, wenn wir nur offen und disponibel genug sind. – Für die vorbeugende oder eine eigentliche Behandlung des von uns diagnostizierten Leidens, haben wir – vorausgesetzt, wir sind uns der Richtigkeit der Diagnose absolut sicher – möglichst schon im Augenblick, in dem wir sehen, was eines oder mehrere Pferde unserer Herde an Außergewöhnlichem zu sich nehmen, sogleich mit dem Sammeln dieser (oder einer Ersatz-) Heilpflanzenart zu beginnen, ein gehöriges Bündel davon (z.B. in einem Backofen nicht über 40 Grad) schnellzutrocknen, dann zu zerkleinern oder zu pulverisieren und einen gehäuften Eßlöffel davon in einem "Masch" aus Gerstenschrot, Kleie und Wasser an das oder die Pferde zu verfüttern.

Dabei haben wir stets gehörige Vorsicht walten zu lassen, denn ein ganzer Suppenlöffel zerkleinerter Trockenpflanzen übersteigt meistens bei weitem die Pflanzenmenge, die das Pferd in frischer Form zu sich genommen hätte.

Zudem knabbern Weidepferde oft an Pflanzen, die durchaus auch spezifische Pferdegifte enthalten, wie beispielsweise Arnika und Ginster.

In einem solchen Fall verfüttern wir natürlich eine andere Pflanze mit einem ähnlichen Vorbeuge- oder Heilspektrum; das heißt anstatt Ginster zum Beispiel vor der Blüte gesammelte, getrocknete und pulverisierte Brennessel oder Hirtentäschel.

Vorsicht lasse man unbedingt auch im Umgang mit dem üblicherweise in viel zu großen Mengen und allzu häufig verfütterten Comfrey (= Beinwell, das zu Leberschäden und Krebs führen kann) und mit dem Ackerschachtelhalm (= Zinnkraut, wegen seiner mechanischen Reizwirkung auf den Pferdedarm und wegen der darin enthaltenen Alkaloide) walten. (Vergl.: W. Holzner "Das kritische Heilpflanzen-Handbuch" ORAC Verlag, Wien 1985)

Knabbern Pferde auf der Weide, wie hier bei uns, hin und wieder an Besenginsterbüschen, so benötigen sie ebenso wenig Ginsterblätter oder -blüten, sondern allenfalls Hirtentäschel oder Weißdornblüten. Dasselbe gilt, wenn sie sich an Immergrün oder Tausendgüldenkraut vergreifen. In diesem Fall haben wir uns unbedingt die Frage zu stellen, ob sie sich nicht etwa aus Langeweile oder aus purer Freßlust, anstatt aus Notwendigkeit, mit einer so bitteren Pflanze wie das Tausendgüldenkraut anzufreunden scheinen.

Pferde mit Kreislaufproblemen fallen bei leichten Formen dadurch auf, daß sie unüblich häufig "gähnen", oft lange bewegungslos vor sich hin dämmern, dabei möglicherweise an der Vorderhand schwitzen und in der Regel viel zu fett (= überfüttert) sind. In schweren Fällen, z.B. während oder nach großen Anstrengungen, können sie bei unüblich schnellem Puls und Atem sogar schwanken oder sich immer wieder hinzulegen versuchen.

In beiden Fällen ist nicht vor allem phytotherapeutisch, sondern mit gesundem Menschenverstand einzugreifen; im schweren Fall durch Ganzwaschungen des Pferdes in einem Teich oder Fluß und dadurch, daß es anschließend im Schatten ruhig geführt oder ganz in Ruhe gelassen wird;

im leichteren Fall dadurch, daß das Tier regelmäßig häufiger und länger ruhig bewegt wird, z.B. durch ausgiebiges Spazierenführen im Schritt, mehrere kurze Longenreprisen täglich und tägliche ruhige Ausritte unter einem besonders lockeren und losgelassenen Reiter.

Sollte die Mehrzahl der weiter oben genannten Heilpflanzen auf den Weiden unserer Haltergemeinschaft fehlen, so lassen sich Samen davon heute nahezu überall in Spezialgeschäften erwerben. Unserem "Uns-auf-die-Seite-der-Pferde-Schlagen" zugut käme indessen, wenn wir unsere sommerlichen und herbstlichen Ausritte zum Sammeln der fehlenden Samen benützen und diese während eines Herbstregens gleichmäßig von Hand auf unsere Weiden säen würden.

Einige wenige Pflanzen sind für die Gesunderhaltung unserer Pferde von so großer Bedeutung, daß wir sie am besten in unserem Haus- oder Haltergemeinschaftsgarten in Monokulturen anbauen und teils wie Heu ernten, trocknen und vielleicht sogar zu Ballen pressen. Hierzu gehören vor allem die Futteresparsette, die Brennessel und das Hirtentäschel. In kleineren Mengen lohnt es sich zudem stets, auch wilde Brombeeren und schwarze Johannisbeeren wegen der Blätter, Johanniskraut und den Blutweiderich der Blütenstände willen und die Quecke und Karotte der Wurzeln halber anzupflanzen, obwohl Karotten an tragende Stuten nur mit Vorsicht verfüttert werden dürfen (Verfohlungsgefahr). An Bäumen sind die für Pferdehalter nützlichsten: Nußbäume (Blätter und Früchte), Birken (Blätter und Bast), Silberweiden (Blätter und Bast), Eschen (Blätter und Rinde), Tannen und Pinien (Knospen und Zweige).

Alle diese Pflanzen gedeihen - mit Ausnahme der Birken und der Brennessel - besonders gut auf Kalkböden, die ihrerseits bei weitem die besten für die Pferdehaltung sind. Tatsächlich beruhen die bei Pferden in anderen Gebieten am häufigsten anzutreffenden Mangelerscheinungen vor allem auf dem Mangel an Kalzium im Weidegras und nur ganz selten auf jenem an Silizium (Abhilfe durch regelmäßige Gaben von Hirseschrot und Brennessel) oder an Oligoelementen (Abhilfe durch kleine Gaben von Zuckerrohr-Melasse).

Gottfried Benn empfahl im "Glasbläser":"...Vollende nicht Deine Persönlichkeit, sondern die einzelnen Deiner Werke"! - Ein Werk vollenden, und sei es "nur" die vorbeugende Gesunderhaltung oder die gymnastische Ausbildung eines Pferdes vor allem durch Selbstbescheidung, ist für uns zeitlich stets weniger aufwendig, als für die Natur und für - in unserem Fall - die Herde und den Herdenchef. Erst wenn wir somit in nur wenigen - sechs bis zehn - Jahren ein Werk vollendet haben, dem die Natur oder Herde allein die drei- bis vierfache Zeit hätte widmen müssen; nur wenn wir aus unserem ersten Jungpferd ausschließlich pferdegemäß kreativ ein Hohe-Schule-Pferd oder einen potentiellen Herdenchef herangymnastiziert haben, erhält dann auch unser jahrelanger Aufwand an Mühen, Lernen, Ausprobieren, Lesen, Nachdenken, Reiten, Beobachten, Üben, Erfahren, Umlernen, Reiten und Reiten über Nacht Sinn und läßt uns entdecken, daß wir unwillkürlich ein Verständnis für Pferde, Menschen, das Leben und die Natur entwickelt haben, das fortwährend unseren Alltag wie unser alltägliches Verhalten grundlegend verändert.

Wir sind nicht mehr, wer wir waren und noch lange nicht der oder das, was wir werden könn(t)en. Und - sehen wir wohl dann erst ein - auch unser Werk ist objektiv noch lange nicht vollendet... Dabei drängt nun die Zeit! Unsere Pferde und wir werden älter und älter und bis zur endgültigen Vollendung unseres Werkes liegt noch eine "longissima via" vor uns:"Wisse, daß diese ein sehr langer Weg ist", warnt uns das "Rosarium Philosophorum" der Alchimisten. Wir haben somit umso unmittelbarer Zeit zu gewinnen - anstatt die Gymnastizierung unserer Pferde nur immer wieder zu vertagen!

* * * *

NACHWORT

Der geneigte Leser, der dem "Gymnasium des Freizeitpferdes" bis hierher gefolgt ist, wird sich oft gewundert haben, weshalb ich den kulturellen Zusammenhängen, aus denen sich der pferdegemäße kreative Umgang mit Freizeitpferden entwickelt hat, mehr Bedeutung beimesse, als beispielsweise einigen Einzelheiten der reiterlichen Hilfengebung.

Gründe gibt es dafür viele. Deshalb setze ich mich hier ausschließlich mit dem wichtigsten auseinander.

Tatsächlich bedient sich die in Mitteleuropa heute übliche, noch immer militärisch beeinflußte, Sport- und Freizeitreiterei der reiterlichen Hilfengebung wie billiger Tricks, um Pferden Bewegungsfolgen aufzuzwingen, zu denen sie im Augenblick weder psychisch motiviert, noch physisch, dank z.B. einer entsprechenden Körperhaltung und des entsprechenden Gleichgewichts, in der Lage sind.

Der traditionelle pferdegemäße Umgang mit Freizeitpferden kennt keine Tricks und schließt sogar jede unwillkürlich "tricksende" Hilfengebung dadurch aus, daß dem Pferd die Lösung einer Aufgabe ausschließlich durch Haltungs- und Gleichgewichtsanweisungen "nahegelegt" und die Bewegungsfolge durch das Nachgeben - der Schenkel, des Sitzes und der Hand - ausgelöst und "zugelassen" wird.

Kurz, nach der Auffassung der südwesteuropäischen Freizeitreiter, die Meister Oliveira in dem Satz:"Gib' dem Pferd die Haltung und laß' es gewähren" zusammengefaßt hat, sind das, was in Mitteleuropa unter "Hilfen" und "Hilfengebung" verstanden wird, nichts anderes als Unterjochungsmaßnahmen, also Schliche und Winkelzüge, die jedem Pferd, seinem Wesen (Psyche) wie seiner Natur (Körper) nur schaden können.

Ich zweifle nicht daran, daß bei allen Völkern auf der ganzen Welt die Neigung besteht, ihren Umgang mit der Natur und den Lebewesen im Laufe der Zeit zu vereinfachen, zu "rationalisieren", also zu vergröbern und rücksichtsloser zu gestalten. Dieser Trend wird ziemlich sicher auch an den alten Berbern nicht spurlos vorbeigegangen sein.

Umso bewunderungswürdiger ist, daß weitaus die meisten Pferdeausbilder unter ihnen dieser typisch menschlichen Neigung nicht nur widerstanden, sondern ihre Reitweise im Laufe der Jahrhunderte immer lockerer, losgelassener, leichter und "diskreter" bis in die sogenannten "höheren Schulen" weiterentwickelt haben, wie wir sowohl von römischen Reiseschriftstellern als auch von bildlichen Darstellungen der Römer wissen.

Es kann somit nur ihre Pferde- und Reitkultur, die sich auch in der Ornamentik und Goldschmuckherstellung dokumentiert, gewesen sein, die sie dazu zwang. Und die Grundlage dafür war, daß aus der lange vor Christi Geburt selbst in Nordafrika heimischen Gefechts- und Jagdreiterei eine eigenständige "kultivierte" Reitdisziplin auskristallisierte: die Pferdeausbildungs- und eigentliche Reitkunst.

Von dieser berichten die römischen Geschichtsschreiber jedenfalls einmütig, sie sei teils ganz ohne Sattel- und Zaumzeug, teils nur mit Hilfe einzügeliger Kappzäume oder -halfter, aber stets mit Musikbegleitung und unendlicher Sanftheit und Rücksichtnahme auf die Pferde ausgeübt worden. Offenbar war hiermit bereits um die Zeitenwende im Keim "erfunden", was sich später, vom 15. Jahrhundert an in Portugal "pferdegemäßer Umgang mit Pferden" oder "kultiviertes Freizeitreiten" nannte.

Bevor ich in der Folge die kulturgeschichtliche Entwicklung speziell des "traditionsbewußten Freizeitreitens" nochmals kurz zusammenfasse, muß ich wohl zuerst erklären, was wir unter den Begriffen "Kultur", "Kulturgeschichte" und "kultiviertes Reiten" zu verstehen haben.

Der "Vater der Kulturgeschichtsschreibung", der Schweizer Jacob Burckhardt, sagte:"...Die Kulturgeschichte geht auf das Innere der vergangenen Menschheit (ein) und verkündet, wie (und was) diese war, wollte, dachte, schaute und vermochte. (...) Sie hebt diejenigen Tatsachen hervor, welche imstande sind, eine wirkliche innere Verbindung mit unserem Geiste einzugehen, eine wirkliche Teilnahme zu erwecken, sei es durch Affinität mit uns oder durch den Kontrast zu uns". Egon Friedell definierte demgegenüber kulturgeschichtliches Denken als "eine Sache in ihren inneren Zusammenhängen sehen; eine Sache aus ihrem eigenen Geist heraus begreifen"... (in: "Kulturgeschichte der Neuzeit", Verlag C.H. Beck, München 1927 - 31).

Für Nuno Oliveira konnte sich echte Reitkunst nur aus einer noch lebendigen Reitkultur und dadurch entwickeln, daß deren Träger das Pferd "zu seinem eigentlichen Lebensinhalt gemacht hat".

Was ist - oder war - demnach Kultur?

Den Sachverständigen zufolge scheint sie eine innere Beziehung darzustellen, welche die Mehrzahl der Menschen eines Volkes oder einer Zeit affektiv zu einem von ihr verehrten Kultobjekt (Idee oder Vorstellung, Fertigkeit oder

Kunst, Gegenstand oder Symbol) eingegangen ist und die sie nicht mehr ruhen läßt, bevor nicht auch der letzte Mitmensch den Kern und das Wesen des Kultobjektes durchleuchtet und erfahren, ausgekostet und verstanden hat oder wenigstens versucht, "hinter dessen Geheimnis zu kommen".

Wie bereits erwähnt, "vergöttlichten" oder "vergötterten" die alten Berber - nicht viel anders als gewisse nordamerikanische Indianer heute noch - die "Bewegung im Gleichgewicht" und das "Gleichgewicht in Bewegung" und verehrten beide Seiten ihres Ideals in dem Spiel und "Gerangel" der Wildpferde draußen, auf der Steppe, wie in der hohen Versammlung der Reitpferde.

Wie hätten sie sich deshalb als Reiter - und im Unterschied zu den Indianern Nordamerikas - je unterstehen können, die anbetungswürdigen Bewegungen im Gleichgewicht mit groben "Hilfen", Schenkeldruck, Knieschlüssen und brutalem Zügelanziehen behindern oder stören zu wollen?

Es waren also tatsächlich "nur" die "innere Beziehung" zum Gleichgewicht in Bewegung, das Nicht-stören-noch-behindern-Wollen, die Diskretion der Hilfen, die sich nahezu ausschließlich auf die des Reitergewichtes beschränkten und, nicht zuletzt, der "Sinn für die Gleichgewichtshaltungen des Pferdes in Bewegung", welche die alten Berber kurz vor der Zeitenwende ihren iberischen Halbbrüdern übermittelten und welche die Iberer daraufhin allmählich zu der sogenannten "A-la-Brida-Reitkunst" weiterentwickelten und ausbauten.

Und so wie jedes ernstzunehmende Kunstwerk stets vor allem ein Ausdruck der Kultur des Künstlers oder jener eines ganzen Kulturkreises darstellt, läßt sich alles "kultivierte Reiten" und alle echte Reitkunst geschichtlich stets auf die Pferde- und Reitkultur der alten Berber zurückführen und "reittechnisch" mindestens auf die Lockerheit und Losgelassenheit der alten Iberer und auf deren Sinn für die Gleichgewichtshaltungen ihrer Pferde in jeder Bewegung.

Mit der Besetzung der iberischen Halbinsel durch die Mauren (= arabisierte Berber) im 8. Jahrhundert nach Christus breitete sich die Berberkultur noch einmal bis über die Pyrenäen hinweg nach Norden aus und konfrontierte hier die weiterhin recht "archaisch" lebenden Keltenenkel unvermittelt mit Luxus und Prunk, einer gewissen Folgerichtigkeit des Denkens und des Handelns, mit Logik, Philosophie und Alchimie, Großmut, Toleranz und Solidarität, den Mitmenschen wie den Tieren gegenüber.

Die Iberer staunten und wunderten sich ein weiteres Mal, übernahmen und lernten, bis sie siebenhundertfünfzig Jahre später den letzten Mauren von ihrer Halbinsel vertrieben hatten. Zurück blieben allein arabische und Berber-Pferde, die sich ein letztes Mal in größerem Umfang mit den iberischen vermischten.

Wirtschaftlich ging es Spanien und Portugal im 15. Jahrhundert gut; schickten sich doch beide Nationen eben an, als Großmächte weite Teile ferner Kontinente für sich zu beanspruchen und im Zeichen des Kreuzes auszuplündern.

Zur Deckung ihrer Unkosten verließen sie sich beide vorwiegend auf die erste homogene Bürgerschicht Europas, die sich selber dem Landadel zurechnete, vom Hochadel und Hof aber - es sei denn ihres bescheidenen Reichtums wegen - nie besonders ernst genommen wurde. Dieser Landadel, der sich teils heute noch in vielschichtigen langen Familiennamen dokumentiert, hatte nie Zutritt zu den weiten Jagdgründen, noch zu den ersten Stierkampfarenen des Hochadels. Und dennoch züchtete er weiter Pferde und bildete diese aus, als ob er mit ihnen Stierkämpfe bestehen oder Mauren im Duell besiegen müßte.

Das Ergebnis dieser Bemühungen war der sogenannte "spanische Genet", der bis zu sieben Zehntel celtiberisches Blut und drei Zehntel reines Berber- oder Araboberberblut besaß. Als angebliches "Gineta-Gefechtspferd" (Duellantenpferd) sollte er die nächsten fünfhundert Jahre lang Europas Traumpferd bleiben. Heute lebt er noch im "Cartujano" (Karthäuser) und in manchen Lusitanos weiter.

Seltsamerweise war das angebliche Gineta-Gefechtspferd jedoch nur selten auch im Gineta-Sitz (= kurze Bügel, weggestreckte Knie, aufrechtes Reiterbecken mit offenem Sitz) und in Gineta-Gefechten zu reiten, dazu erwies es sich als viel zu temperamentvoll und nervös. Unter dem altiberischen A-la-brida- oder Berbersitz (lange Bügel, steile Schenkel, die den Pferdekörper locker, aber "nahtlos" einrahmen, und losgelassen nach hinten gekipptem Reiterbecken) bewährte es sich indessen sowohl beim Umgang mit Kampfstieren auf der Weide, als auch in der Arena und ließ sich, entsprechend pferdegemäß gymnastiziert, leicht und schnell bis in ungeahnte Höhen der "Hohen Schule" ausbilden.

Als das vollkommenste und am angenehmsten zu reitende Pferd schlechthin beschrieb es auch der portugiesische König Duarte 1434 in seiner ersten und ältesten Reitlehre Europas nach Xenophons "Hippikès". Sie richtete sich ausschließlich an "A-la-brida-Reiter", d.h. ausdrücklich weder an

Duellanten, noch Reiterkrieger, weder an Berufs-, noch Jagdreiter, sondern gezielt an Pferdefreunde, die ihre Tiere allein zu deren Wohl pferdegemäß zu gymnastizieren trachteten.

Unter dem Titel "O Livro da Ensynnanca de Bem Cavalgar Toda Sella",("Lehrbuch des guten Umganges mit Pferden unter dem Sattel"), warnt der portugiesische König beispielsweise umsichtig:"Zu der Überheblichkeit gehört, daß einer seine Macht (über das Pferd) überschätzt und (sich und ihm) zu wenig vertraut". Und er bricht eine Lanze vor allem für den diskreten, feinen, möglichst unsichtbaren Einsatz der Reiterhilfen und fordert, diese dürften Pferde unter A-la-brida-, resp. Freizeitreitern weder in ihren Bewegungen behindern, noch stören.

Das A-la-brida-Reiten auschließlich als gymnastische Vervollkommnung des alten idealen "Gleichgewichtes in Bewegung" zum Wohl des Pferdes konnte selbstverständlich nur von Pferdenarren ausgeübt und weiterentwickelt werden, die sonst nicht viel Dringendes zu besorgen hatten. Zu dieser privilegierten iberischen Bürgerschicht gehörten die Söhne und Enkel der ersten Züchter und Reiter des neuen Pferdetyps.

Zwischen 1442 und 1713 taten viele unter ihnen Militärdienst als Offiziere der spanischen Krone im Königreich Neapel, das damals nahezu dreihundert Jahre lang Spanien gehörte.

Das Offiziersleben in Garnisonen ist noch nie eine besonders aufregende Sache gewesen. Deswegen ließen sich viele spanische Offiziere Jungpferde aus den elterlichen Zuchten nach Neapel schicken, wo sie diese neben ihren Dienstpferden in den Stallungen der Kasernen hielten.

Als Stallknechte stellten sie gerne Söhne des italienischen Landadels ein und unterrichteten diese zum Ausgleich nicht nur in der Pferdehaltung, Pferdewartung, sondern auch in Hippologie, Reittheorie und in der Reit- und Pferdeausbildungspraxis. Besonders talentierte Pferdeburschen durften dabei immer wieder auch die Freizeitpferde der Spanier reiten.

Auf diese Weise erwuchs der Stadt Neapel eine erste Generation international schnell zu Ruhm gelangender Reitlehrer, die die Gunst der Stunde und das auf den spanischen Freizeitpferden Gelernte nutzten, um die ersten Reitakademien der Welt zu eröffnen.

Vicola Pagano ritt so Jungpferde nach spanischer Freizeitreitersitte bis zu einem Jahr lang ausschließlich

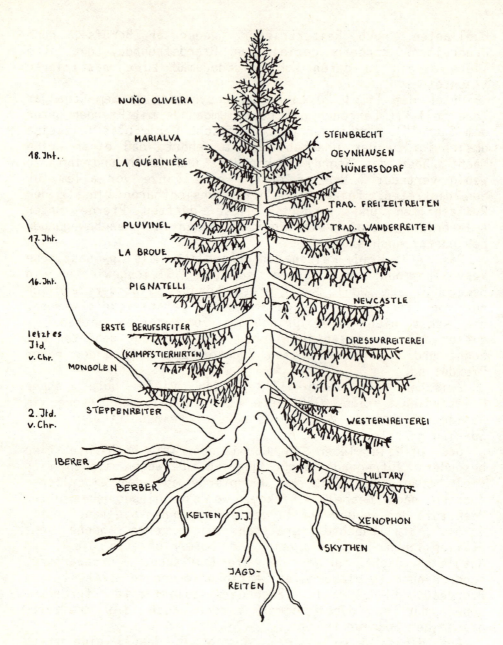

Zeichnung 32: Der chronologische (links) und qualitative (rechts) "Stammbaum" des kultivierten Reitens

im Schritt. Er unterrichtete Federigo Grisone (1507 - 1570), bevor dieser eine eigene Akademie eröffnete, in der er sich dann mehr auf Xenophon berief. Daneben gab es gleichzeitig die Akademien Cesare Fiaschis, Pasquale Carraciolos und die des ersten ganz großen italienischen Reitmeisters, des Giovanni Pignatelli (ca. 1540 - 1600). (Vergl.: Zeichnung 32/162 und "RRR" erster Teil)

Bei Pignatelli lernten die Franzosen Antoine de Pluvinel und Salomon de la Broue. Sie brachten die "Hohe Schule iberischen Freizeitreitens" nach Frankreich, wo sie François Robichon de la Guérinière etwas später (1731) wissenschaftlich durchleuchtete, untermauerte und schriftlich neu zusammenfaßte.

Antoine de Pluvinel, der persönliche Reitlehrer dreier französischer Könige, nämlich von Henri III, Henri IV und Louis XIII, beendete die Arbeit am Text zu seinem Buch "L'Instruction du Roy en l'exercice de monter à Cheval" (das deutsch/französisch in der DOCUMENTA HIPPOLOGICA des Georg Olms Verlages in Hildesheim vorliegt) erst wenige Wochen vor seinem Tod im August 1620.

Wie bereits König Duarte von Portugal zweihundert Jahre früher, unterscheidet auch Antoine de Pluvinel recht genau zwischen der zu seiner Zeit üblichen Gebrauchsreiterei und dem kultivierten Freizeitreiten. Hatte Duarte so dem A-la-brida- oder Freizeitreiten zum Wohl des Pferdes den Ehrenplatz eingeräumt und viele ginetareiterlichen Maßnahmen verurteilt, so zieht nun Pluvinel dem Gebrauchsreiter (franz.: Cavalier) den "Homme de Cheval", den "Pferdemann" oder "Pferdemenschen" vor, der nicht nur gut und richtig, sondern auch schön (oder: "gefällig") zu reiten versteht.

Das wiederum ist sowohl Antoine de Pluvinel als auch, hundert Jahre später, François Robichon de la Guérinière zufolge nur denkbar, wenn der Reitschüler weder stur den starren Regeln des Gebrauchsreiters seiner Zeit folgt, die damals kaum weniger Steifheit und Verkrampfung forderten, noch indem er sich zu Pferd einfach "gehen läßt" wie viele Quodlibet-Reiter damals und heute.

Über das Wie des "gefälligen Freizeitreitens" hat La Guérinière in seiner 1733 in Paris erschienenen "Ecole de Cavalerie" (die sowohl als Faksimiledruck des französischen Originals als auch deutsch in einer guten Übersetzung der DOCUMENTA HIPPOLOGICA in Hildesheim vorliegt) ein ganzes Kapitel (das sechste) unter dem Titel "Über die gefällige Haltung des Homme de Cheval (= Freizeitreiters).." verfaßt, in dem er Antoine de Pluvinels Forderungen teils unterstreicht, teils etwas relativiert:"Die Gefälligkeit (dem Zuschauer wie dem Pferd gegenüber) ist eine so große Zierde für einen Reiter und gleichzeitig eine so bedeutungsvolle Hilfe auf dem Weg zu der Wissenschaft (des lockeren Freizeitreitens), daß alle jene, die echte Pferdeleute werden wollen, vor allem die nötige Zeit aufwenden müßen, um diese Eigenschaft zu erwerben.

"Unter Gefälligkeit verstehe ich den (offensichtlichen) Ausdruck des Sich-Wohlfühlens und der Entspannung, den man über einem geraden und freien Sitz stets zu bewahren hat, sei es, um sich leichter auf dem Pferd zu halten und durchzusetzen, sei es, um im richtigen Augenblick nachzugeben, indem man bei sämtlichen Pferdebewegungen immer jene Balance bewahrt, welche die verschiedenen Körperteile als Gegengewichte mit zu erhalten erlauben. Hierbei seien die Bewegungen des Reiters jedoch so fein und diskret (subtil), daß sie mehr der Gefälligkeit des Sitzes zu dienen, als dem Pferd Hilfen zu gewähren scheinen".

Knapp vierzig Jahre nach La Guérinières Tod (1751) erarbeitete der Portugiese Manoel Carlos d'Andrade mit der Hilfe des größten Reiters seiner Zeit, nämlich von Don Pedro José d'Alcantara, dem Marquis de Marialva, eine weitere Synthese des Freizeitreitens, indem er La Guérinières "Ecole de Cavalerie" den Erfahrungen der portugiesischen Stierkämpfer zu Pferd, Schul- und Freizeitreiter gegenüberstellte. So entstand das Monumentalwerk "Luz da liberal e nobre Arte da Cavaleria", das Meister Nuño Oliveira zufolge die beste und am weitesten führende Darstellung des kultivierten Freizeitreitens schlechthin ist und das in der Folge den bis heute unübertroffenen Ruhm der portugiesischen Schule des kultivierten Freizeitreitens, der sogenannten "Marialva-Reitweise", international begründete und verbreitete. (Dieses Buch wird in der Reihe "DOCUMENTA HIPPOLOGICA" des Georg Olms Verlags in Hildesheim als Faksimilé-Druck zur Subskription angeboten).

1789, mit der französischen Revolution, erlitt das europäische Freizeitreiten - außer in Portugal und in einigen Teilen Spaniens - einen empfindlichen Einbruch. Zwar versuchten einige Reitmeister wie Ludwig Hünersdorf in Deutschland, Börries Freiherr von Oeynhausen in Österreich und Gustave Le Bon in Frankreich, den kultivierten, pferdegemäßen Umgang mit den Pferden ihrer Zeit zu retten. Reiterlich und gesellschaftlich hatten nun aber die Offiziere der jeweiligen Armeen das Sagen und mit Rücksichtnahme ihren Pferden gegenüber nichts im Sinn, erfanden sie doch eben die Steeplechase, die Distanzreiterei, die "Military" und die Dressurprüfungen.

Allein in Südspanien und in Portugal hielt sich die Tradition der Zucht, der pferdegemäßen Haltung und des kultivierten Gymnastizierens von Freizeitpferden ungebrochen, wenn wohl auch nur dank des Stierkampfes und des Einsatzes von Pferden hierbei.

In Portugal übergab Joaquim Gonçalves de Miranda, Hofbereiter des portugiesischen Königshauses bis 1910, die Fackel der freizeitreiterlichen Tradition seinem Patensohn Nuño Oliveira. Und über dessen Meisterschüler Dr.G.Borba, F.C. de Abreu, Diogo de Bragance und, nicht zuletzt, Michel Henriquet in Paris und deren Schüler breitete sich das traditionelle "Reiten zum Wohl des Pferdes" oder "pferdegemäße kreative Freizeitreiten" nach dem Zweiten Weltkrieg sowohl auf der iberischen Halbinsel als auch in Frankreich, Belgien und in England allmählich wieder aus.

Die alte, affektive Beziehung zum Pferd als zu einem Symbol des Lebensprinzips "Gleichgewicht in Bewegung" und um seiner selbst willen initiierte somit dreitausend Jahre lang nicht nur die Kultur der alten Berber und Iberer, die Zucht eines idealen Freizeitpferdes, die Reitkunst und die Erziehung nicht weniger junger Europäer zu besseren (Pferde-) Menschen, sondern vor allem einen ganz anderen Umgang generell mit allen Lebewesen und deren Umwelt, nämlich das Sich-auf-die-Seite-des-Lebens-Schlagen, das Sich-in-Mitlebewesen-Einfühlenkönnen, das Zulassen und das Dienen.

Es ist ausschließlich dieses (den Pferden und ihrer Umwelt gegenüber) Dienen und Zulassen (daß sie mit Freude und Anteilnahme an der Hand wie unter dem Sattel locker mitarbeiten), welches die mitteleuropäischen Reiter im Umgang mit ihren Pferden heute eben wiederentdecken und was sie veranlasst, ihrer bisherigen Quodlibet- oder Gewaltreiterei den Rücken zu kehren und sich für das pferdegemäße kreative Gymnastizieren ihrer Tiere zu interessieren.

Allein das Interesse für den pferdegemäßen kreativen Umgang mit Pferden scheint im deutschsprachigen Raum heute umso weniger zur Umstellung und Veränderung des bisherigen auszureichen, als eben nicht wenige Reiter den allgemeinen Mangel an klaren Definitionen dessen, was kultiviertes Freizeitreiten ist, fröhlich nutzen, um Privatreitweisen anzupreisen, die kultivierten Methoden La Guérinières mit denen François Bauchers zu vermengen und die eigenen reiterlichen Unzulänglichkeiten als "Neue Reitkunst" auszugeben. Aber Kunst, haben wir gesehen, entstammt stets einer ihr entsprechenden alles umfassenden Kultur. Und eine solche Reitkultur hat es im deutschen Sprachraum nie gegeben. Woher soll Deutschland und der Schweiz deshalb eine eigenständige Reitkunst erwachsen?

Mas du Malibaud F 30430 BARJAC (France)
le 30.01.1990 Sadko G. Solinski

Zeichnung 33: Die Piaffe (links) und die Passage (rechts) des Freizeitpferdes (nach Fotografien von Meister Oliveira und dem Autor - Copyright vorbehalten)

ANHANG oder ZUSAMMENFASSUNGEN

Anhang I
DIE WICHTIGSTEN PUNKTE ZU DER BEURTEILUNG VON FREIZEIT-
PFERDEN.. 169
Zeichnung 34: Die "Freizeitpferde-Points" 34 A 169
              bis 34 K 172
Anhang II
PFERDEHALTUNG... 173
Anhang III
SPAZIERENFÜHREN UND LONGIEREN........................ 175
Zeichnung 35: Die "Gebrauchsführposition 3" auf dem
              Longierzirkel........................... 176
Zeichnung 36: Die Gertenhilfe........................ 181
Anhang IV
HILFEN DES FREIZEITREITERS............................... 183
Zeichnung 37: "Treiben" und Nachgeben mit dem Reitsitz. 186
Zeichnung 38: Zügelführung bei vier Zügeln in einer
              (der linken) Hand....................... 188
Anhang V
VORBEUGENDE UND THERAPEUTISCHE MASSNAHMEN BEI PFERDEN.. 193

ANHANG I

DIE ZUR BEURTEILUNG VON KOMPAKTPFERDEN WICHTIGSTEN REGIONEN DES EXTERIEURS UND DES SKELETTES ("FREIZEITPFERDE-POINTS")
Zeichnungen 34 A bis 34 K

Unser Freizeitpferd sei möglichst quadratisch gebaut und verfüge über 5, höchstens 6 Lendenwirbel (Rumpflänge : Bug bis Sitzbeinhöcker = Widerristhöhe), seine Größe liege zwischen 140 und 155 cm Stockmaß.

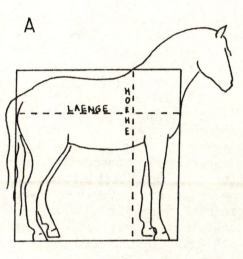

Seine Kruppenhöhe liege einige Zentimeter unter der Widerristhöhe.

Die Kruppe sei mindestens ebenso lang wie breit, besser noch einige Zentimeter länger und falle nach hinten leicht (in einem Winkel bis 30 Grad) ab. (Vergl.: Z 34 A)

Der Oberschenkelknochen zeige sich gut bemuskelt (behost) und so lang, daß das Knie in Ruhestellung senkrecht unter die Hüfte, (d.h. unter die breiteste Stelle der Kruppe) zu liegen kommt. Denn jedes unverbrauchte Kompaktpferd soll stets "unter sich stehen" (Hintermittelfuß in der Vertikalen aus dem Oberschenkelgelenk) und in Versammlung auch "unter sich tretend" gehen (vergl.:34 B).

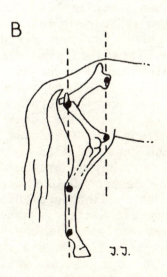

Die Oberlinie des Pferdes (Lenden- und Rückenwirbelsäule) verändere sich nie sichtbar unter dem Reitergewicht (alles Rückenwegdrücken weist auf Rückenschäden, falsche oder zu schwere Belastung oder auf einen verkrampft steifen Reitsitz hin (vergl. Z 34 D).

Andererseits ist ein allzu mächtig schwingender Rücken, den auch ein lockerer Reiter im Trab nicht aussitzen kann, eher ein Symptom für zu lange und zu schwache Lenden oder dafür, daß das Pferd auseinandergefallen in einem viel zu hohen Bewegungstempo geht. (Vergl.: Z C & D)

Der Sattel soll seinen Platz hinter (nicht auf) dem Widerrist "wie von selber" finden und hier (vordere Auflagegrenze 1 Handbreite hinter dem Schulterblatt) auch bei lockerer Gurtung "von selber" liegen bleiben. Kompaktpferde besitzen häufig schlechte Sattel- und Gurtenlagen. Ein locker verschnallter Schweifriemen hält bei ihnen den Hohlsattel am sichersten an seinem Platz.

Betrachtet man das Pferd von vorn, so sollen sich die Senkrechten aus den Oberarmgelenken mit den Mittellinien (Vertikalen) der Vorderbeine decken. Zwischen beiden Senkrechten liege mindestens zwei Hufbreiten Raum. (Z 34 E)

Von der Seite besehen, soll eine Senkrechte aus der Mitte des Ellbogengelenks auch durch die Mitte des Fesselgelenks fallen. Steht ein Pferd vorne weit vor dieser Senkrechten und hinten weit hinter der Vertikalen aus dem Oberschenkelgelenk, so wurde es in seinem Rücken eben überfordert oder leidet an

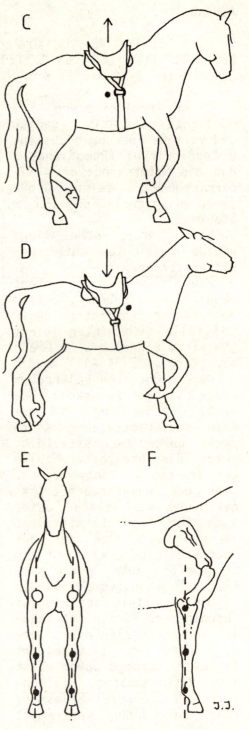

chronischen Rücken- oder Nierenproblemen.(Vergl.Z D)

Die meisten Kompaktpferde besitzen steilere Schultern als vergleichbare Sportpferde (bei welchen der Winkel zwischen dem Schulterblatt und dem Oberarm 90 Grad messen soll). Dieser Umstand nimmt ihnen etwas Raumgriff und Gang, verleiht ihnen dafür umso mehr Ausdauer. Bei versammeltem Reiten spielt der Raumgriff sowieso nur eine kleine Rolle.(Vergl.: G & H)

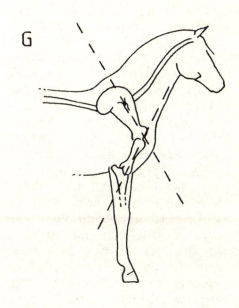

Ein hoher Halsaufsatz auf einem breiten Halsansatz gewährt dem Pferd eine entsprechend hohe natürliche Aufrichtung (extrem bei vielen Friesen), verleitet es jedoch, bei steifem Reitsitz und Zügelanlehnung den Rücken wegzudrücken. Dies gilt auch für iberische Pferde (Z G).

Ein tiefer Halsaufsatz, wie er z.B. Quarterhorses und den meisten Renn- und Springpferden eigen ist, erschwert diesen jede pferdegemäße Arbeit auf kurzer Basis, im Gleichgewicht und in hoher Versammlung. (Vergl. Z H)

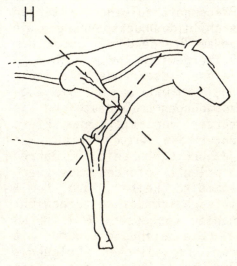

Wie der tiefe Halsaufsatz ist auch der extrem lange Hals ein Charakteristikum überzüchteter Renn- & Sportpferde, die für Freizeitreiter sowieso kaum in Frage kommen.

Der etwas schwere Kopf indessen, der auf einem langen Hals durchaus das Gleichgewicht des Pferdes beeinträchtigen könnte, ist unter Kompaktpferden häufig anzutreffen, wenn glücklicherweise auch meistens auf einem kurzen, kräftigen Hals, der die Nachteile des schweren Kopfes aufwiegt. (Vergl. Z I & J)

Jedenfalls verrät ein schwerer Kopf ebensowenig Dummheit wie ein leichter Vollblutschädel unbedingt Intelligenz ausstrahlt. Ja, unter naturbelassenen Rassen gibt es wohl eher weniger dumme Pferde, da die natürliche Selektion die Veranlagung dazu bereits mit ihren Ahnen ausgemerzt hat. Bedenkt man zudem, was sich Vollblüter, veredelte Sportpferde und Quarter Horses von Reitern heute alles gefallen lassen, so relativiert sich ihre angebliche Intelligenz ein weiteres Mal.

Der Wissenschaft und Prof. Preuschoft zufolge verstärken sich die Druckspannungen in jedem Pferdekörper unter dem Reitergewicht umso mehr, je länger "auseinandergefallen", und vermindern sich die Zugspannungen umso deutlicher, je kürzer versammelt das Pferd unter dem Reiter tritt. Nur das nun schon seit 500 Jahren gepflegte pferdegemäße versammelte Reiten läßt somit tatsächlich das Reitergewicht nahezu vergessen. (Z 34 K)

(Die Zeichnung K wurde mit der freundlichen Erlaubnis Prof.Dr.H. Preuschofts seinen "Studien zu den Bewegungen von Sportpferden" FN-Verlag, Warendorf 1987 entnommen.)

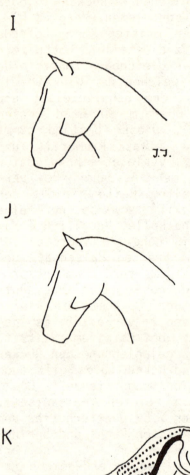

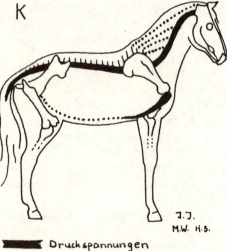

▬ Druckspannungen
⋯⋯ Zugspannungen

ANHANG II

PFERDEHALTUNG

Alle noch einigermaßen "naturbelassenen" Kompakt- oder Freizeitpferde sind "Lauftiere", Fluchttiere, Steppentiere und brauchen Bewegung so lebensnotwendig wie saubere Atemluft, frisches Wasser und (phosphorarm oder ungedüngtes) Weidegras. "Bewegung ist das Element des Pferdes", schrieb ein großer Reitmeister. Wer die Bewegungsmöglichkeiten seines Pferdes beschränkt, und sei es nur, indem er es allein oder über Nacht in einem Stall hält, vergeht sich an ihm nicht anders, als die zoologischen Gärten sich an ihren Schutzbefohlenen vergehen.

Die einzige pferdewürdige und pferdegemäße Haltung ist die Gruppenhaltung auf so großen Weiden wie sie in Mitteleuropa nur noch selten in Privatbesitz zu finden sind. Das heißt, es bleibt uns gar nichts anderes übrig, als auf Pferdebesitz zu verzichten oder einer Pferdehaltergemeinschaft beizutreten, die sowohl zwischen zwölf und dreißig Pferde als auch die minimal notwendigen zehn bis fünfzig Hektar Weideland besitzt - oder eine solche Pferdehaltergemeinschaft selbst ins Leben zu rufen.

Versuchen wir bei letzterer Unternehmung stets, auch den zum Land gehörenden Hof oder Teile davon, mindestens eine Scheune oder ein Stallgebäude, das zu einem Offenstall umgebaut werden kann und ein Wäldchen oder Waldteil als Wind-, Regen- und Kälteschutz mit dazu oder von einem Nachbarn zu bekommen.

Dann unterteilen wir unser Land in mindestens vier Einzelweiden, die jeweils so groß sein müssen, daß alle Pferde zusammen auch in Trockenjahren mehr als drei Monate brauchen, um beispielsweise ihre Sommerweide abzugrasen. Selbstverständlich muß jede Teilweide ständig über freien Zugang sowohl zur Tränke als auch zum Offenstall verfügen.

Je weitläufiger unsere Einzelweiden sind, desto munterer werden sich die Pferde darauf tummeln, umso schneller wird sich die natürliche Herdenhierarchie einstellen und desto konkreter werden die Gruppenchefs die Jungpferde erziehen, gymnastizieren und körperlich "in Form" halten.

Damit kommt für uns, die Besitzer eines oder mehrerer Pferde, die Zeit, von der Herde unserer Haltergemeinschaft und deren Chef "alles über Pferde" zu erfahren und unsererseits zu lernen, das Erfahrene auch praktisch anzuwenden und umzusetzen.

Hierzu beginnen wir am besten mit dem "Ausloten der Herdenstruktur": Welches Pferd ist der Herdenchef, welches der Herdenführer, welche Tiere sind Gruppenchefs und welche die Gruppenführer welcher Gruppen? - Zu welcher Gruppe gehören welche rangtieferen Pferde und welcher Art sind die Beziehungen zwischen ihnen? Welche Aufgaben scheinen vorwiegend die männlichen und welche die weiblichen Gruppenmitglieder wahrzunehmen? Wer erzieht wen? Wer gymnastiziert wen? Wer läßt sich aus welchen möglichen Gründen weder erziehen, noch gymnastisch in Form halten?

Bleiben wir bei den Herdenbeobachtungen unserem eigenen Pferd gegenüber objektiv. Selbst wenn es für uns das schönste, liebste, intelligenteste und leistungsfähigste auf der Erde darstellt, muß es unbedingt von einem guten Gruppen- oder Herdenchef auf seine Weise erzogen und gymnastiziert werden.

Beobachten wir genau, wie der Herden- oder Gruppenchef bei der Erziehung unseres Pferdes vorgeht und wie er es gymnastisch auszubilden versucht. Später, beim Spazierenführen und Longieren werden wir mit präzis den gleichen Hüftstellungen, mit ebensoviel Entschlossenheit und ebensoviel Nachsicht die gleichen Biegeübungen anstreben und ebenso weites Untertreten, ebenso gleichmäßige Biegungen mit ebenso viel Ruhe und Konzentration ausgeführt von unserem Pferd verlangen müssen.

Versuchen wir unbedingt, hinter die "Umgangsformen" und hinter die "Sprache" der Pferde unter sich zu kommen und dadurch, daß wir diese auch richtig einzusetzen und zu "sprechen" lernen, in der Rangordnung unserer Herde höher und höher zu klettern.

Damit beugen wir bereits ein erstes Mal konkret zahlreichen Problemen vor, die sich in der Regel vor allem dadurch einstellen, daß ein Reiter sein Pferd weder versteht, noch pferdegemäß dominiert.

Hüten wir uns zudem bei allem Umgang mit Pferden vor der typisch menschlichen Inkonsequenz, vor aller Sentimentalität und vor unserer eigenen wie vor anderer Neigung, Pferde als Spielzeug oder Sportartikel zu betrachten. Kurz, hüten wir uns alle vor alldem, was einem Pferd in seiner Herde draußen, in seinem ursprünglichen Lebensraum niemals zustossen oder beggenen kann; vor alldem, was ihm somit unverständlich oder mißverständlich bleiben muß - es sei denn, wir haben es allmählich pferdegemäß damit vertraut gemacht.

ANHANG III

SPAZIERENFÜHREN UND LONGIEREN

Sowohl das Spazierenführen als auch das Longieren jedes traditionsbewußten Pferdeausbilders soll jeweils drei verschiedenen Aufgaben zugleich genügen; einer pädagogisch-erzieherischen, einer gymnastisch fördernden und einer affektiv "beziehungsbildenden".

Pädagogisch-erzieherisch wirken wir, indem wir unser Jungpferd sanft, aber bestimmt, allmählich immer konkreter auf seine Mitarbeit konzentrieren, was anfänglich durch Verbote geschieht (z.B. des uns Anrempelns, solange wir in der Mutter- oder Leitstutenposition 1 oder in der Schulter-an-Schulterposition 2 der Herdengefährten spazierenführen, und des Sich-herein-Drehens beim Anhalten auf dem Longenzirkel), daraufhin durch Gebote (z.B. auf unser Untertreiben, selber Stehenbleiben und unser "Haaalt" hin anzuhalten und auf unsere Drohgebärde in die Richtung der inneren Fessel hin mit eben diesem Hinterfuß auch wieder anzutreten) und schließlich durch gegenseitiges Vertrauen (z.B. jenes, weiter ruhig gerade am Wegrand gehen zu können, obgleich ein ratternder Traktor mit einem klappernden Anhänger entgegen kommt).

Gymnastisch fördernd wirken alle, in den Kapiteln über das Spazierenführen und Longieren beschriebenen, Übungen wie das Anhalten und Antreten, das kurzzeitige stärkere Biegen des Tieres z.B. auf Schlangenlinien und Handwechseln, das verstärkte Untertreiben des Innenhinterfußes und das Versammeln.

Affektiv beziehungsbildend wirken sich auf Pferde vor allem echte Zuneigung aus, spontanes, umfassendes Verstehen ihrer Belange, das heißt das "Auf-der-Seite-der-Pferde-Stehen", und alles, was wir ihnen bereits angedeihen liessen, ohne daß sie dabei jemals erschraken oder Schmerz empfanden. Zu letzterem gehören unsere häufigen Besuche auf der Weide ebenso wie die ausführlichen Anbinde-, Putz- und Pflegeübungen, das Hufesäubern und die Verladeübungen, bevor wir sie zum ersten Mal transportieren mußten.

Beim Spazierenführen und Longieren kommen hierzu noch die Führpositionswechsel hinzu. Tatsächlich muß Hand in Hand mit unseren Wechseln aus der Mutterstutenposition, in der wir das Jungpferd psychologisch hinter uns her"zogen", in die Schulter-an-Schulterposition der Herdenkameraden, in der uns Pferde als Konkurrenten empfinden, aus dieser in die Gruppenchefposition (3) und schließlich in die Herdenchefposition (4), in der wir das Tier fein aussteuernd psychologisch vor uns her"schieben", auch unser Ansehen in der Herde und bei unseren eigenen Pferden entsprechend wachsen, so daß sie eines Tages in uns wirklich den "gefälligeren" Gruppen- oder Herdenchef erkennen und sich in unserer Gegenwart auch sanft aber unmißverständlich dominiert fühlen.

Zudem zeigt die Erfahrung, daß sich Jungpferde, an die ein Gruppen- oder Herdenchef oder Pferdeausbilder in der für ihn jeweils typischen Position herantritt, nicht nur von allein stärker biegen, sondern sich überdies versammeln und ihr Gewicht vermehrt auf die Hinterhand übernehmen. Unsere Gegenwart in den Führ- und Longierpositionen 3 und 4 scheint somit Jungpferde nicht nur auf uns und unsere Gebärden zu konzentrieren, sondern auch auf ihre eigene Arbeit, ihre Gymnastik, den Takt ihrer Bewegungen und auf den Umgang mit ihrem eigenen Gleichgewicht.(Vergl.: Z 35))

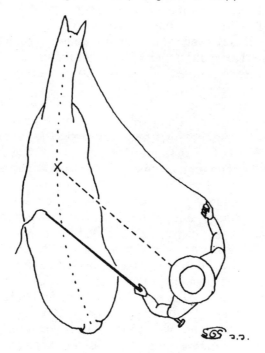

Zeichnung 35: Die Spazierführposition 3 auf dem Longenzirkel ist die "Gebrauchsführposition" schlechthin, da das Pferd aus ihr ebenso leicht auszusteuern, zu versammeln und anzuhalten ist, wie man seine Hinterhand weiter untertreiben oder am Ausfallen hindern, Hankenbeugungen einleiten und Schulterherein- oder Kruppehereinstellungen abrufen kann.

In der Praxis dient das Spazierenführen am Anfang überdies dem Ausloten ob und, wenn ja, wie weit unser Jungpferd in seiner Stammherde gymnastiziert wurde, wie regelmäßig und wie lange es sich zu biegen und inwieweit es bereits die eine und die andere Hanke zu beugen versteht. Es gibt daher auch keine Regeln, die uns vorschreiben, wie lange wir es in der einen oder anderen Position zu führen haben, bevor wir in die "Gebrauchsführposition" 3 gelangen.

Bei allem Spazierengeführtwerden trägt unser Pferd einen nicht rutschenden, leichten ledernen Kappzaum, in dessen mittleren Ring anfänglich das kurze Führseil und später die Longe eingehakt wird. Wir selber nehmen zu allen Spaziergängen eine Dressurgerte mit, mit der wir die jeweilige Innenfessel kurzzeitig immer wieder zu weiterem Untertreten animieren.

Außer in Führposition 1, in der wir dem Pferd voranschreiten, haben wir unseren Nabel (oder die gedachte Gerade, die im rechten Winkel zu der Querachse unserer Hüften aus dem Nabel tritt) in sämtlichen Führ- und Longierpositionen stets dem Pferd zuzuwenden und zudem seinen Zielpunkt mit dem Wechsel aus einer Position in die andere allmählich weiter nach hinten zu verlegen. Wies unser Nabel somit in der "Schulter-an-Schulter-Position 2" noch auf den Bug des Pferdes, so muß er in der "Gebrauchsführposition 3" auf dessen Schwerpunkt und in der "Herdenchefposition 4" auf dessen Aktionszentrum unter den Lendenwirbeln oder über den Knien zielen.

Hand in Hand mit dem Zurückwandern unserer aktiven, d.h. für das Pferd vor allem deutlich sichtbar sich bewegenden, Präsenz oder Gegegenwart, haben wir mehr und mehr Distanz zu dem Pferd zu gewinnen. Begleiteten wir es so auf Schulter- oder Sattelhöhe (= Führposition 2) in kaum mehr als einer knappen Gertenlänge Abstand, so führen wir es in der Position 3 mit mindestens eineinhalb und in der Herdenchefposition 4 mit bis zu zwei Gertenlängen Abstand (was aus der Zeichnung 35/176 aus Platzgründen nur andeutungsweise hervorgeht).

Dadurch erreichen wir den jeweiligen Innenhinterfuß des Pferdes kaum mehr mit der Gerte, es sei denn, wir treten, ohne aus dem vorgegebenen Gangrhythmus zu fallen, bestimmt und entschlossen näher an seine Kruppe. Spätestens hierbei werden wir feststellen, wie außergewöhnlich prompt und mächtig solche sichtlich entschlossenen Schritte auf das Bewegungszentrum des Pferdes zu wirken und, daß wir allein schon hierdurch besseres Untertreten und prompteres Anhalten und Antreten bei ihm erreichen als durch alles noch so präzise Touchieren mit der Gerte.

Durch häufiges Üben und Trainieren des Umganges mit unseren Beckenhaltungen und -stellungen beim Spazierenführen lernen wir überdies, des Pferdes Biegungen und Haltungen spontan zu deuten und zu beeinflussen und somit nicht nur, seine Körpersprache zu verstehen, sondern zudem, in der selben Körpersprache auch zu antworten. Der kreative Dialog mit unserem Pferd beginnt...

Die praktischen Ziele des Spazierenführens sind und bleiben indessen:

1.) uns jungen oder zu korrigierenden älteren Pferden von Anfang an als Herdenchef-Ersatzmann, d.h. als ein jedenfalls dominierendes "Mit-Pferd" vertraut zu machen, indem wir ihnen ebenso geduldig, aber entschlossen, langmütig, aber bestimmt wie ein echter Herdenchef, diesem präzis abgeschaute Biege- und Beugeübungen nahelegen (d.h. nie aufdrängen, noch aufzwingen)

2.) noch unverkrampfte junge oder verrittene ältere Pferde insofern zu ihrer ureigenen Natur zurück zu führen, als wir sie erstmals oder von neuem das Wohlgefühl, sich gymnastisch richtig, d.h. sich in sich locker und frei perfekt ausbalanciert bewegen zu können, auskosten lassen

3.) dem Fluchttier Pferd zu zeigen, daß ausnahmslos alle seine Bewegungen, das Antreten ebenso wie das Verlangsamen, Sich-Versammeln und Anhalten, genau wie die Bewegungsimpulse ausschließlich aus der Hinterhand von hinten nach vorne "durchkommen" müssen, wenn es dabei locker bleiben und sich wohlfühlen soll, und daß nur in diesem Fall der "Flucht nach vorne" - der im Pferd genetisch verankerten Bewegungsvoraussetzung - nie mehr Hindernisse oder starre Grenzen in den Weg gelegt werden

4.) das Geraderichten oder genauer Geradegymnastizieren der von Geburt an einseitig gebogenen Wirbelsäule des Pferdes nicht etwa durch stures Geradeausspazieren oder -reiten, sondern durch vorsichtiges, sanftes Umbiegen des ganzen Pferdes auf seine bisher ungeschicktere, steifere Seite

5.) unsere Pferde erstmals erfahren zu lassen, wie sie sich ihre Biegemühe in engen Wendungen ungemein erleichtern können, wenn sie dabei die Innenhanke beugen.

Alles Spazierenführen unseres Pferdes im Kappzaum an der Longe ist somit nicht nur eine unerläßliche Vorbereitung der eigentlichen Longenarbeit, das heißt eine psychische und körperliche Gewöhnung des Tieres an uns und unseren Dialog mit ihm, an unser Dominieren und an unsere Hilfen, sondern auch und vielleicht vor allem eine Einführung des Pferdes in seine eigenen körperlichen Fähigkeiten, in seine natürliche Lockerheit wie in sein eigenes kadenziertes Ausfedern der Bewegungen und in seine Selbstgymnastizierung. So verstanden und so geübt, wird es jedenfalls früh und schnell genau zu dem, was Meister Oliveira den "Dialog mit dem Pferd in der Abgeschiedenheit" nannte und "das Bemühen um gegenseitiges Sichverstehen und um Vollkommenheit".

Erfahrungsgemäß zeigen nahezu alle jungen Pferde - selbst solche die pferdegemäß in großen Herden aufwuchsen und dort von einem guten Herdenchef recht weit gymnastiziert wurden - gewisse Schwierigkeiten, ihre Wirbelsäule vom Schweifansatz bis zu den Ohren längere Zeit gleichmäßig gebogen zu halten. Holt man sie in ihrem vierten oder fünften Altersjahr erstmals zur Longenarbeit auf den Longierzirkel oder in die Reitbahn, ohne sie zuvor ausgiebig und gekonnt spazierengeführt zu haben, so geben sie notgedrungen ihrer Neigung nach, sich über die permanente Biegung, die ihnen der Longenzirkel nahelegt, hinwegzusetzen, indem sie:
- sich steif "in die Kurve legen";
- sich auf der vorgegebenen Seite immer wieder herumwerfen, um auf die andere Hand zu gelangen;
- von dem Zirkelhufschlag oft nach außen ausbrechen;
- von sich aus immer schneller werden, d.h. der permanenten Biegung wegzulaufen versuchen;
- mit der Vorder- oder Hinterhand, meistens an der Longe zerrenderweise, ausfallen oder
- von Anfang an schiefgerichtet oder versetzt gehen; z.B. auf der linken Hand die Kruppe nach links hereingebogen; auf der rechten Hand verbogen, d.h. auf drei oder vier Spurlinien tretend.
An ernsthaft gymnastizierende Longenarbeit ist unter diesen Umständen nicht zu denken. Im besten Fall dauert das "Anlongieren" (= das "An-die-Kreisbahn-Gewöhnen") zwei- bis dreimal länger, als die Phase des Spazierenführens gedauert hätte. Im schlimmsten Fall lernt das Jungpferd bei dieser Art "Anlongieren" nur, sich allen biegenden Hilfen von Anfang an zu entziehen und den Longenführer nur noch auszutricksen.
Alles echt pferdegemäße, kreative Longieren ist eine Kunst, die ebenso ernsthaft gelernt und geübt werden will wie das Reiten und selbst wie gekonntes Spazierenführen von Jungpferden.

Wie bei letzterem, trägt das Pferd beim Longiertwerden einen leichten Kappzaum, der auf der Nase nie rutschen darf, und die, in den mittleren Kappzaumring eingehängte Longe, welche ihrerseits nie gestrafft, noch angezogen werden darf, sondern locker, aber ohne jemals den Boden zu berühren, zwischen dem Longenführer und dem Pferd stets leicht durchhängen soll.

Der Longenführer trägt in der, der hohlgebogenen Innenseite des Pferdes entsprechenden, Hand (= auf der linken Hand links, auf der rechten rechts) das Ende der Longe in großen Schlingen aufgewickelt so, daß die Fingernägel nach oben gerichtet sind und die Ellbogen sich leicht auf seiner Hüfte abstützen. Seine andere Hand trägt eine langstielige Bahn- oder Fahrpeitsche, deren Stielspitze generell tief über dem Boden mehr oder weniger weit hinter das Pferd gerichtet ist. Je optisch deutlicher sie sich den Hinterbeinen nähert, desto mächtiger fühlt sich das Pferd an- und vorwärts getrieben.

Die wichtigste Hilfe bei der Longenarbeit ist indessen weder die Peitsche noch die Longe, sondern ist der jeweilige Ort, in dem der Longenführer eben dem Pferd gegenüber mitgeht. Orientiert er sich dabei an der Vorderhand des Pferdes, so wird dieses aus dem Zirkel ausbrechen oder immer langsamer gehen, oder sich auf die andere Hand herumzuwerfen versuchen. Orientiert er sich an der Mitte des Pferdes, so wird dieses seine Kreisbahn vergrößern oder sich geraderichten wollen. Orientiert er sich an der Kruppe, so wird diese ausfallen, es sei denn, sein Peitschenstiel weist deutlich auf die äußere Seite des Außenhinterfußes.

In der Praxis ist die scheinbar einzige richtige Mitgehspur bei Jungpferden, die eben erst anlongiert werden, die, welche bei dem Spazierenführen jener des Gruppenchefs entspricht (Position 3 - vergl.: Z 35/176). In dieser Führposition führen wir unser Jungpferd auf einem Longierzirkel von zwölf bis sechzehn Metern Durchmesser so lange im Schritt abwechslungsweise auf beiden Händen spazieren, bis es die Kreisbahn von sich aus hält und wir den Abstand zu ihm soweit vergrößern können, daß wir zwar weiter optisch "hinter ihm", nun aber auf einem eigenen kleinen Kreis von einem bis zwei Metern Durchmesser um den gemeinsamen Mittelpunkt herum mitgehen.

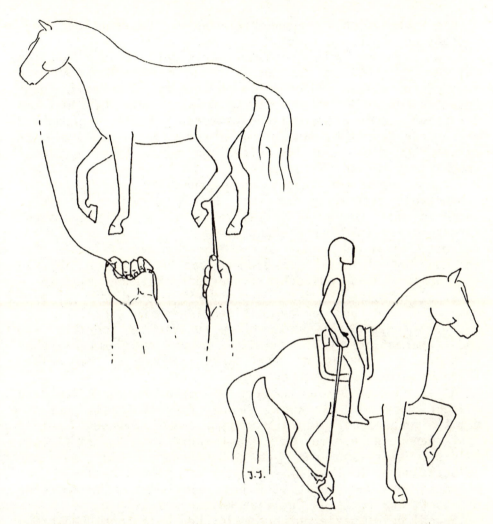

Zeichnung 36: Die Gertenhilfen des Longenführers und Reiters verdeutlichen oder akzentuieren jeweils lediglich die Absichten, welche die übrigen Hilfen dem Pferd bereits zuvor übermittelt haben. Beim Spazierenführen und Longieren touchiert die Gerte oder Peitschenspitze stets nur in dem Augenblick, in dem der Longenführer einen energischen Schritt auf den Schwerpunkt des Pferdes zu gemacht hat. Auf die gleiche Weise touchiert der Reiter den Innenhinterfuß des Pferdes stets mit der gleichseitigen Schenkelhilfe zusammen exakt im Augenblick des Abhufens.
Merke: die Anlehnung der Longenhand an das Pferd wird stets nur mit dem Daumen und dem Zeigefinger gewahrt, gelockert oder verdeutlicht. Sie betrage nie mehr als +/- zehn Gramm.

Die wichtigsten gymnastizierenden Grundübungen des Pferdes an der Longe sind:
1.) das bereits früher beim Spazierenführen geübte <u>Anhalten</u> aus dem Schritt und aus dem Trab bei nun größerem Abstand vom Pferd allein durch die Verkürzung der Basis (dank Untertreiben mit einer Peitschengeste und bestimmterem Auftreten) und Stimmkommandos, woraufhin die Longenhand nicht nur absolut passiv zu bleiben hat, sondern sich öffnet, um die Longe vom Pferd oft einen Meter und mehr unbehindert mitnehmen zu lassen...
2.) das <u>Einhalten des</u> vorgegebenen <u>Longenzirkels</u> bei schwungvoll getretenen Schritt- und Trabreprisen an locker durchhängender Longe wechselseitig auf beiden Händen und bei permanent regelmäßiger Biegung...
3.) das <u>Zirkelverkleinern und -vergrößern</u> vor allem im Trab bei absolut gleichmäßiger Biegung vom Schweifansatz bis zu den Nüstern und aufrechter, gerader Haltung bis zu – abwechslungsweise – der Schulterherein- und der Kruppehereinstellung auf dem derzeitigen innersten Zirkel...
4.) das <u>Handwechseln</u> aus deutlich aktiviertem Schritt, Trab und – wesentlich später erst – Galopp und relativ hoher Versammlung, die hierbei der starken Biegung auf der halben Volte unbedingt vorausgehen muß.

Alles Longiertwerden muß dem Pferdekörper vor allem dazu dienen, über die Gymnastik seiner Biegefähigkeit und die damit verbundene Vervollkommnung der Beugung seiner Hinterhandgelenke, zu der Versammlung, zu echtem Tragen seines Gewichtes mit der Hinterhand und zu der Selbsthaltung zu finden. Das Lockern und Entspannen des Pferdekörpers ist somit auch beim Longieren unser oberster Grundsatz und höchstes Qualitätskriterium.

Sowohl beim Spazierenführen als auch beim Longieren haben wir stets äußerste Sorgfalt und Vorsicht insofern walten zu lassen, als wir unsere Tiere <u>weder überfordern</u> – z.B. mit Hilfenkombinationen und Absichten, die sie noch nicht verstehen oder körperlich noch nicht umsetzen können – <u>noch langweilen</u> dürfen – z.B. dadurch, daß wir sie immer langsamer über stets die gleichen Wege stolpern lassen, ohne uns dessen je bewußt zu werden oder dadurch, daß wir sie an der Longe viel zu lange und viel zu häufig dieselbe Übung treten lassen, indem wir selbst an ganz andere Dinge denken.

ANHANG IV

DIE HILFEN DES FREIZEITREITERS

Grundsätzlich definiert sich alles traditionelle pferdegemäße Reiten - im Unterschied zu der leistungsorientierten Sportreiterei - als eine menschliche Nutzung der Bewegungslust und -freude und des hierzu vom Pferd angebotenen Gleichgewichtes, welches das Reitergewicht mit in die Bewegung einbeziehen muß.

Dementsprechend gehen die Hilfen des Freizeitreiters weder auf Gewohnheiten oder Eingeübtes, noch auf andressierte Bewegungsmuster ein, sondern ausschließlich auf pferdegemäße Veränderungen der Gleichgewichtshaltungen, also direkt auf die Mechanik und die Morphologie des Pferdes und deren Bewegungen ein.

Sie haben aus diesem Grund stets in der Reihenfolge Sitz-Schenkel-Gewicht-Hand nacheinander und vor allem als Hilfen, nicht als Strafen, noch Behinderungen oder Machtbeweise, noch den vorausgegangenen Bewegungen gegenüber als Widersprüche zur Anwendung zu gelangen, also ausschließlich durch präzise Feindosierungen und Nachgeben noch in der Bewegung, die sich die Hilfe dazu selber bei uns abgeholt hat, und Gewährenlassen des Pferdes.

Gute Reiterhilfen sind demnach ausschließlich äußerst diskrete Gleichgewichts- und Haltungsvorschläge ("Gib' dem Pferd die Haltung und laß' es gewähren"! - N. Oliveira) oder -anregungen, das heißt nichts anderes, als für das Pferd unmißverständliche Resultate aus dem Spiel des Reiters mit der Lage des gemeinsamen (Pferd- und Reiter-) Schwerpunktes.

Die bedeutungsreichste aktive Hilfe ist und bleibt dabei das Nachgeben sowohl mit dem Sitz und Gewicht als auch mit den Schenkeln und mit der Hand.

Der Sitz legt dem Pferd die Seite (oder:"Hand") nahe, auf der es sich stärker biegen soll. Das Abkippen des oberen Beckenrandes nach hinten entspannt den Rücken des Reiters und verlegt dessen Schwerpunkt von vorne-oben (aus der Magengrube) nach hinten-unten (vor die hintere Beckenwand). Geschieht dies locker genug, so löst sich in einem Hohlsattel die innere Beckenhälfte unwillkürlich, aber kaum sichtbar, von dem Hinterzwiesel (= absichtslose Vorstellung der Innenhüfte). Gleichzeitig tritt das Pferd mit seinem Innenhinterhuf an und zeigt dem Reiter durch den Grad seiner Biegung, seines Untertretens und seiner Versammlung, inwieweit die Sitzhilfe zum Anreiten richtig bemessen war.

Der Reitsitz "steuert" somit die gesamte Wirbelsäule des Pferdes vom Schweifansatz bis zum Genick "aus". Die innere Hüfte des Reiters erscheint dabei ebenso weit vorgeschoben wie die innere Hanke des Pferdes. Vermutlich steuert der tiefe Bereitersitz demnach unwillkürlich auch das Becken des Pferdes mit aus.

Die Schenkel hängen absolut losgelassen, entspannt lang und steil so am Pferdeleib herab, daß sie sich völlig drucklos gleichmäßig (="nahtlos") von oben bis zum unteren Wadenende locker rahmend an ihm anschmiegen.

Die Steigbügel sind so lang geschnallt, daß sie die Zehen der, durch ihr eigenes Gewicht herabgezogenen Füße, zwei bis drei Zentimeter höher als die Fersen halten. Selbst anläßlich sogenannter "Bügeltritte" - der feinsten Schenkelhilfen schlechthin - darf kein Bügel je mit mehr als fünfzig Gramm belastet werden.

Der zwanglos vom Pferd leicht schräg bewahrten Beckenhaltung des Reitsitzes entspricht der ebenso zwanglos diagonalisierte Schenkelhang. Die innere Wade schmiegt sich dabei unmittelbar hinter dem Sattelgurt am Pferdekörper an; die äußere hält indessen ihre andauernde passive Verbindung eine bis zwei Handbreiten hinter dem Gurt des Pferdes. Wie die locker-losgelassene Ruhe des Sitzes in der Pferdebewegung ist auch das zwanglos ruhige Einrahmen (oder: "am Pferd Kleben") der lang und steil herabhängenden Schenkel ein Gütezeichen ihres Umganges mit dem Pferd.

Aller Oberschenkel- und Knieschluß ist hingegen, wie alles Drücken, Flattern, Bolzen und Wegstrecken der Unterschenkel, nichts anderes als ein Ausdruck reiterlicher Verkrampfungen, Verspannungen und Steifheiten und meistens der damit verbundenen Behinderung des Gleichgewichtes und der Bewegungen des Pferdes unter dem Sattel.

Echt locker und losgelassen, allein aus den ihnen vom Pferd mitgeteilten Regungen heraus "in der Bewegung" pendelnd, können die Reiterschenkel mit dem Sitz zusammen dem Pferd gegenüber zu ähnlich entscheidenden Bewegungshilfen oder -koordinatoren werden wie die Innenseiten oder Innenwandungen eines Kugellagersegmentes der sich darin "wie geschmiert" bewegenden Kugel gegenüber.

Die - leicht selber zu verifizierende - praktische Erfahrung zeigt:
1.) Leichtes Anpendeln der Innenwade am Pferd in der Bewegung läßt dessen gleichseitigen Hinterhuf stets weiter ausgreifen, zieht diesen somit zu weiterem Untertreten nach vorne, löst damit eine stärkere Biegung aus der Hinterhand

auf die gleiche Seite aus und leitet durch die Kombination des weiteren Untertretens mit der Biegung gleichseitige Hankenbeugungen ein oder unterhält diese... Zu starker Druck des Innenschenkels veranlaßt den Innenhinterhuf, "dem Schenkel weichend" schräg nach außen zu greifen; zu schwache und alle nicht permanent einrahmenden Schenkel lassen Pferde ihre Biegungen aufgeben, "auseinanderfallen" und sich neuen Biegeversuchen entziehen...

2.) Passives und dennoch konkretes Einrahmen oder Anpendeln des Außenschenkels am Pferd unterbindet das Ausfallen oder Ausweichen der Hinterhand dem aktiven Innenschenkel gegenüber, ja, kann sie diesem sogar zuschieben oder zuführen (vergl.: der "rundierende Schenkel" der Alten Reitmeister)...

3.) Der aktive (innere, vordere) Schenkel zeigt somit tatsächlich eine (auf seine Seite) "ziehende" oder "steuernde" Wirkung, was bedeutet, daß deshalb – vor allem bei der Übung der Seitengänge – der passive (äußere, hintere) "verwahrende Schenkel" niemals aktiv eingesetzt werden darf, da er das Pferd nur verwirren und umbiegen oder verbiegen kann...

4.) Alles ausschließlich oder vor allem mit den Schenkeln oder Sporen "Treiben"-Wollen ist für pferdegemäß erzogene und ausgebildete Pferde deshalb blanker Unsinn – wenn es nicht sogar eine diesen unverständliche Mißhandlung darstellt.

<u>Aktiv</u> wirkt ein Schenkel – genauer: eine Wade – indem der Reiter den lockeren Kontakt zum Pferdeleib in dem Augenblick, in dem der gleichseitige Hinterfuß vom Boden abhuft, dadurch etwas verstärkt, daß er den Absatz unter der eben anpendelnden Wade einmal kurz nach innen dreht oder tiefer sinken läßt und sogleich wieder nachgibt.

<u>Entschärfen</u> kann man den Oberschenkel- oder Knieschluß, den man sich gewollt oder unbewußt selbst oder in einer (schlechten) Reitschule beigebracht hat, indem man die Bügelriemen nach und nach länger und länger schnallt, das Becken im Sattel täglich etwas lockerer und weiter nach hinten abkippt und auf den Ausritten ernsthaft übt, die Fußspitzen der locker hängenden Schenkel immer wieder sanft nach außen zu drehen.

<u>Die Gewichtshilfe</u> bekommen wir am einfachsten dadurch in den Griff, daß wir uns von einem Reitkameraden oder verständnisvollen Reitlehrer auf unserem eigenen oder einem besserausgebildeten Schulpferd an die Longe nehmen lassen und uns während eines Dutzends Kurzlektionen (10 bis 20

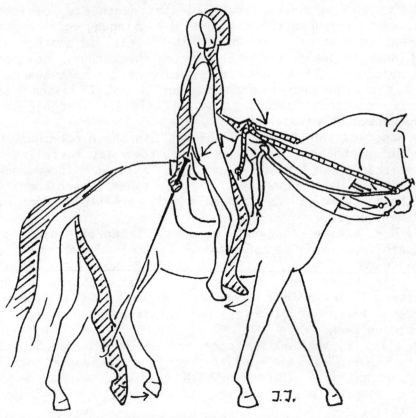

Zeichnung 37: Der "treibende" (schraffiert) und der "nachgebende" (weiss) Gebrauchsreitsitz

Der Reiter "treibt" sein Pferd dadurch, daß er seine tiefen Absätze im Augenblick des Abhufens des gleichseitigen Hinterfußes wechselseitig nach innen dreht, sein Becken durch die geräumigere Pferdebewegung nach vorne mitnehmen läßt, gleichzeitig seine Zügelhand nach vorwärts-abwärts senkt, seinen Rücken entspannt, seine obere Beckenhälfte nach hinten kippen und seine Schenkel losläßt.

Merke: pferdegemäßes "Treiben" ist stets eine Erhöhung des (Bewegungs- und Trage-) Energiepotentials des Pferdes und sollte sich in der Nachgebe- oder Entspannungsphase des Reiters stets sogleich in höherer Versammlung äußern.

Pferdegemäßes "Nachgeben" ist stets ein Verwalten der erhöhten Pferdeenergie dadurch, daß sich der Reiter nach jeder Muskelkontraktion unverzüglich wieder entspannt und dadurch zuläßt, daß auch das Pferd locker und losgelassen den vorausgegangenen Reiterhilfen mit seinen Kräften haushaltend entspricht.

Minuten) ausschließlich auf unseren eigenen Schwerpunkt konzentrieren; auf seine Lage in jedem Augenblick, auf die Veränderungen dieser Lagen in jeder engeren Wendung und bei jedem Wechsel durch den Zirkel und auf sein Tiefer- und Zurücksinken im Verlauf jeder einzelnen Longenlektion.

Sobald wir uns der jeweiligen Höhe, Tiefe, Vor- und Rücklage unseres Schwerpunktes, im Sattel wie zufuß, bewußt und sicher geworden sind, gewinnen wir den Eindruck, unser Gravitationszentrum sei in Wirklichkeit eine Billardkugel, die sich im oberen Beckenbereich recht selbständig gebärde, durch lockeres Abkippen des Beckens im Sattel indessen nach hinten und in die Tiefe rolle und hier zur Ruhe komme. Lassen wir nun zu - erst nur im Schritt und Trab an der Longe, später auch auf Ausritten im Galopp -
1.) daß sich unser permanenter Schenkelkontakt zum Pferdeleib zwar lockerer und lockerer gestaltet, dabei aber unbedingt - innen wie außen - nahtlos stets erhalten bleibt,
2.) daß unser Körpergewicht in sich zusammenzusacken oder in der Kugel vor dem Steißbein sich unendlich zu verdichten scheint,
3.) daß unser Pferd unversehens nur noch dieser Kugel, deren Gewicht und deren minimalen Lageverschiebungen gegenüber aufmerkt und täglich sensibler darauf eingeht,
4.) daß von nun an unsere Augen, unser Blick, dem Pferd andauernd (zwei bis vier Meter vor der Nase) den Weg und seinen Hufschlag auf dem Boden vorzeichnen,
5.) daß es in Wirklichkeit nur noch die Kugel in unserem Becken ist, die durch ihre Bewegungstendenz von hinten nach vorne und von oben nach unten, "zwischen den Pferdeohren hindurch auf den Weg zielend" unserem Tier unter dem Sattel nicht nur den Weg weist, sondern ihm vor allem die, zur Lösung jedes Aufgabenteils notwendige, Biegung und Gleichgewichtshaltung äußerst präzis nahelegt.

Lassen wir schließlich zu, daß unser Körper natürlicherweise - d.h. ohne sich Vorschriften des Gehirns, Absichten des Ehrgeizes oder der Besserwisserei der Dressurreitregeln zu beugen - sich bloß vom Nacken an abwärts in den Schultern, im Rücken, im Rücken-Becken-Scharnier, im Becken, in den Oberschenkeln, den Knien, Waden und in den Sprunggelenken zu lockern, loszulassen und völlig zu entspannen braucht, um mit seinem Gewicht und Schwerpunkt reiterlich höchst präzis und pferdegemäß auf Pferde einzuwirken. Unsere Körper verstehen seit jeher kreativ zu reiten! Warum nur lassen wir nicht zu, daß sie uns dies jeden Morgen von neuem beweisen?

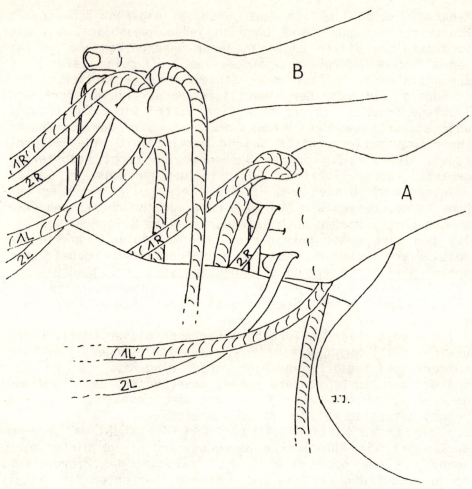

Zeichnung 38: Die Zügelführung bei vier Zügeln in einer Hand
A) Gebrauchshaltung und "nachgebend" B) Angenommene Zügel
1) Kappzaumzügel (offen) 2) Kandarenzügel

Aufgenommen werden die Kappzaumzügel mit der ganzen (verdeckten) linken Hand dort, wo sie sich auf dem Pferdehals kreuzen. Zudem wird der linke Kandarenzügel zwischen den Ring- und den kleinen Finger geschoben und der rechte zwischen den Zeige- und den Mittelfinger. In der Gebrauchshaltung liegen sodann alle vier Zügel locker in der aufrecht auf dem Mähnenkamm ruhenden Faust.

Angenommen werden die Zügel dadurch, daß die Zügelhand, die Fingernägel nach oben drehend, einen Viertelkreis von hinten-unten nach vorne-oben beschreibt und sich sogleich wieder nachgebend in die Ausgangslage senkt. Damit liegt die Betonung der Bewegung stets auf dem Nachgeben.

Ein Charakteristikum des traditionellen pferdegemäßen Reitens ist seit jeher die einhändige Führung der Zügel, handele es sich dabei um Kandaren-, Kappzaum- oder um Kandaren- und Kappzaumzügel.

Tatsächlich braucht ein Jungpferd, das ausgiebig genug sowohl gekonnt spazierengeführt als auch richtig longiert wurde, nicht einmal beim allerersten Aufsitzen mit der zweihändigen Zügelführung belästigt oder behindert zu werden.

Wurde das Jungpferd indessen auf das Angerittenwerden nur unzulänglich oder überhaupt nicht vorbereitet, so zwingt sich die beidhändige Zügelführung 3 : 1 auf: hierbei steht der linke Kappzaumzügel, mit der ganzen linken Hand gefaßt, leicht an, während beide Kandarenzügel, durch den linken Mittel- oder Ringfinger getrennt, deutlich durchhängen und die ganze rechte Hand nur den rechten Kappzaumzügel führt. Hält die Linke schließlich alle vier Zügel, so kreuzen sich die beiden (offenen) Kappzaumzügel (der linke von unten nach oben, der rechte von oben nach unten verlaufend) in der Reiterfaust. (Vergl.: Zeichnung 38/188)

Nochmals: bei dem An- oder Zureiten stehen die Kappzaumzügel jedenfalls stets locker an, während die Kandarenzügel deutlich durchhängen, welches Verhältnis sich selbst durch zweifelhafte (meistens: viel zu aktive) Zügelmanipulationen niemals umkehren darf. Die Kappzaumzügel werden ausschließlich solange richtig gehandhabt, wie das Jungpferd deswegen weder den Kopf hebt, noch senkt, noch dem Reiter zu dem von ihm getragenen Zügelgewicht hinzu mehr als zehn bis zwanzig Gramm in die Hand packt. Dasselbe gilt später auch für die einhändige Führung allein der Kandarenzügel.

Die Zügelhand liegt, gleichgültig ob sie zwei, drei oder vier Zügel trägt, stets passiv auf dem Mähnenkamm unmittelbar vor dem Widerrist auf; es sei denn, sie verwahrt eben, indem sie sich, die Fingernägel nach oben gedreht, in einer Kreisbewegung höchstens eine bis zwei Fäuste hoch, von hinten-unten nach vorne-oben und von hier nach unten zurück (= Nachgeben) begibt. Die Betonung der Geste liegt hierbei stets auf dem Senken und Nachgeben der Hand. Niemals, auch nicht in Notsituationen, darf diese die Zügel festhalten wollen, an ihnen rückwärts oder aufwärts ziehen, riegeln oder "bremsen".

Auf richtig ausgebildeten Pferden spielen die Reiterhand und das Pferdemaul jeweils ausschließlich mit dem Anteil des Zügelgewichtes, das jeder trägt. Sitzt der Reiter entsprechend tief im Sattel und trägt er den größeren Anteil des Zügelgewichts, so wird sich das Pferd versammeln, seinen Hals verkürzen und sich im Bug aufrichten. Trägt das Pferd den größeren Zügelgewichtsanteil, so wird es sich lang und länger machen, vielleicht den Hals und den Kopf senken, flacher und weiter ausgreifen und seinen Schwerpunkt nach vorne in die Schultern verlegen.

Niemals darf ein Pferdekopf oder -hals, der nach des Reiters Dafürhalten zu tief hängt, mittels auch noch so sanfter oder feiner Zügelhilfen höhergeholt werden; dies ist die Aufgabe der Schenkel und des Reitergewichts! Niemals darf ein zu hoher Pferdekopf oder -hals mit Zügel-"hilfen" heruntergeriegelt, "an den Zügel gestellt" oder gehindert werden, noch höher zu tragen. Dies vermögen ebenfalls nur die Schenkel und eine echte Lockerung des Sitzes.

Die Hand an den stets leicht durchhängenden Zügeln hat sowohl den alten Reitmeistern als auch den modernen kreativ Reitenden zufolge ausschließlich die Aufgabe:
1.) als eine Art Fieberthermometer ständig die Temperatur der Impulsion zu messen, die von hinten nach vorne das ganze Pferd durchströmen muß,
2.) als eine Art Wegweiser dem Pferd sowohl die Stimmigkeit seiner augenblicklichen Biegung, als auch die seines Gleichgewichtes zu bestätigen und
3.) über das Spiel mit dem Zügelgewicht das Pferd einzuladen, seinen Hals als Gegengewicht zu der Reiterlast zu nutzen und seinen Raumgriff zu erweitern oder zu verkürzen, d.h. flacher oder höher zu gestalten.

Pferdegemäß kreativ wirken die passiven (= nachgebenden bis höchstens verwahrenden) Hilfen der Hand stets nur als (für das Pferd verständliche) Folgen oder Ergebnisse der zuvor gewährten Sitz-, Schenkel- und Gewichtshilfen.

Nicht wenige alte Meister beschreiben den verantwortungsbewußten sanften Einsatz einer Gerte im dafür einzigen richtigen Augenblick; nämlich in dem Moment, in dem der gleichseitige Hinterfuß des Pferdes eben abhuft und auch der gleichseitige Reiterschenkel wirksam wird, als "die fünfte Hilfe des Reiters" oder kurz als "die Gertenhilfe".

In unserer Reitpraxis kann eine Gerte, die ebenso spielerisch leicht und dennoch präzis benutzt wird wie bei dem Spazierenführen und Anlongieren, dem Pferd tatsächlich unsere Absichten verdeutlichen oder es erneut auf unsere Schenkelrahmenhilfen aufmerksam machen. Mehr kann sie nicht und darf sie auch nicht wollen. Denn wird sie je von einem ungeschickten Reiter "treibend", strafend oder so mißverständlich verwendet, wie man es in Springturnieren immer wieder sieht, so verliert sie für das Pferd ihre Bedeutung als "Hilfe" und wird stattdessen zu einer verkrampfenden, ständigen Bedrohung oder aber, sie stumpft das Tier sämtlichen Hilfen gegenüber nur immer weiter ab.

Aus diesem Grund sollten Reitanfänger Gerten erst benutzen, wenn sie deren präzisen Einsatzes bei dem Spazierenführen und Longieren und dem ihrer Schenkel im Sattel endgültig sicher geworden sind. Das bedeutet, daß keine Gertenberührung je, weder beim Spazierenführen und Longieren unsere eigenen Beckenbewegungen und Mitgehrhythmuswechsel, noch beim Reiten unsere Schenkel- und Gewichtshilfen ersetzen darf. Jegliches Touchieren mit der Gerte hat die übrigen Hilfen und ihre Bedeutung jeweils lediglich zu unterstreichen oder zu ergänzen.

Allein deshalb versuchten die alten Meister im Sattel stets, den Innenhinterfuß ihres Pferdes mit der Gertenspitze jeweils dort zu erreichen, wo sie diesen auch bei dem Spazierenführen "an der Hand" und Longieren zu touchieren pflegten; nämlich zwischen dem Fesselkopf und dem Sprunggelenk.

Ausschließlich so gehandhabt (vergl.: Zeichnung 36/181), veranlaßt die im Augenblick des Abhufens mit dem inneren (aktiven) Schenkel und dem Gewicht zusammen eingesetzte Gertenhilfe das Pferd, mit dem Innenhinterhuf weiter auszugreifen, Gewicht auf diesen zu übernehmen und dabei mindestens die innere, wenn nicht beide, Hanken zu beugen oder gebeugt zu bewahren.

In ihren schriftlichen Werken haben sich die großen Reitmeister der Vergangenheit befremdend selten ausführlich oder detailliert über die Hilfen des Freizeitreiters geäussert. Die Gründe hierfür haben sie indessen häufig offenbart. Angeblich gedachten sie nämlich, die Hilfengebung weder zur Geheimniskrämerei zu machen, noch ihren Schülern dadurch Narrenfreiheit einzuräumen; sondern einzig und allein, diese selbst erfahren und einsehen zu lassen, daß
1.) das "Geheimnis alles kultivierten Freizeitreitens" in der Passivität des Reiters wurzelt, bei dem sich unbekümmert locker tretende Pferde ihre Bewegungs- und Gleichgewichtshilfen nur als eine Art "Vergewisserung, seinen Absichten richtig zu entsprechen" selber abzuholen pflegen (wohl nach dem Motto Meister Oliveiras:"Wer zu Pferd arbeitet, hat da nichts zu suchen"!),
2.) jede ins Einzelne gehende Beschreibung der Hilfengebung zu absichtsvollem, also verkrampftem Nachvollzug und

"Tricksen" verführt und deshalb unweigerlich an dem Pferdeindividuum vorbeizielen muß,
3.) für kultivierte Reiter Begriffe wie "Nachgeben", "In-die-Bewegung-Eingehen", "Aussteuern" und "Austarieren" wesentlich mehr aussagen und die Hilfen genauer bezeichnen, als beispielsweise:"Kreuz, Kreuz; packen Sie den Zossen doch endlich einmal an"!,
4.) jedes Pferd grundsätzlich anders ist und anders reagiert und, daß deswegen auch die Hilfengebung bei jedem Pferd im Einzelnen eine andere ist, ja sogar unbedingt sein muß.

ANHANG V

VORBEUGENDE UND THERAPEUTISCHE MASSNAHMEN BEIM UMGANG MIT FREIZEITPFERDEN

Traditionell ist aller pferdegemäße Umgang mit Pferden vor allem ein Versuch, deren Wohlbefinden und Langlebigkeit dauerhaft aktiv, biopositiv zu fördern. Oder der eigene Spaß an der Sache steht im Vordergrund und hat dann auf die Adjektive "pferdegemäß" und "kreativ" zu verzichten.

Entweder "haben wir uns auf die Seite der Pferde geschlagen" oder streben wenigstens dahin, oder "wir sind uns selbst der Nächste". Nur hin und wieder, quasi zur Abwechslung, auch einmal pferdegemäß zu verfahren, gelingt niemandem, ist Augenwischerei und Selbstbetrug.

Kurz, "pferdegemäß" bedeutet wesentlich mehr als "pferdefreundlich", "gutwillig" oder "pferdenärrisch". Pferdegemässer kreativer Umgang mit Pferden erwartet von uns eine neue, andere, selbstlose Optik, Einstellung und Haltung unserer gesamten Umwelt, und "affektive Solidarität und Know-how" (N. Oliveira) den Pferden gegenüber. Erst wenn diese Voraussetzung erfüllt ist, wirkt sich unser Zusammenleben mit den Pferden für diese und alle ihre auch nur denkbaren Unfälle und Krankheiten "vorbeugend" oder heilsam aus.

Pferdegemäße Pferdehaltung ist so unter allen Umständen <u>Herdenhaltung auf nahezu grenzenlosen Weiden</u> mit Offenställen oder Unterständen für sämtliche Tiere der Herde. An Know-how verlangt sie mindestens Erfahrung mit der Beweidung der einzelnen Weidenteile und mit deren pferdegemäßer Düngung, wenn sie abgeweidet sind (z.B. mit Algenkalk auf sand- und urgesteinhaltigen; mit Urgesteinmehl auf Moor-, Lehm- und Kalkböden).

<u>Pferdegemäße Erziehung</u> können und müssen wir von Mutterstuten, Gruppen- und Herdenchefs zuerst einmal selber lernen. Denn erst danach werden wir unsere Jungpferde wirklich pferdegemäß erziehen und auf den Umgang auch mit fremden Pferdebesitzern, Reitern, Tierärzten, Schmieden, Kindern und selbst mit fremden Pferden ebenso pferdegemäß vorbereiten wie auf unsere eigenen ersten Spaziergänge mit ihm "an der Hand".

Erst dann fördert das <u>pferdegemäße Spazierenführen</u> tatsächlich die Lockerheit und Losgelassenheit jedes Pferdes und macht es auf sein Wohlbefinden in korrekt getretenen Wendungen aufmerksam. Ebenso hat das <u>pferdegemäße Longieren</u> unser Jungpferd vornehmlich zu lockern, zu beruhigen, seine

Ausdauer in Biegungen zu fördern und es einzuladen, sich nach und nach stärkere Biegungen durch mindestens einseitige Hankenbeugungen zu erleichtern.

Alles <u>pferdegemäße Reiten</u> verfolgt das Ziel, dem Pferd durch eine, ihm "auf den Leib geschneiderte", Gymnastik den Weg zum Tragen seines eigenen Gewichts wie dessen seines späteren Reiters in Gleichgewichtshaltungen zu weisen, die ihm zum einen erlauben, seine Tragekräfte nun selber weiter zu gymnastizieren und zum anderen, sich in der neuen Tragehaltung so loszulassen, daß es sowohl sein eigenes Gewicht als auch das seines Reiters endgültig vergessen kann und unter dem Sattel wie auf der Weide zu der Unbekümmertheit, Losgelassenheit und Schwerelosigkeit der Bewegungen seiner frühesten Jugend zurückfindet (N. Oliveira).

Je früher ein Pferd an der Longe wie unter dem Sattel annehmbare Selbsthaltungen zeigt, desto früher beugt es nun selbst Rückenschäden, Überforderungen der Sprunggelenke (Spat), rheumatischen Versteifungen und frühem Sehnenverschleiß sowohl an der Hinter- als auch an der Vorderhand vor. Hierbei darf sich die "annehmbare" oder "korrekte Selbsthaltung" allerdings nie und in keiner Weise je als erzwungen oder andressiert erweisen, sondern muß, im Gegenteil, von dem Pferd absolut zwanglos locker "von sich aus" angeboten werden.

Sowohl "an der Hand", das heißt beim Spazierenführen und Longieren als auch unter dem Sattel gilt in der Bahn wie im Gelände:
- <u>Schritt</u> stärkt und härtet die Sehnen, löst und lockert die Gelenke, kräftigt das Jungpferd, fördert seinen Raumgriff, seinen Fleiß, seine Losgelassenheit und seine Ausdauer
- <u>Trab</u> aktiviert den Blutkreislauf, entwickelt die Muskeln, beruhigt zu temperamentvolle Pferde, kadenziert ihre Bewegungen und zeigt ihnen den Weg zum horizontalen Gleichgewicht (= gleiche Belastung der vier Hufe)
- <u>ruhiger Arbeitsgalopp</u> entwickelt den Blutkreislauf und die Atmung, stählt die Muskeln, weist dem Pferd den Weg zur Hankenbeugung und zum "Gleichgewicht auf der Hinterhand", stellt somit für sich allein bereits eine vollständige Gymnastik dar und ist deshalb zu früh begonnen, zu schnell, zu lange, in einem falschen Sitz oder auf der Vorderhand geritten, umso gefährlicher für die Pferdesehnen und -gelenke
- <u>munterer Jagdgalopp</u> beansprucht die Atemorgane und den Blutkreislauf, die Sehnen und Gelenke unvergleichlich viel stärker als der Arbeitsgalopp. Sein Tempo ist deshalb stets

peinlich genau der Kondition des Pferdes und den Bodenverhältnissen anzupassen. Von sich aus galoppieren pferdegemäß erzogene und ausgebildete Pferde unter dem Sattel nur selten so schnell, daß der Reiter den Galopp nicht mehr auszusitzen vermag. Diese Tatsache sei uns im Galopp stets bewußt.

Im Schritt versammeln "Halbe Tritte" unsere Pferde, regen ihren Fleiß an und weisen ihnen den Weg zum (horizontalen) "Gleichgewicht des Trabs".

Das Durch-die-Ecke-Treten verstärkt kurzzeitig ihre Biegung, indem es sie auf die Beugung der Innenhanke und auf die Schulterhereinübung vorbereitet.

"Schulterherein ist das 'Aspirin' des Freizeitreiters; es heilt alles" (N. Oliveira). Tatsächlich fördert es das Untertreten, die Beugung und die Gewichtsübernahme des Innenhinterfußes und hierdurch die Versammlung, die Biegefähigkeit, alles echte Tragen und das horizontale Gleichgewicht unserer Pferde. Falsch geritten, z.B. als "Schenkelweichen", versetzt oder im Hals verbogen, verleitet es Pferde umso eher, sich den reiterlichen Hilfen dauerhaft zu entziehen.

Kruppeherein schult die Becken- und Lendenbiegung, stellt schiefgehende Jungpferde gerade, mobilisiert sämtliche Kräfte der Hinterhand, auch die des Außenhinterfußes, und lädt beide Hanken zu echtem Tragen ein. Versetzt anstatt gebogen geritten, verführt es Pferde zu nachlässigem Treten, Auseinanderfallen und Gegen-den-Außenschenkel-Drücken.

Der Schultrab erhöht die Versammlung des Pferdes, weist ihm den Weg zu der Gleichgewichts- und Tragehaltung "auf den Hanken" des Galopps und bereitet es auf die "Arbeit auf zwei Hufschlägen" vor.

Die "Arbeit auf zwei Hufschlägen" erst im Schritt, dann im Trab und später auch im Galopp geübt, umfaßt Schulterherein, Kruppeherein, Schritt-, Trab- und Galopppirouetten, Travers und Renvers und gymnastiziert die Biegsamkeit, Wendigkeit und Tragfähigkeit des ganzen Pferdes, die Hankenbeugung, die Aufrichtung und die Losgelassenheit in der vollkommenen Selbsthaltung des "Gleichgewichts auf der Hinterhand". Sie ist damit die wichtigste vorbeugende Maßnahme gegen Rückenschäden und Verschleißerscheinungen sowohl der Vorder- als auch der Hinterhand schlechthin.

Später werden der Schulgalopp und der Redopp bis zu A-Tempo-Wechseln geübt, welche die gymnastisch teils vorbeugenden, teils therapierenden Maßnahmen der Arbeit auf zwei Hufschlägen teils unterstützen, teils vervollständigen und zum Abschluß bringen.

Das ideale Pferdefutter ist und bleibt das Gras und die Heilpflanzen, die sich Pferde auf ausgedehnten Ödlandweiden ihrem jeweiligen Bedarf entsprechend selber suchen. Es enthält in der Regel ungefähr 0,15 FE (= Futtereinheiten in der Gleichung 1 Kg Gerstenmehl = 1.00 FE).

Ein rundum gesundes Kompaktpferd von 148 cm Stockmaß wiegt normalerweise zwischen 350 und 400 Kg und benötigt, als unbeschäftigtes Weidepferd etwa 3,5 FE pro Tag und, bei voller Beanspruchung - z.B. auf einem Wanderritt in hügeligem Gelände - 6 bis 7 FE.

Versuchen wir dennoch nie, Kompaktpferden, die zwar täglich longiert oder geritten, aber deswegen noch lange nicht "voll beansprucht" werden, fehlende Futtereinheiten vor allem durch Kraftfuttergaben; Gerstenschrot, eingeweichte Gerste, Hafer, Maisschrot oder -mehl, zu ersetzen. Benötigen sie, angesichts ihres Aussehens (mager mit stumpfem Haarglanz) und ihrer Leistungsbereitschaft (unlustig, müde) objektiv tatsächlich zusätzliche Futtereinheiten, so sind diese für die Tiere in der Form von mehreren kleinen Gaben eines guten Wiesenheus (0,5 FE), Futteresparsettenheus (0,8 FE) oder Luzerneheus (0,7 FE) wesentlich leichter zu verdauen und zu assimilieren als in der Form von Kraftfutter oder Kraftfuttermischungen. Füttern wir zudem nie Gerste und Hafer zusammen, sondern stets entweder angefeuchtetes Gerstenschrot oder Hafer, Maismehl oder Gerstenkleie, da die Verdauungsbedingungen für die verschiedenen Kraftfuttersorten zu unterschiedlich sind.

Gerstenkleie gehört traditionell zu dem sogenannten "Beifutter" und sollte dementsprechend eher als ein Medikament, denn als ein Kraftfutter betrachtet werden. Tatsächlich ist ihre Verfütterung vor allem während der Haarwechsel, bei Mineralstoffmangel und bei Verdauungsproblemen (Verstopfung, Durchfall, Kolik) zu empfehlen. Ebenso als Beifutter und Medikament sind zudem zu betrachten und zu verfüttern:
- Leinsamenschrot bei Verstopfung und Magerheit
- Hirseschrot vor dem Haarwechsel, nach Knochenrissen oder -brüchen, bei schlechten Hufen und bei Sommerekzem
- Karotten als Zuckerenergieträger in kleinen Mengen; in großen können sie tragende Stuten zum Verfohlen bringen
- Zuckerrohrmelasse bei Mineralstoffmangel
- Lebertran bei Vitamin- und Jodmangel, also auch bei Sommerekzem
- alle im 10. Kapitel erwähnten Heilpflanzen, die wir unseren Pferden getrocknet, zerkleinert oder pulverisiert in Mashes aus Gerstenschrot, eingeweichter Gerste, Gersten-

kleie, wenig Wasser und (im Winter) Lebertran verfüttern.

Zu den vorbeugenden Maßnahmen im Umgang mit unseren Pferden gehören unsere die Pferde, ihr soziales Verhalten und ihre Freßgewohnheiten studierenden Beobachtungen ebenso wie die Pferdepflege. Diese umfaßt vor allem die Fell- oder Haarreinigung mit einer Wurzelbürste oder einem Kaktustuch, die in Haarwechsel- und sommerlichen Trockenperioden zwei- bis dreimal wöchentlich eine Stunde und mehr beanspruchen soll (= Massage; im Winter wird nur gestriegelt), und die Hufpflege.

Die besten Huföle mischt man sich erfahrungsgemäß am einfachsten selber zusammen, nämlich aus:
- 1/3 Huf- oder Holzteer
- 1/3 Lebertran
- 1/3 Lorbeeröl oder Wacholderöl.

Diesen drei Dritteln wird in Nässeperioden ein vierter Teil Lorbeeröl, bzw. in Trockenperioden ein viertes Quantum Lebertran hinzugefügt (= die jeweils dem 1/3 entsprechende Menge).

Mit dieser Hufölmischung werden nun vor allem die Hufsohlen nach dem Ausräumen eingepinselt. Die äußeren Hufwände dürfen von unten nach oben bis höchstens zum Nagelkranz, nie bis zum Kronrand eingeölt werden, da letzterer anderenfalls seine eigene Huffettproduktion drosselt oder ganz einstellt.

Häufiges Waschen ist den Pferdehufen ebenso abträglich wie das Abspritzen der Pferdebeine nach jedem Ritt. Um warmen oder dem Auflaufen der Sehnen pferdegemäß vorzubeugen, reite man gefälligst vernünftiger, d.h. langsamer, prinzipiell nur ausgesessen, indem man das Pferd sein "Steady-State-Gleichgewicht" selber suchen und finden läßt. Zwingt sich dennoch eine Kühlung der Beine auf, so stelle man sein Pferd einmal wöchentlich zehn Minuten lang in einen See, Fluß oder Bach und reite danach im Schritt nachhause.

Zu richtiger Pferdepflege gehört, neben der Haar- und Hufreinigung, die sogenannte Erste Hilfe bei Pferdeunfällen und -krankheiten.

Als Pferdebesitzer und Reiter haben wir vor jeder vorbeugenden oder therapeutischen Maßnahme zuerst einmal unsere Hände gewissenhaft zu reinigen und zu desinfizieren, was am einfachsten mit einer guten Kernseife und Wasser geschieht.

Anschließend wird die Pferdehaut vor jeder beabsichtigten oder auch nur möglichen Verletzung, z.B. durch Spritzen, Akupunkturnadeln oder durch einen Rasierapparat, lokal mit Alkohol, Äther, Wasserstoffsuperoxyd oder - z.B. auf einem

Wanderritt - mit einer starken wässerigen Kaliumpermanganatlösung desinfiziert.

Allgemein gilt für Wundbehandlungen:
- <u>Offene Wunden</u> stets 1. <u>Auswaschen</u>; beispielsweise mit einer aseptischen Kernseifen- oder Kaliumpermanganatlauge,
- 2. <u>Desinfizieren</u>; beispielsweise mit Lotagen, mit einer antiseptischen starken Permanganatlösung, Thymian- oder Lavendelessenz (Vorsicht! Brennt in der Wunde!),
- 3. <u>Verbinden</u>; kleine Schürfwunden mit Zink- oder Lebertransalbe; größere mit einem Wund- oder Nabelpuder oder mit Sulfonamid-Jodkohle. Darübergesprühte Lavendelessenz hält zudem Fliegen fern.
- <u>Geschlossene Druckschwellungen</u>, Hämatome und Insektenstiche werden so oft wie möglich mit Arnikatinktur oder einer Essiglösung beträufelt oder mit Eiswürfeln betupft.

<u>Zerrungen, Verstauchungen und "dicke Knie"</u> reiben wir mit Essigwasser 1:1 oder mit folgender Suspension ein:
20% Salatöl, 30% Kampferöl, 30% Kampferalkohol, 10% Terpentinöl, 10% Arnikatinktur und einige Tropfen eines Pfefferminzöles.

Bei <u>Erkältungen und Husten</u> werden die Pferde in einem zugfreien Stall isoliert, mit Futteresparsettenheu oder einem guten Wiesenheu gefüttert und mit lauwarmem Wasser getränkt. Unter dem Heu verteilen wir einige Tropfen Pfefferminzöl über die Einstreu. Zudem wird die Brust der Pferde täglich zweimal mit folgender Ölmischung eingerieben:
70% Salatöl, 20% Kampferöl, 10% Terpentinöl und einige Tropfen eines Pfefferminzöles (Olbas, Tigeröl, japanisches Heilpflanzenöl etc.). <u>Fieber</u> senken wir am sichersten mit kleinen Gaben (10 bis 20 grs) Silberweidenbast in einem Mash.

<u>Koliken</u> sind vor allem sehr früh als solche zu erkennen, obwohl sie unter Weidepferden nur äußerst selten auftreten. Freizeitreiter, die "auf der Seite ihrer Pferde stehen" diagnostizieren sie oft dank der Unruhe, die sie selber überfällt, sobald sie an ihre Pferde denken. Zudem treten die ersten Koliksymptome in der Regel genau vier Stunden nach der letzten größeren Futteraufnahme auf und erweisen sich meistens als so deutlich, daß selbst Laien darauf aufmerksam werden: das Pferd steht niedergeschlagen mit hängendem Kopf und halbgeschloßenen Augen anstatt munter zu weiden. Es wendet hin und wieder seinen Kopf und blickt nach der einen oder anderen Flanke, oder es legt sich hin, wälzt sich, steht wieder auf, um sich nur wenig später erneut zu wälzen. Spätestens jetzt hat der Beobachter des Pferdes den nächsten Tierarzt zu verständigen.

Bis dieser eintrifft, sollten wir unser Pferd im Schritt longieren, immer wieder kurz antraben lassen, eilig auf die Schnecke oder Spirale holen, wieder hinaus und in Schritt fallen lassen, die Hand wechseln, erneut antraben und wieder auf die Schnecke holen und so fort, jedoch nie länger als insgesamt zehn bis zwanzig Minuten.

Sollte das Pferd während oder nach dem Longieren nicht mindestens einmal gemistet haben, so versuchen wir es nun mit Akupressur an einem der Kolikpunkte. Der sensibelste unter diesen befindet sich auf der rechten Pferdeseite etwa drei Handbreiten unterhalb der Rückenmitte und eine Daumenbreite (caudal) hinter der letzten Rippe. Er eignet sich besonders gut für Akupressuren mit Salbei-, Thymian-, Lavendel- oder Pfefferminzessenz unter dem Pressurfinger.

Anschließend decken wir das Pferd ein und führen es ruhig spazieren oder bringen es in einen zugfreien Stall, wo es nichts zu fressen, aber, wenn es will, warmes Wasser mit 5 - 10 ccm Johanniskrauttinktur 1:9 zu trinken erhält.

Normalerweise mistet ein Pferd, dessen Kolik früh genug erkannt und wie oben beschrieben behandelt wurde, spätestens kurz nach der Akupressur oder in hartnäckigen Fällen eine Stunde, nachdem es in den Stall gebracht wurde. Schneller pflegen Tierärzte heute nur noch selten zur Stelle zu sein. Im besten Fall können wir den Tierarzt so gleich wieder entlassen oder er wird Zeuge des Mistens unseres Pferdes und kann uns wenigsten beratend zur Seite stehen.

<u>Augenbindehautverletzungen und Augenentzündungen</u> sind stets unverzüglich mit einer Ophthalmoantibiotikasalbe zu behandeln, z.B. mit Ophthalmo-Aureomycin, das in das untere Augenlid eingebracht und mit dem Handballen über das ganze geschlossene Auge verrieben wird.

<u>Sommerekzem</u> läßt sich innerlich mit Brenneßel-, Eschenrinde- und Lebertrankuren und äußerlich mit Lavendelessenz 10% in Sonnenblumenöl günstig beeinflußen. Vergessen wir hierbei jedoch nie, daß Sommerekzeme wie Heuallergien und Kreuz(ver)schläge (Lumbagos) meistens mehr psychologische, als somatische Ursachen haben und, daß wir vor allem diese herauszufinden und zu beseitigen haben.

<u>Parasitenbefall</u> beugen wir am einfachsten mit der Lavendelessenz-Sonnenblumenölmischung 1:9 vor, die wir den Pferden gegen Fliegen- und Bremsenbefall unter den Bauch sprühen, gegen Milben in den Mähnenkamm und in die Schweifrübe einreiben und gegen Kribbelmücken mit einem Wattebausch vorsichtig in die Ohrspitzen und um die Augen auftragen. Den gleichen Zweck erfüllen auch Eschen- und Nußbaumblätter-

tinkturen 1:10. Stets ist Parasitenbefall auch innerlich zu bekämpfen, z.B. mit Futterzusätzen wie Eschenblätter oder Eschenrinde, Brennessel, Löwenzahn- und Queckenwurzeln, Knoblauch und Hirseschrot.

Entwurmt wird so beispielsweise mit einem Mash und folgenden Zusätzen pro Pferd und Tag: 500 gr kleingeschnittene Karotten, 1 bis 2 kleingeschnittene Knoblauchzehen, 20 gr getrockneter Queckenwurzeln, 20 gr getrockneter Brennesselblätter, 10 gr getrockneter Eschen- oder Brombeerblätter, 10 gr getrockneter Kamillen- oder Johanniskrautblüten und 10 gr trockener Fenchelsamen.

Geimpft werden unsere Freizeitpferde jedes Jahr von einem pferdesachverständigen Tierarzt vor allem gegen Wundstarrkrampf (Tetanus), wenn notwendig unbedingt auch gegen Tollwut und eventuell gegen die Pferdegrippe, obwohl langjährig auf der Weide gehaltene Pferde gegen letztere in der Regel resistent oder immun geworden sind.